VORWORT ZUR 1. AUFLAGE

Der vorliegenden Sprachlehre ist die altbewährte Lateinische Grammatik des durch seine methodischen Arbeiten bekannten Didaktikers August Waldeck zugrunde gelegt, der frühzeitiger und entschiedener als andere als Ziel des lateinischen Unterrichts das Verständnis der Schriftsteller und als Weg zur Erreichung dieses Zieles das Herübersetzen vertreten hat. Wie schon die früheren Bearbeitungen seiner Grammatik durch den verstorbenen Dr. Heinrich Kürschner und Dr. Heinrich Schmidt seit 1930 diesem Ziele dienten, so ist die vorliegende noch entschiedener darauf abgestellt.

Die Satzlehre, das Kernstück der Sprachlehre, entwickelt alle allgemeinen sprachlichen Begriffe zunächst an der Muttersprache und legt nur das von dieser Abweichende und der lateinischen Sprache Eigentümliche in Regeln fest, die dem neuen Ziel entsprechend vielfach umgestaltet sind und in möglichst knapper, einprägsamer Form geboten werden. Die der Ableitung und Veranschaulichung der Regeln dienenden Beispiele, von jeher ein besonderer Vorzug der Waldeckschen Grammatik, sind kurz und inhaltlich durchsichtig. Frei von allem ablenkenden Beiwerk konzentrieren sie die Aufmerksamkeit des Schülers auf die gerade behandelte Regel. Sie sind Anschauungsmittel, keine Belegstellen. Sie sind so formuliert, daß sie unmittelbar an den Unterschied der Konstruktion erinnern und die Regel oft geradezu ersetzen. Durch geringe Veränderungen veranschaulichen dieselben Beispiele verschiedene grammatische Erscheinungen und dienen so der Forderung nach immanenter Repetition und Konzentration. Die in einem besonderen Anhang zusammengestellten etwa 150 Musterbeispiele ermöglichen eine verstandesgemäße, nicht mechanische Wiederholung der gesamten Satzlehre in wenigen Stunden. Durch Beifügung der deutschen Übersetzung sind sie für das lateinisch-deutsche Ziel noch brauchbarer gemacht.

Diesem Ziele dient aber besonders die „Einführung in die Technik des Übersetzens", zu der wir den bisherigen „Stilistisch-grammatischen Anhang" erweitert und umgestaltet haben, da wir gerade diesen Teil für besonders wichtig halten. Er zeigt dem Schüler den Unterschied beider Sprachen in Satzbau und Ausdrucksweise und gibt ihm damit einen Einblick in das Wesen und die Eigenart des Volkes, das sich diese Sprache als Ausdruck seines Denkens, Fühlens und Wollens geschaffen hat. Außerdem vermittelt ihm das ständige Vergleichen und Gegenüberstellen beider Sprachen auch ein tieferes Verständnis für die Eigenart seiner Muttersprache, schult das muttersprachliche Können und entwickelt das Sprach- und Stilgefühl.

Die kurzen Abschnitte über Lautwandel und Wortbildungslehre sollen dem Schüler die gesetzmäßige Entwicklung der Wortformen und die Entstehung der Wörter und Wortsippen zeigen, eine Selbständigkeit im Erkennen der Formen und Ableiten der Wörter fördern und ihm so die Aneignung eines angemessenen Wortschatzes erleichtern, ohne sein Gedächtnis zu überlasten. Damit sich der Schüler von Anfang an an seine gute und richtige Aussprache gewöhnt, die ihm später auch das Lesen der Verse erleichtern hilft, sind die Längen der Vokale durchweg bezeichnet.

Reichhaltige Tabellen, die das Verständnis wie das Lernen erleichtern, werden Lehrern und Schülern ein willkommenes Hilfsmittel sein, auch für eigene weitere Zusammenstellungen. Ein umfangreiches Register hilft das Einzelne schnell finden.

Besonderer Wert ist auf übersichtlichen Druck gelegt.

Wenn auch die vorliegende Sprachlehre in erster Linie für die Übungsbücher von Dr. Otto Wecker bestimmt ist, so kann sie doch ebenso in Verbindung mit anderen Übungsbüchern Verwendung finden.

Hann. Münden und Göttingen, im August 1948 Die Verfasser

VORWORT ZUR 9. AUFLAGE

Für die neue Auflage ist die Sprachlehre gründlich überprüft und überarbeitet worden. Noch ehe wir unsere Besprechungen über die vorzunehmenden Änderungen zu Ende führen konnten, ist Oberstudiendirektor Dr. Heinrich Schmidt am 5. Mai 1959 einer heimtückischen Krankheit erlegen. Mit Schmidt ist der letzte Waldeckschüler, der noch persönlich mit diesem Fühlung hatte, dahingegangen, dem Mitherausgeber ein lieber Freund, mit dem ihn enge Beziehungen verbanden und mit dem er sich in der wissenschaftlichen und pädagogisch-methodischen Grundhaltung eins wußte.

Die Aufgabe, das übergebene Erbe weiterzubetreuen, ist unter Verwendung der vom Verstorbenen hinterlassenen Notizen und zusammen mit dem nun als Mitherausgeber zeichnenden Studienrat Dr. Röttger-Bielefeld, mit dem Schmidt selbst noch die Verbindung angebahnt hatte, im Geiste Waldecks weitergeführt worden.

Wie für die 8. Auflage besonders die Anregungen von Oberstudienrat Dr. Knoke-Osnabrück, so haben wir für die 9. Auflage Anregungen und Vorschläge anderer Kollegen, insbesondere des Oberstudienrats Dr. Günter Neumann-Göttingen und der Kollegen Dr. Holtermann und Dr. Papenhoff-Hannover dankbar benutzt, soweit es uns mit Waldecks Anschauungen vereinbar schien. Wir sprechen allen Herren unsern herzlichen Dank aus.

Man wird die verbessernde Hand in fast jedem Paragraphen erkennen; verwiesen sei besonders auf die §§ 1 (Lauttafel), 51 (Tabelle der Deponentien), 53—60 (Tabellenform der Stammformen), 77. 125 (Partizipium), 155f. 193. 195f. (Übersetzung)!

Wir hoffen, diese Änderungen werden ebenso wie die durchgehende Neugestaltung des Drucksatzes, für die die Druckerei Hubert & Co. besondere Anerkennung verdient, als Verbesserungen empfunden und aufgenommen werden. Die 9. Auflage sei ein dankbarer letzter Gruß an den verstorbenen Mitherausgeber: Have, pia anima!

Göttingen,
Bielefeld, im Februar 1960

Otto Wecker
Gerhard Röttger

INHALT

Einführung in die Technik des Übersetzens

§§

Anhänge

EINLEITUNG

Die lateinische Sprache (lingua Latīna) ist ein Glied der indogermanischen Sprachfamilie, zu der u. a. auch das Griechische und das Deutsche gehören. Sie wurde ursprünglich nur in Latium, einer kleinen Landschaft Italiens mit der Hauptstadt Rom, gesprochen, verbreitete sich mit dem Wachsen des römischen Staates über Italien, dann über das römische Weltreich und wurde im Mittelalter als Sprache der katholischen Kirche und der Gelehrten zur Weltsprache des Abendlandes.

Aus der römischen Volkssprache haben sich die romanischen Sprachen (Italienisch, Französisch, Spanisch, Portugiesisch und Rumänisch) entwickelt. Viele lateinische Wörter sind auch in das Englische eingegangen. Ebenso hat das Deutsche viele Lehnwörter und Fremdwörter aus dem Lateinischen übernommen.

LAUTLEHRE

Laute, Lautzeichen, Aussprache und Schreibweise §1

1. **Die Laute** I. **Vokale** a, e, i, o, u (y)

Diphthonge ae, oe, au, eu

Halbvokale j (i), v

II. **Konsonanten** — Übersicht

Dauerlaute	Verschlußlaute (Mūtae)			
		Mediae (stimmhafte)	Tenuēs (stimmlose)	Aspirātae (stimmlos behauchte)
Liquidae (flüssige) l, r	Labiālēs (Lippenl.)	b	p	ph
Nāsālēs (Nasenl.) n, m	Dentālēs (Zahnl.)	d	t	th
Spīrantēs (Hauch-, Reibe-, Engenl.) h, f, s	Gutturālēs (Kehl-, Gaumenl.)	g	c, q	ch

2. Das lateinische **Alphabet** entspricht im allgemeinen dem deutschen. Unsere Lautzeichen **j** und **w** fehlen; für sie stehen **i** und **v**.

3. **Aussprache.** Gesprochen wird

v immer wie **w** (vīlla = willa, vīnum = winum), ebenso **u** nach **ng** und **q** (lingua = lingwa, extinguere = tingwere, antīqua = antikwa);

i in der Regel wie **i**, nur im Anlaut vor Vokal und zwischen Vokalen wie **j** (Iūlius wie Julius, Pompēius wie Pompejus);

c wurde von den Römern stets wie **k** gesprochen und verdrängte infolgedessen auch das Lautzeichen **k**, das sich nur noch vereinzelt, wie in der Abkürzung Kal. für Kalendae (1. Tag des Monats), erhalten hat. Seit dem 5. Jahrhundert n. Chr. sprach man **c** wie **k** nur noch vor Konsonanten (clārus) und vor dunklen Vokalen (Catō, cōnsul, cūra), dagegen wie **z** vor hellen Vokalen und vor ae, oe, eu, y (cella, circus, Caesar). Durch diese Entwicklung erklärt sich auch die Aussprache im Französischen und Englischen (certain; civil) wie in unseren Fremd- und Lehnwörtern: Zirkus, Zelle. Auch **ti** vor Vokalen wurde erst später wie **zi** gesprochen; wir sprechen es als **ti** (Mārtius März, nātiō);

s im Wort- und Silbenanfang ist stimmlos (**-ß:** silva, statua, Sparta, schola).

4. **Schreibweise.** Im Lateinischen schreibt man

   1. die **Hauptwörter klein**, die Eigennamen und die von Eigennamen abgeleiteten Eigenschaftswörter groß, z. B.

      senātus populusque Rōmānus — der Senat und das römische Volk;

   2. **ae = ä, oe = ö.**

5. Vornamen, manche Amtsbezeichnungen und Formeln erscheinen in den lateinischen Texten in **Abkürzungen.** Die gebräuchlichsten sind:

A. = Aulus, Ap. = Appius, **C.**[1]) = **G**āius, **C**n. = **G**naeus, D. = Decimus, L. = Lūcius, M. = Mārcus, P. = Pūblius, Q. = Quīntus, S. = Sextus, T. = Titus, Ti. = Tiberius. — S.C. = senātūs cōnsultum, S.P.Q.R. = senātus populusque Rōmānus, Cos. = cōnsul, Coss. = cōnsulēs, tr. pl. = tribūnus plēbis; Kal. = Kalendae, Īd. = Īdūs, Nōn. = Nōnae; A.U.C. = ab urbe conditā; v. = valē.

§ 2 Länge und Kürze der Silben (Quantität); Betonung

1. Die Vokale sind entweder lang (—): nātūra, oder kurz (◡): rŏsă[2]). Eine Silbe ist lang

[1]) **c** bezeichnete ursprünglich auch das stimmhafte **g**.

[2]) Zur Gewöhnung an gute Aussprache werden die langen Vokale in diesem Buche durch Längsstriche bezeichnet (**ā, ē, ī, ō, ū**).

a) von **Natur,** wenn sie einen langen Vokal oder Diphthong (Doppelvokal) enthält: medicīna, **causa**;

b) durch **Position** (Satzung), wenn auf einen von Natur kurzen Vokal mehrere Konsonanten (auch **x**, nicht **qu**) folgen; **h** gilt dabei als bloßes Hauchzeichen: longus, agger, pulcher.

p-, k-, t-Laut mit folgendem **r** oder **l** bewirkt in Prosa keine Positionslänge: téne**br**ae, vólu**cr**is; im Vers s. § 218b.

2. Der **Ton** liegt bei zweisilbigen Wörtern immer auf der vorletzten Silbe (Rṓma, páter).

In drei- und mehrsilbigen Wörtern wird **die vorletzte Silbe betont, wenn sie lang ist** (Rōmánus, fenéstra); ist die vorletzte Silbe kurz, wird die drittletzte Silbe betont: (pérfĭdus, perfídia, ténĕbrae).

Vor angehängtem -que, -ne, -ve wird die letzte Silbe betont: populúsque, abeámne, minúsve.

Nie wird die Endsilbe betont.

Die wichtigsten Lautgesetze

Bei der Bildung der Wortformen und Wörter haben sich die Laute nach folgenden Gesetzen geändert:

A. Vokale (Selbstlaute)

a) Ablaut § 3

nennt man den Wechsel des Vokals innerhalb desselben Stammes nach Klangfarbe (Abtönung, Qualität) und Abstufung (Quantität):

Abtönung liegt vor in: genus — generis, teg-ō — tog-a,

Abstufung in den meisten Perfektformen mit Dehnung:
legō — lēgī, videō — vīdī, veniō — vēnī, agō — ēgī[1]).

b) Vokalschwächung

tritt ein bei kurzen Vokalen und Diphthongen in Mittelsilben (oft als Nachwirkung der in älterer Zeit üblichen Betonung der ersten Silbe):

1. In offenen Mittelsilben, d.h. die auf einen Vokal enden, wird **a, e, o, u** zu **i:**

capiō — recipiō (aus *récapiō)[2]), cadō — cécidī; legō — ēligō; ōrdō — ōrdinis; caput — capitis;

---

[1]) Vgl. im Deutschen: spreche, sprach, gesprochen; Sprache, Spruch Sprichwort.
[2]) * = nicht vorkommende, sondern nur lautgesetzlich erschlossene Formen.

a und **i** vor **r** zu **e**: pariō — comperiō; dare — perdere; capior, *capiris > caperis; *laudābiris >[1]) laudāberis; pulvis — pulveris;

ae wird zu **ī**, **au** zu **ū**: caedō — occīdō, aequus — inīquus; claudō — inclūdō.

2. In geschlossenen Mittelsilben, d.h. die auf einen Konsonanten enden, wird **a** zu **e**: captus — receptus; parcō — peperci;

a und **e** werden vor **l** + Konsonant (außer l) zu **u**:

saltō — exsultō; sepeliō — sepultus; repulsus, aber repellere.

3. In Endsilben wird

i zu **e**: mare aus *mari, forte aus *forti, cape aus *capi;

o zu **u** vor **s** und **m**: hortus, hortum, corpus, maius;

a zu **e** vor Doppelkonsonant: prīnceps; expers; pontifex.

c) Längung und Kürzung

1. Kurze Vokale werden gelängt

vor **-ns-**, **-nf-**, **-nct-**: cōnsul; īnfāns; sānctus; oft vor **-gn-**: īgnōrāre, aber lignum;

vor **t** (-tus) bei Stämmen auf **-g** und **-d**: lēctus, vīsus.

2. Lange Vokale werden gekürzt

a) vor einem andern Vokal:

dēlēre — dēleō; audīre — audiō; rēs — reī; dagegen diēī und **-īus** in illīus, ipsīus, ūnīus u. a. Ferner fīō, aber fierī.

b) vor auslautenden Konsonanten außer **s**:

portam — portās; laudābam, laudābat, laudābar — laudābās.

c) im Auslaut einiger zweisilbigen Wörter:

bene, male, citŏ, modŏ (Jambenkürzung).

3. Dehnung durch Zusammenziehung von Vokalen (Kontraktion): nĕ-(h)ĕmō = nēmō; nĭ-(h)ĭl = nīl; mĭ(h)ĭ = mī (mit Schwund von h); *cŏ-ŏpia = cōpia; *cŏ-ăgō = cōgō; cŏ-ĕmō = cōmō; *laudă-ō = laudō; *nĕ-(v)ŏlō = nōlō; *mă-(v)ŏlō = mālō (mit Schwund von v).

4. Vokalschwund: reppulī — pepulī; valdē — validus.

§ 4 B. Konsonanten (Mitlaute)

a) Angleichung (Assimilation)

1. vollständige: ad-ferō wird af-ferō; *ob-ferō — of-ferō; *dis-ferō — dif-ferō; ad-tulī — at-tulī; ad-lātus — al-lātus;

[1]) das Zeichen > bedeutet „wird zu“

vgl. im Deutschen: Hoffart aus Hochfart.

Rückwärtige Angleichung liegt vor in pulcher-rimus (aus *pulcher-simus); facil-limus (aus *facil-simus); vel-le (aus *vel-se); fer-re (aus *fer-se).

2. unvollständige (Annäherung):

m vor Zahnlaut (Dental) wird **n**, **n** vor Lippenlaut (Labial) **m**:

eu**n**dem, septe**n**decim; co**m**portō, aber conte**m**nō; i**m**probus, aber **ī**nsānus;

vgl. im Deutschen: e**m**pfangen neben e**n**tsenden.

b, g, h (-gh) vor **s** und **t** ändern sich folgendermaßen:

scrībo — scrīpsī, scrīptus; legō — lēctus;

trahō — trāxī (x = k-Laut + s), tractus.

3. **d-s** und **t-s**, **d-t** und **t-t** werden zu **ss**:

ces-sī (aus *ced-sī), pos-sum (aus *pot-sum), ces-sum (aus *ced-tum), mis-sus (aus *mit-tus).

Dieses ss wird im Auslaut stets, im Inlaut nach langer Silbe vereinfacht:

mīles (aus *mīlet-s über mīles-s), pēs (aus *ped-s, Ersatzdehnung); gēns (aus *gent-s), lūsī (aus *lūd-sī), clausus (aus *claud-tus über *claus-sus); aber pas-sus, ag-gres-sus.

Dissimilation (Wechsel bei zwei gleichen Konsonanten innerhalb eines Wortes im Silbenanlaut) liegt vor in singul-āris gegen plūr-ālis, caeruleus gegen caelum, sepulcrum statt sepul-clum; vgl. Pilgrim aus peregrīnus. Ähnlich merī-diēs aus *medī-diēs.

b) Rhotazismus[1])

s zwischen Vokalen ist (in rein lat. Wörtern) meist zu **r** geworden:

es-t — er-at; fu-is-set — fu-er-it; legere — esse;

mōs, mōr-is; genus, generis; dis-trahō, aber dir-imō.

Vgl. im Deutschen: waren — gewesen; verlieren — Verlust; frieren — Frost.

Wo s erhalten ist, geht es meist auf ursprüngliches ss zurück, z.B. haesī, hausī, causa.

c) Lautverschiebung

Vergleicht man den Anlaut verwandter lateinischer und deutscher Wörter, so findet man, daß die lateinischen Verschlußlaute (**p-**, **k-** und **t-**Laute) den deutschen in folgender Weise entsprechen:

---

[1]) Abgeleitet von **rho**, der griechischen Bezeichnung für Laut und Buchstaben **r**.

1. p zu f (v) **p zu pf** **f zu b**	**pellis Fell; plectere flechten; pater Vater** **pālus Pfahl; porta Pforte** **frāter Bruder; fāgus Buche**
2. t zu d **d zu z u. s**	**tegere decken; tū du; trēs drei** **dēns Zahn; decem zehn; duo zwei (zwo)**
3. c (= k) zu h, ch **h zu g** **g zu k**	**cornū Horn; cervus Hirsch; cēlō hehle** **hortus Garten; hostis Gast; herī gestern** **genū Knie; gelū Kälte; gustō koste**

Die Kenntnis dieser im Deutschen eingetretenen Lautverschiebung erleichtert auch das Erkennen und Behalten der lateinischen Wörter.

FORMENLEHRE

Die Wortarten §5

A. Das **Nomen** (Nennwort):

1. das Substantiv[1] (Hauptwort), 2. das Adjektiv[2] (Eigenschaftswort),

3. das Pronomen (Fürwort), 4. das Numerale (Zahlwort).

B. Das **Verb** (Zeitwort)

C. Die **Partikel** (Füllwort):

1. das Adverb (Umstandswort), 2. die Präposition (Verhältniswort),

3. die Konjunktion (Bindewort), 4. die Interjektion (Ausrufwort).

Nomen und Verb können gebeugt (flektiert) werden.

Die Beugung (Flexion) des Nomens heißt Deklination, die des Verbs Konjugation.

Die Partikeln sind unbeugbar (unflektierbar).

A. Das Nomen

I. SUBSTANTIV UND ADJEKTIV

Vorbemerkungen zur Deklination §6

1. Im Lateinischen gibt es kein **Geschlechtswort** (Artikel); silva heißt: Wald, **der** Wald, **ein** Wald.

2. **Fall** (cāsus) und **Zahl** (numerus) sind durch Endungen gekennzeichnet, ebenso das **Geschlecht** (genus), wenn es nicht schon durch die Natur des Bezeichneten bestimmt ist **(natürliches Geschlecht)**.

3. Männliches Geschlecht (genus masculīnum) haben von Natur alle männlichen Personen und Flüsse (eigentlich Flußgötter),

---

[1]) Von substantia Wesen, also der „wesentliche Bestandteil".
[2]) Von adicere beifügen, also „Beifügung".

weibliches (genus fēminīnum) alle weiblichen Personen und Bäume (eigentlich Baumnymphen):

also männlich: incola der Einwohner, agricola der Bauer, poēta der Dichter, Persae die Perser; Dānuvius die Donau, Albis die Elbe.

weiblich: mulier das Weib, anus die alte Frau; pirus der Birnbaum, pōpulus die Pappel.

Bei allen anderen Wörtern ist das Geschlecht durch Stammauslaut und Endung bestimmt **(grammatisches Geschlecht).** Es ist entweder männlich oder weiblich oder „keins von beiden" (genus neutrum), sächlich.

Besonderheiten bei den „Geschlechtsregeln".

§ 7

4. Den **Wortstamm** erkennt man am deutlichsten aus dem **Gen. Plur.: portā**-rum; **hortō**-rum; **diē**-rum; **frūctu**-um; **classi**-um; **lēg**-um.

   An den Wortstamm treten die **Endungen.**

   Vielfach sind jedoch vokalischer Stammauslaut und Endung miteinander verschmolzen, z.B. port**ae**, port**īs**; hort**ī**, hort**īs**. Den durch diese Verschmelzung entstehenden Bestandteil der Wortform (-ae, -ī, -īs) bezeichnet man als **Ausgang,** den übrigbleibenden unveränderlichen Teil als **Wortstock** (port-, hort-).

5. Nach dem Stammauslaut unterscheidet man die **vokalische ā-, o-, ē-, u-, i-** und die **konsonantische Deklination.** Die vokalische **i-** und die konsonantische Deklination (sog. 3. Dekl.) gehen vielfach ineinander über und bilden eine besondere Gruppe, die man als **Mischdeklination** bezeichnet.

6. Die Kasus heißen: Nōminātīvus (Werfall), Genetīvus (Wesfall), Datīvus (Wemfall), Accūsātīvus (Wenfall), Vocātīvus (Anredefall). Das Lateinische hat einen Kasus mehr als das Deutsche, den **Ablātīvus;** er wird im Dt. mit Hilfe von Präpositionen (von, mit, durch u. a.) wiedergegeben.

§ 8 Allgemeine Regeln über die Kasusendungen

a) Bei allen **Neutra** ist der Akkusativ gleich dem Nominativ;

b) alle **Neutra** haben im Nominativ und Akkusativ Plur. die Endung **-a:**

dōnum — dōn**a**; corn**ū** — cornu**a**; mare — mari**a**; cor — cord**a**;

c) der **Akkusativ** der Maskulina und Feminina endet im Singular stets auf **-m**, im Plural auf **-s**:

portam, hortum, diem, frūctum, lēgem — portās, hortōs, diēs, frūctūs, lēgēs;

d) der **Ablativ** im **Singular** der vokalischen Deklinationen zeigt den langen Stammvokal: portā, hortō, frūctū, diē, turrī;

e) **Dativ und Ablativ im Plur.** haben gleiche Endungen: **-īs** oder **-ibus (-bus)**;

f) Der **Vokativ** ist wie im Deutschen gleich dem **Nominativ**.

Nur die Maskulina der **o**-Deklination auf **-us** haben im Vok. Sing. den Ausgang **-e**: amīce lieber Freund!

Die ā-Deklination (1. Dekl.) § 9

1. Beispiel: **porta, portae f.** die (eine) Tür, das (ein) Tor

(Stamm portā; Wortstock port-)

Fall Kasus	Frage	Einzahl Singular		Mehrzahl Plural		Ausgänge Sing.	Ausgänge Plur.
1. Nom.	wer? was?	porta	die Tür	portae	die Türen	**-a**	**-ae**
2. Gen.	wessen?	portae	der Tür	portā**-rum**	der Türen	**-ae**	**-ārum**
3. Dat.	wem? für wen?	portae	der Tür	portīs	den Türen	**-ae**	**-īs**
4. Akk.	wen? was?	porta**-m**	die Tür	portā**-s**	die Türen	**-am**	**-ās**
5. Abl.	wovon?	portā	von der Tür	portīs	von den Türen	**-ā**	**-īs**
	womit?		mit der Tür		mit den Türen		
	wodurch?		durch die Tür		durch die Türen		

2. Grammatisches Geschlecht: **ā-Stämme sind Feminina.**

3. Natürliches Geschlecht haben die Wörter, die männliche Personen bezeichnen: nauta der Seemann, poēta der Dichter, Persae die Perser (§ 6, 3).

Zusatz:

Zum **Ablativ** und **Akkusativ** treten oft **Präpositionen** zur Bezeichnung:

a) der Lage (**wo?**)
in (sub) terrā **auf, in (unter) der** Erde

b) der Richtung (**wohin?**)
in (sub) terram **auf, in (unter) die** Erde

c) von Ursprung, Herkunft (**woher? von wem?**):
ē Graeciā, **ex** Italiā **aus** Griechenland, Italien
ā poētā **von** dem Dichter
ab agricolā **von** dem Bauern

d) zum Ausdruck verschiedener Beziehungen:
dē Germāniā **von, über** Germanien
cum poētā **mit** dem Dichter zusammen
per silvam **durch** den Wald
prō patriā **für** das Vaterland

§ 10 Die o-Deklination (2. Dekl.)

1. Beispiele: **a) hortus, hortī m.** der Garten
b) dōnum, dōnī n. das Geschenk
(Stamm horto-, dōno-; Wortstock hort-, dōn-)

Kasus	Singular	Plural	Singular	Plural	Ausgänge	
					Singular	Plural
Nom.	hortu-**s**[1])	hort**ī**	dōnu-**m**	dōn**a**	**-us, um**	**-ī, -a**
Gen.	hort**ī**	hortō-**rum**	dōn**ī**	dōnō-**rum**	**-ī**	**-ōrum**
Dat.	hort**ō**	hort**īs**	dōn**ō**	dōn**īs**	**-ō**	**-īs**
Akk.	hortu-**m**	hortō-**s**	dōnu-**m**	dōn**a**	**-um**	**-ōs, -a**
Abl.	hort**ō**	hort**īs**	dōn**ō**	dōn**īs**	**-ō**	**-īs**

Die **Maskulina auf -er** haben den ursprünglichen Ausgang **-us** eingebüßt. Das **e** vor dem **r** gehört bei manchen zum Stamm und bleibt dann in allen Kasus, bei den meisten ist es nur im Nom. Sing. vor **r** zur Erleichterung der Aussprache eingefügt worden. Ohne -us auch: **vir, virī m.** der Mann.

	puer	magister	vir
	puer-ī	magistr-ī	vir-ī
	puer-ō	magistr-ō	vir-ō
Vokativ s. § 8, f.	*usw.*	*usw.*	*usw.*

2. Grammatisches Geschlecht:

o-Stämme auf -us (mit Nominativ-s) **und auf -er** (ohne Endung) **sind Maskulina,**

o-Stämme auf -um (ohne Nominativ-s) **sind Neutra.**

3. **Feminina** sind die Städte und Länder auf **-us**, z.B. Corinthus, ī Korinth; Aegyptus, ī Ägypten; ferner humus, ī (Erd-)Boden, Erdreich; die Bäume s. § 6, 3, z.B. pōpulus, ī Pappel, laurus, ī Lorbeer;

4. **Neutrum** ist vulgus, ī der Volkshaufe, das gemeine Volk.

§ 11 Besonderheiten der ā- und o-Deklination

1. Eine alte Genetivform auf **-ās** findet sich noch in der Verbindung pater bzw. māter familiās Hausvater, Hausmutter.
2. **deus** Gott hat im Nom. Plur. oft **dī**, im Dat. und Abl. Plur. **dīs**; **dea** Göttin hat zur Unterscheidung vom Maskulinum im Dat. und Abl. Plur. die Form **deābus.**
3. Die Eigennamen auf **-ius** ziehen im Vokativ den Ausgang **-ie** immer, den Genetivausgang **-iī** oft in **-ī** zusammen: Vergilī, Gaī; ebenso mī fīlī mein lieber Sohn. Auch Substantive auf **-ium** haben oft im Genitiv **ī**: ingénī, impérī.

---

[1]) Stammauslaut ursprünglich **o**; er wird im Nominativ und Akkus. zu **u** geschwächt. Siehe § 3, b 3.

4. Manche Wörter, namentlich Bezeichnungen von Münzen, haben im Gen. Plur. noch den alten Ausgang **-um** (statt -ōrum): quīnque mīlia sēstertium 5000 Sesterzen. Ferner Amtsnamen, die mit **vir** zusammengesetzt sind, wie decemvirum der Zehnmänner; ebenso deum (regīna deum) und superum (vī superum).
Vergleiche auch nostrum und vestrum (§ 28).

5. locus „Ort" hat den Plural **loca**, -ōrum in der Bedeutung „Plätze, Gelände, Gegend"; **locī**, ōrum sind „Stellen" in Büchern. Vgl. im Dt. „Bande, Bände, Bänder".

Adjektive der o- und ā-Deklination § 12

1. Adjektive auf **-us, -a, -um: bonus, bona, bonum** gut
2. „ „ **-er, -a, -um: līber, lībera, līberum** frei
pulcher, pulchra, pulchrum schön

	Singular			Plural		
Nom.	bonus	bona	bonum	bonī	bonae	bona
Gen.	bonī	bonae	bonī	bonōrum	bonārum	bonōrum
Dat.	bonō	bonae	bonō	bonīs	bonīs	bonīs
Akk.	bonum	bonam	bonum	bonōs	bonās	bona
Abl.	bonō	bonā	bonō	bonīs	bonīs	bonīs
Nom.	līber	lībera	līberum	līberī	līberae	lībera
Gen.	līberī	līberae	līberī	līberōrum	līberārum	līberōrum
		usw.			usw.	
Nom.	pulcher	pulchra	pulchrum	pulchrī	pulchrae	pulchra
Gen.	pulchrī	pulchrae	pulchrī	pulchrōrum	pulchrārum	pulchrōrum
		usw.			usw.	

Die ē-Deklination (5. Dekl.) § 13

1. Beispiele: **rēs, reī f.** die Sache, das Ding; **diēs, diēī m.** der Tag
(Stamm rē-, diē-)

Kasus	Singular	Plural	Singular	Plural	Ausgänge Singular	Ausgänge Plural
Nom.	rē-s	rē-s	diē-s	diē-s	-ēs	-ēs
Gen.	re-ī	rē-rum	diē-ī	diē-rum	-eī	-ērum
Dat.	re-ī	rē-bus	diē-ī	diē-bus	-eī	-ēbus
Akk.	re-m	rē-s	die-m	diē-s	-em	-ēs
Abl.	rē	rē-bus	diē	diē-bus	-ē	-ēbus

Das **e** im Ausgang **-eī** ist nach **i** lang, sonst kurz (diēī, *aber* reī).

2. Grammatisches Geschlecht: **ē-Stämme sind Feminina.**

3. **Maskulina** sind nur **diēs** der Tag und **merīdiēs**[1]) der Mittag.

Ist diēs Femininum, so bedeutet es meist Termin: diēs cōnstitūta.

§ 14 Die u-Deklination (4. Dekl.)

1. Beispiele: a) **frūctus, frūctūs m.** die Frucht (*Stamm* frūctu-)

b) **cornū, cornūs n.** das Horn (*Stamm* cornu-)

Kasus	Singular	Plural	Singular	Plural	Ausgänge Sing.	Ausgänge Plur.
Nom.	frūctu-s	frūctū-s	cornū	cornu-a	-us, -ū	-ūs, -ua
Gen.	frūctū-s	frūctu-um	cornū-s	cornu-um	-ūs	-uum
Dat.	frūctu-ī(ū)	frūcti-bus[2])	cornū(u-ī)	corni-bus[2])	-uī, -ū	-ibus
Akk.	frūctu-m	frūctū-s	cornū	cornu-a	-um, -ū	-ūs, -ua
Abl.	frūctū	frūcti-bus	cornū	corni-bus	-ū	-ibus

2. Grammatisches Geschlechts:

u-Stämme auf -us (mit Nominativ-s) **sind Maskulina,**
u-Stämme auf -ū (ohne Nominativ-s) **sind Neutra.**

3. **Feminina sind auf -us: domus, manus, tribus, porticus und Idūs.**

domus rēgia	der Königspalast	porticus pūblica	die öffentliche Säulenhalle
manus dextra	die rechte Hand		
manus parva	die kleine Schar	Īdūs Mārtiae	die Iden des März (der 15. März)
tribus urbāna	der Stadtbezirk		

4. Von domus gibt es die Nebenformen domō Abl. Sing., domōs Akk. Plur., domōrum Gen. Plur.;

domī bedeutet zu Hause, **domum** nach Hause, **domō** von Hause.

Die 3. Deklination

In der sog. 3. Deklination stehen nebeneinander **konsonantische** und **vokalische (i-)Stämme;** sie haben sich auch **vermischt,** vgl. § 7, 5.

---

[1]) Aus *medī-diēs, vgl. § 4, 3.

[2]) **-ibus** Schwächung aus älterem **-ubus,** (erhalten in arcubus, lacubus, tribubus u. a.) vgl. maxumus *neben* maximus.

A. Die konsonantische Deklination § 15

Zur konsonantischen Deklination gehören die Stämme auf konsonantischen Auslaut. Die Konsonanten sind nach § 1, 1: I. Dauerlaute,
II. Verschlußlaute.

I. Die Dauerlautstämme

1. Nach der Quantität (Länge oder Kürze) des vor dem Dauerlaut stehenden Vokals unterscheidet man Dauerlautstämme

a) mit langem Vokal, b) mit kurzem Vokal.

Die Dauerlautstämme sind im Nom. Sing. endungslos. Etwa erscheinendes **s** gehört zum Stamm und wird zwischen Vokalen zu **r** (mōs, mōr-is m. die Sitte), vgl. § 4b.

2. Beispiele:

honor (honōs), honōris m. die Ehre (*Stamm* **honōr-**)

sermō, sermōnis m. die Rede, das Gespräch (*Stamm* **sermōn-**)

carmen, carminis n. das Gedicht, Lied (*Stamm* **carmin-**)

corpus, corporis n. der Körper, Leib (*Stamm* **corpor-**).

Kasus	**Singular**				Kenn-zeichen
Nom.	honor	sermō	carmen	corpus	
Gen.	honōr-is	sermōn-is	carmin-is	corpor-is	
Dat.	honōr-ī	sermōn-ī	carmin-ī	corpor-ī	
Akk.	honōr-em	sermōn-em	carmen	corpus	
Abl.	honōr-e	sermōn-e	carmin-e	corpor-e	**-e**
			Plural		
Nom.	honōr-ēs	sermōn-ēs	carmin-a	corpor-a	**-a**
Gen.	honōr-um	sermōn-um	carmin-um	corpor-um	**-um**
Dat.	honōr-ibus	sermōn-ibus	carmin-ibus	corpor-ibus	
Akk.	honōr-ēs	sermōn-ēs	carmin-a	corpor-a	**-a**
Abl.	honōr-ibus	sermōn-ibus	carmin-ibus	corpor-ibus	

3. Besonderheiten der Dauerlautstämme

a) **pater, patris**; māter, mātris; frāter, frātris. *Stamm*: patr-, mātr-, frātr-;

b) **Iuppiter** flektiert: **Iov**-is, **Iov**-ī, **Iov**-em, **Iov**-e;

c) **bōs, bov**-is m. f. das Rind: Gen. Plur. **bo**-um, Dat. **bō**-bus (**bū**-bus);

d) **carō, carn**-is f. das Fleisch; **nix, niv**-is f. der Schnee;
senex, sen-is m. der Greis; **sanguis, sánguin**-is m. das Blut;

e) **homō, homin**-is der Mensch; **nēmō** (*né-homō kein Mensch) niemand; *Dativ*: nēminī;

f) **iter, itiner**-is n. der Marsch, Weg.

§ 16 II. Die Verschlußlautstämme

1. Nach der Nominativbildung unterscheidet man:
   a) Verschlußlautstämme **mit Nominativ-s** (Feminina)
   b) Verschlußlautstämme **ohne Nominativ-s** (Neutra).

   Die ersteren erleiden vor dem Nominativ-s Veränderungen:
   Dentale fallen vor **-s** aus, **Gutturale** mit **s** werden geschrieben **x**, z. B. *laud-s = laus, *lēg-s = lēx.

2. Beispiele: a) **lēx, lēgis f.** das Gesetz (*Stamm* **lēg-**)
   b) **caput, capitis n.** das Haupt, der Kopf (*Stamm* **capit-**)

Kasus	Singular	Plural	Singular	Plural
Nom.	lēx	lēg-ēs	caput	capit-a
Gen.	lēg-is	lēg-um	capit-is	capit-um
Dat.	lēg-ī	lēg-ibus	capit-i	capit-ibus
Akk.	lēg-em	lēg-ēs	caput	capit-a
Abl.	lēg-e	lēg-ibus	capit-e	capit-ibus

§ 17 B. Die i- und Mischdeklination (i-Stämme)

I. **Die reine i-Deklination**: Sie weicht von der konsonantischen Deklination nur in eigenen Fällen ab.

1. Beispiele: **turris, turris f.** der Turm (*Stamm* **turri-**)
   mare, maris n. das Meer (*Stamm* **mari-**)

Kasus	Singular		Kennzeichen	Plural		Kennzeichen
Nom.	turri-s	mare[1])		turrēs	mari-a	-ia
Gen.	turris	maris		turri-um	mari-um	-ium
Dat.	turrī	marī		turri-bus	mari-bus	
Akk.	turri-m	mare	-im	turr-ēs(īs)	mari-a	(-īs)-ia
Abl.	turrī	marī	-ī	turri-bus	mari-bus	

[1]) Aus mari: auslautendes **i** wird **e** (§ 3b, 3).

2. Zur reinen **i**-Deklination gehören nur wenige Substantive, und zwar

a) die gleichsilbigen Fluß- und Ortsnamen auf **-is,** z.B. Tiberis, is m. der Tiber, Albis, is m. die Elbe, Neāpolis, is f. Neapel;

b) die Feminina puppis, is das Heck, febris, is das Fieber,

secūris, is das Beil, sitis, is der Durst;

vīs, vim, vī die Gewalt; *Plur.* vīrēs, vīrium die Kräfte.

c) die Neutra auf **-e, -al, -ar:**

mare, is das Meer; animal, ālis das Geschöpf; vectīgal, ālis der Zoll; exemplar, āris das Muster.

II. Die Misch-Deklination (Kennzeichen **-ium**)

1. Beispiele: **classis, classis f.** die Flotte, **gēns, gentis f.** das Volk.

Kasus	**Singular**		Kenn-zeichen	**Plural**		Kenn-zeichen
Nom.	classi-**s**	gēns[1])		classēs	gentēs	
Gen.	classis	gentis		classi-**um**	genti-**um**	**-ium**
Dat.	classī	gentī		classi-**bus**	genti-**bus**	
Akk.	classem	gentem	**-em**	classēs(**-īs**)	gentēs	(**-īs**)
Abl.	classe	gente	**-e**	classi-**bus**	genti-**bus**	

2. Zur Misch-Deklination gehören:

a) die meisten **i**-Stämme auf **-is** und **-ēs** (sog. Gleichsilbige im Nom. u. Gen. Sing.), wie nāvis, is f. das Schiff; clādēs, is f. die Niederlage;

b) alte **i**-Stämme, wie gēns, gent-is f. das Volk, urbs, urb-s f. die Stadt (scheinbar Verschlußlautstämme auf zwei Konsonanten). Sie zeigen sich deutlich als alte **i**-Stämme nur noch im **Gen. Plur.:** nāvi-um, clādi-um; urbi-um, genti-um, und in den älteren Formen des Akk. Plur.: cīvīs, urbīs; sonst sind sie in die konsonantische Deklination übergegangen.

c) Als alte konsonantische Stämme haben die Endung **-um:**

canis (Hund) canum, senex (Greis) senum, iuvenis (Jüngling) iuvenum, parentēs (Eltern) hat *meist* parentum.

---

[1]) Aus *gent-s (§ 4a, 3 und 3c, 1).

§ 18 Geschlechtsregeln der 3. Deklination und Besonderheiten

A. 1. **Dauerlautstämme mit langem Vokal sind meist Maskulina:**

clāmor magnus (clāmōris) das laute Geschrei
mōs patrius (mōris) die heimatliche Sitte
sermō laetus (sermōnis) das fröhliche Gespräch

2. **Dauerlautstämme mit kurzem Vokal sind Neutra:**

corpus hūmānum (corporis) der menschliche Körper
iter rēctum (itineris) der gerade Weg
agmen novissimum (agminis) die Nachhut

Besonderheiten zu 1: **Neutra** sind: (s. § 19 A 1)
aes, ōs, iūs (*St.* aer-, ōr-, iūr-); vēr, vās, rūs (*St.* vēr-, vās-, rūr-);

zu 2: a) **Maskulina** sind: (s. § 19 A 2a)
āēr, agger, ānser, carcer; sāl, ās, ōrdō, sanguis, passer; cinis *sowie* pulvis.

b) **Feminina** sind: (s. § 19 A 2b)
die Wörter auf -dō, -gō, -iō *nebst* arbor, hiems *und* carō.

B. **Verschlußlautstämme mit Nominativ-s sind Feminina,**
Verschlußlautstämme ohne Nominativ-s sind Neutra:

salūs pūblica (salūtis) das öffentliche Wohl
caput hūmānum (capitis) das menschliche Haupt

Besonderheiten: grex, pēs, lapis (lapidis) sind masculīnī generis (s. § 19 B)

C. **i-Stämme mit Nominativ-s sind Feminina,**
i-Stämme ohne Nominativ-s sind Neutra:

nāvis longa (nāvium) das Kriegsschiff
gēns Rōmāna (gentium) das römische Volk
mare vāstum (marium) das weite Meer

Besonderheiten: Die Wörter mit der Endung **-nis** sind masculīnī generis, *auch* dēns, fōns, mōns, pōns, collis, ēnsis *nebst* orbis, piscis, venter, mēnsis. (s. § 19 C)

§ 19 Das grammatische Geschlecht der Besonderheiten ist aus folgenden Verbindungen zu ersehen:

A. 1.	aes aliēnum (aeris)	die Schulden
	ōs hūmānum (ōris)	das menschliche Antlitz

	iūs pūblicum (iūris)	das Staatsrecht
	vēr sacrum (vēris)	der Weihefrühling
	vās aureum (vāsis)	das goldene Gefäß
	rūs paternum (rūris)	das väterliche Landgut
2 a)	**āēr** pūrus (ā́eris)	die klare Luft
	agger altus (ággeris)	der hohe Damm
	ānserēs sacrī (ānserum)	die heiligen Gänse
	carcer pūblicus (cárceris)	das Staatsgefängnis
	passer lascīvus (passeris)	der freche Spatz
	sāl pūrus (salis)	das reine Salz
	ās Rōmānus (assis)	der römische As
	ōrdō senātōrius (ṓrdinis)	der Senatorenstand
	cinis calidus (cíneris)	die heiße Asche
	pulvis sordidus (púlveris)	der schmutzige Staub
	sanguis ruber (sánguinis)	das rote Blut
b)	multitūdō magna (-dinis)	die große Menge
	imāgō pulchra (-ginis)	das schöne Bild
	legiō decima (legiōnis)	die 10. Legion
	arbor alta (árboris)	der hohe Baum
	hiems aspera (híemis)	der rauhe Winter
	carō ferīna (carnis)	das Wildbret
B.	grex magnus (gregis)	die große Herde
	pēs claudus (pedis)	der lahme Fuß
	lapis dūrus (lápidis)	der harte Stein
C.	amnis lātus (amnis)	der breite Strom
	collis arduus (collis)	der steile Hügel
	ēnsis cruentus (ēnsis)	das blutige Schwert
	mēnsis Iānuārius (mēnsis)	der Monat Januar
	tōtus orbis terrārum (orbis)	der ganze Erdkreis
	piscis mūtus (piscis)	der stumme Fisch
	dēns acūtus (dentis)	der scharfe Zahn
	fōns frīgidus (fontis)	die kühle Quelle
	mōns sacer (montis)	der heilige Berg
	pōns sublicius (pontis)	die Pfahlbrücke
	venter plēnus (ventris)	der volle Bauch
	imber magnus (imbris)	der starke Regen

§ 20 Die Adjektive der 3. Deklination

1. Die meisten Adjektive der 3. Deklination haben als **i**-Stämme die Endungen **-ī, -ia, -ium.**

2. Nach dem Nominativ Singular unterscheidet man Adjektive mit **drei Endungen** für Maskulinum, Femininum und Neutrum: **ācer, ācris, ācre** scharf;
mit **zwei Endungen,** und zwar einer für Maskulinum und Femininum gemeinsam und einer für das Neutrum: **levis, leve** leicht;
mit **einer Endung** für alle drei Geschlechter: **prūdēns** klug

Sing.	m.	f.	n.	m. f.		n.	m. f.		n.
Nom.	ācer	ācris	ācre	levis		leve		prūdēns	
Gen.		ācris			levis			prūdentis	
Dat.		ācrī			levī			prūdentī	
Akk.	ācrem		ācre	levem		leve	prūdentem		**prūdēns**
Abl.		ācrī			levī			prūdentī	
Plur.	m.	f.	n.	m. f.		n.	m. f.		n.
Nom.	ācrēs		ācria	levēs		levia	prūdentēs		prūdentia
Gen.		ācrium			levium			prūdentium	
Dat.		ācribus			levibus			prūdentibus	
Akk.	ācrēs		ācria	levēs		levia	prūdentēs		prūdentia
Abl.		ācribus			levibus			prūdentibus	

4. **Konsonantischen** Stamm, also die Endungen **-e, -a, -um** haben: **pauper,** pauperis arm; **dīves,** dīvitis reich; **vetus,** veteris alt; **particeps,** participis teilhaftig; **prīnceps,** prīncipis der erste.

5. Schwankend sind die Formen von: memor eingedenk (memorī, memorum), inops mittellos (inopī, inopum), celer schnell (celerī, celeria, celerum), supplex demütig bittend (supplicī, supplicum).

Zusätze

1. Im Akk. Plur. findet sich auch die Endung **-īs** statt **-ēs:** ācrīs, omnīs § 17 I 2b).

2. Die **Partizipien** des Präsens auf **-āns** und **-ēns** haben im Abl. Sing. als eigentliche Partizipien **-e,** als Adjektive **-ī:**
ex ardente domō aus dem brennenden Hause;
ardentī studiō mit brennendem Eifer.

3. Substantivierte **Adjektive** auf **-āns** und **-ēns** haben im Abl. Sing. meist **-e:** ā sapiente von dem Weisen, *aber* ā sapientī virō.

Zusammenstellung der Deklinationsausgänge § 21

Kasus u. Zahl	ā-Dekl. (1.)	o-Dekl. (2.)	ē-Dekl. (5.)	u-Dekl. (4.)	i-Dekl. (sog. 3.)	**kons.** Dekl. (sog. 3.)
Nom. Sg.	**-a**	**-us, -um**	**-ēs**	**-us, -ū**	**-is, -e**	**—, -s, —**
Gen. ,,	**-ae**	**-ī**	**-eī**	**-ūs**	**-is**	**-is**
Dat. ,,	**-ae**	**-ō**	**-eī**	**-uī, -ū**	**-ī**	**-ī**
Akk. ,,	**-am**	**-um**	**-em**	**-um, -ū**	**-im, -em; -e**	**-em; —**
Abl. ,,	**-ā**	**-ō**	**-ē**	**-ū**	**-ī**	**-e**
Nom. Pl.	**-ae**	**-ī, -a**	**-ēs**	**-ūs, -ua**	**-ēs, -ia**	**-ēs, -a**
Gen. ,,	**-ārum**	**-ōrum**	**-ērum**	**-uum**	**-ium**	**-um**
Dat. ,,	**-īs**	**-īs**	**-ēbus**	**-ibus**	**-ibus**	**-ibus**
Akk. ,,	**-ās**	**-ōs, -a**	**-ēs**	**-ūs, -ua**	**-īs, -ēs; -ia**	**-ēs; -a**
Abl. ,,	**-īs**	**-īs**	**-ēbus**	**-ibus**	**-ibus**	**-ibus**

Beachte die mehrdeutigen Ausgänge!

Besonderheiten der Substantive § 22

a) Wörter, **die nur im Plural** gebraucht werden (Plūrālia tantum):

angustiae, ārum der Engpaß, die Not
dīvitiae, ārum der Reichtum
īnsidiae, ārum der Anschlag, die Falle
indūtiae, ārum der Waffenstillstand
tenebrae, ārum die Dunkelheit
castra, ōrum n. das Lager
hīberna, ōrum n. das Winterlager
līberī, ōrum die Kinder

b) Wörter, die im **Plural** noch eine **andere Bedeutung** haben als im **Singular:**

cōpia Menge, Vorrat — cōpiae f. Truppen
fortūna Glück, Schicksal — fortūnae Hab und Gut, Vermögen
littera Buchstabe (Letter) — litterae Brief, Wissenschaft
auxilium Hilfe — auxilia Hilfstruppen
impedīmentum Hindernis — impedīmenta Gepäck, Troß
rōstrum Schnabel, Schiffsschnabel — rōstra die (mit Schiffsschnäbeln verzierte) Rednerbühne

aedēs, is f. der Tempel — aedēs, ium f. das Wohnhaus
fīnis, is m. Ende, Grenze — fīnēs, ium m. das Gebiet
pars, partis f. Teil — partēs, ium f. Partei, Rolle
ops, opis f. Hilfe — opēs, um f. Schätze, Macht

Die Steigerung des Adjektivs (Komparation)

a) Regelmäßige Steigerung § 23

Der **Komparativ** wird mit dem Ausgang **-ior, -ius**,
der **Superlativ** mit **-issimus, -a, -um** am Wortstock gebildet;
die Adjektive auf **-er** hängen **-rimus, -a, -um** an den Nominativ (vgl. § 4, 1).

Positiv (Grundstufe)	**Komparativ** (Steigerungs- oder Vergleichsstufe)	**Superlativ** (Höchststufe) Elativ (sehr)
altus, a, um hoch	alt-ior, -ius höher Gen. **altiōris**	alt-issimus, a, um der höchste, sehr hoch
fēlīx glücklich	fēlīc-ior, -ius	fēlīc-issimus, a, um
prūdēns klug	prūdent-ior, -ius	prūdent-issimus, a, um
nōbilis, e edel	nōbil-ior, -ius	nōbil-issimus, a, um
pulcher, chra, um schön	pulchr-ior, -ius	pulcher-rimus, a, um
miser, a, um elend	miser-ior, -ius	miser-rimus, a, um
ācer, ācris, ācre scharf	ācr-ior, -ius	ācer-rimus, a, um
vetus, veteris alt	vetust-ior, -ius	veter-rimus, a, um

Die Deklination des Komparativs entspricht der Deklination der Dauerlautstämme (also **-e, -a, -um,** z.B. altiōre, altiōra, altiōrum), § 15.

§ 24 b) Besonderheiten der Steigerung

1. Steigerung durch Umschreibung

Die Adjektive auf **-us** mit vorhergehendem Vokal umschreiben den Komparativ durch **magis = mehr,** den Superlativ durch **maximē = am meisten, sehr**.

idōneus	passend	magis idōneus	maximē idōneus
dubius	zweifelhaft	magis dubius	maximē dubius
arduus	steil	magis arduus	maximē arduus

2. Steigerung mit Stammwechsel

bonus gut	**melior, melius**	**optimus,** a, um
malus schlecht	**peior, peius**	**pessimus,** a, um
magnus groß	**maior, maius**	**maximus,** a, um
parvus klein	**minor, minus**	**minimus,** a, um
multum viel	**plūs** mehr	**plūrimum** am meisten, sehr viel
multī viele	**plūrēs, plūra** mehr	**plūrimī** die meisten, sehr viele

Zu unterscheiden sind: plūrēs, -ium **mehr** (als vorher, als andere);
complūrēs, -ium **mehrere,** einige.

3. Fünf Adjektive auf -ilis bilden den Superlativ auf **-(il)limus** (vgl. § 4, 1)

facilis, e	leicht	facilior, ius	facillimus, a, um
difficilis, e	schwer	difficilior, ius	difficillimus, a, um
similis, e	ähnlich	similior, ius	simillimus, a, um
dissimilis, e	unähnlich	dissimilior, ius	dissimillimus, a, um
humilis, e	niedrig	humilior, ius	humillimus, a, um

4. **Unvollständige Steigerung**

Zu extrā außerhalb	exterior der äußere	extrēmus d. äußerste
,, intrā innerhalb	interior der innere	intimus der innerste
,, īnfrā unterhalb	īnferior 1. der untere 2. geringer, unterlegen	īnfimus der unterste
,, suprā oberhalb	superior 1. der obere, 2. früher, höher, überlegen	suprēmus der oberste summus der höchste
,, ultrā jenseits	ulterior jenseitig	ultimus der letzte
,, citrā diesseits	citerior diesseitig	—
,, prae vor	prior der frühere	prīmus der erste
,, post nach	posterior der spätere	postrēmus der letzte
,, prope nahe bei	propior der nähere	proximus der nächste
,, dē von herab	dēterior schlechter	dēterrimus der schlechteste
,, potis vermögend (vgl. potēns)	potior vorzüglicher potius vielmehr, eher	potissimus der vorzüglichste potissimum hauptsächlich

Folgende Grundformen haben besondere Bedeutung:

superī die überirdischen Götter; **īnferī** die unterirdischen Götter;
exterae gentēs auswärtige Völker; **posterī** die Nachkommen;

Zu senex, is Greis *gehört der Kompar.* senior der ältere; *zu* iuvenis, is Jüngling *der Kompar.* iūnior der jüngere.

Adjektive auf -volus, -dicus, -ficus bilden die Steigerungsformen von alten partizipialen Nebenformen:

benevolus wohlwollend:	benevolentior,	benevolentissimus
maledicus schmähsüchtig:	maledīcentior,	maledīcentissimus
magnificus großartig:	magnificentior,	magnificentissimus

c) Zum Gebrauch der Steigerungsformen **§ 25**

1. Bei einem **Vergleich zwischen zweien** begnügt sich der Deutsche manchmal mit dem **Positiv:**

Caesar cōpiās ex maiōribus castrīs in minōra dūxit	Cäsar führte seine Truppen aus dem großen in das kleine Lager

2. Der Komparativ steht häufig **ohne ein zweites Vergleichsglied:**

Vārus erat immōbilior	Varus war zu (ziemlich, reichlich) schwerfällig
Senectūs est nātūrā loquācior	Das Alter ist von Natur etwas geschwätzig

līberius dīcere	recht freimütig sprechen
superbius sē gerere	sich allzu übermütig benehmen
longius prōgredī	zu weit vorgehen

3. **Verstärkung** a) des Komparativs:

multō maior viel, weit größer; paulō maior ein wenig (etwas) größer; aliquantō maior beträchtlich (bedeutend) größer; etiam maior noch größer;

b) des Superlativs:

(ūnus) omnium maximus	der allergrößte
longē maximus	bei weitem der größte
quam maximus	so groß wie möglich, möglichst groß

4. Für die **Übersetzung des Superlativs** (Elativs) gebraucht man neben „sehr, überaus, ganz, äußerst, ungemein" auch freiere Wendungen:

a) templum sānctissimum	ein hochheiliger Tempel
tabula pulcherrima	ein wunderschönes Gemälde
argūmenta certissima	ganz sichere Beweise
b) amīcissimus meus	mein bester Freund
inimīcissimus meus	mein ärgster Feind, Todfeind
c) vir doctissimus	einer der größten Gelehrten

5. Statt des Superlativs setzen wir im Dt. manchmal den Positiv:

vir fortissimus	ein tapferer Mann
amplissimō locō nātus	aus edlem Geschlecht

§ 26 Adverbien von Adjektiven (vgl. § 75.2)

1. Die Adverbien von Adjektiven der **o-** und **ā-**Deklination endigen auf **-ē**, alle übrigen auf **-ter** (angefügt an den Wortstock)

Adj.	callidus	*Adv.* callidē	*Adj.*	fortis	*Adv.* fortiter
	pulcher	pulchrē		ācer	ācriter
	miser	miserē		fēlīx	fēlīciter
	validus stark	valdē [1]) sehr		prūdēns	prūdenter [2])

Merke: benĕ (*zu* bonus), malĕ (*zu* malus), aliter (*zu* alius)!

2. Gelegentlich dienen erstarrte Kasusformen als Adverbien, und zwar

a) Nominative:

versus gegen, rūrsus wieder, satis genug

[1]) Mit Verkürzung des Stammes.

[2]) Ausfall des -i und Zusammenfall der beiden t (bei allen Adjekt. auf -ns); ähnlich **audācter.**

b) Akkusative:

facile leicht, nōn facile schwer, multum viel, paulum wenig, parum zu wenig, cēterum übrigens, clam heimlich, palam öffentlich, passim weit und breit. (Weitere Akkusative § 82, 3.)

c) Ablative:

crēbrō häufig, rārō selten, cito schnell, subitō plötzlich, falsō fälschlich, prīmō zuerst, postrēmō zuletzt, tūtō sicher, perpetuō beständig, necessāriō notgedrungen, sērō (zu) spät.

Zu unterscheiden sind:

vērē wahrheitsgemäß — vērō wahrlich, vollends,

certē sicherlich, wenigstens — certō gewiß (*z. B.* certō sciō).

d) präpositionale Verbindungen:

admodum sehr, dēnuō von neuem, imprīmīs besonders.

Steigerung der Adverbien § 27

Der **Komparativ** des Adverbs ist gleich dem Komparativ des Adjektivs im Akk. Sing. des **Neutrums.**

Die **Superlative** bilden als o-Stämme das Adverb auf -ē, also:

pulchrē pulchrius pulcherrimē — fortiter fortius fortissimē.

Besonders häufig sind:

1. **magnopere** sehr	**magis** mehr	**maximē** am meisten
nōn multum wenig	**minus** weniger	**minimē** am wenigsten
diū lange	**diūtius** länger	**diūtissimē** am längsten

2. magis und maximē bezeichnen den Grad (wie sehr?)

plūs und plūrimum bezeichnen die Menge (wieviel?)

Zum Gebrauch des Adverbs

Das **Adverbium** bestimmt das Verbum (den Vorgang, Zustand: wie = auf welche Weise?), wie das **Adjektiv** das Nomen (den Gegenstand: wie = wie beschaffen) (vgl. § 75).

rēs prosperē gestae glücklich vollbrachte Taten, rēs adversae widrige Umstände

II. DAS PRONOMEN

§ 28 Prōnōmina persōnālia (persönliche Fürwörter)

	1. Person		2. Person		**Reflexivpronomen** der 3. Person	
Nom.	ego	ich	tū	du	—	
Gen.	meī	meiner	tuī	deiner	suī	seiner
Dat.	mihi	mir	tibi	dir	sibi	sich
Akk.	mē	mich	tē	dich	sē	sich
Abl.	ā mē	von mir	ā tē	von dir	ā sē	von sich
Nom.	nōs	wir	vōs	ihr	—	
Gen.	nostrī	unser	vestrī	euer	suī	ihrer
	nostrum	unter uns	vestrum	unter euch		
Dat.	nōbīs	uns	vōbīs	euch	sibi	sich
Akk.	nōs	uns	vōs	euch	sē	sich
Abl.	ā nōbīs	von uns	ā vōbīs	von euch	ā sē	von sich

Gebrauch

1. Die Formen der **1.** und **2.** Person werden, wie im Deutschen, reflexiv und nichtreflexiv gebraucht.

2. Ein nichtreflexives Personalpronomen der **3.** Person fehlt und wird durch **is, ea, id** = er, sie, es ersetzt (§ 30 und 31, 1).

3. Der Nominativ der persönlichen Fürwörter steht nur, wenn die Person **betont** ist, z.B. in Gegensätzen:

Ego sum magnus, **tū** es parvus	**Ich** bin groß, **du** bist klein.
Is mihi cārus est	**Er** ist mir lieb.

4. Die Genetive **meī, tuī, nostrī, vestrī, suī** sind eigentlich Gen. Sing. des Neutrums der Possessivpronomina = meiner, deiner usw. Wesenheit (Person) und werden daher ohne Unterschied des Geschlechts gebraucht: meminī vestrī ich denke euer, an euch.

5. Die Genetive **nostrum** und **vestrum** sind eigentlich Gen. Plur. der Possessivpronomina mit dem alten Ausgang **-um** (§ 11, 4) = der Unsrigen, der Eurigen; sie werden daher partitiv gebraucht: nēmō nostrum niemand unter uns, quis vestrum wer von euch?

6. Die Präposition **cum** wird an das Pers. Pron. angehängt: **mēcum,** tēcum, nōbīscum, vōbīscum, sēcum mit mir, dir, uns, euch, sich.

7. Angehängtes **-met** verstärkt: egomet, nōsmet, sēmet (auch Verdoppelung: **sēsē**).

8. In innerlich abhängigen Sätzen steht das Reflexivpronomen auch mit Beziehung auf das Subjekt des übergeordneten Satzes **(indirektes Reflexiv).** Näheres s. §§ 129. 130.

Prōnōmina possessīva (besitzanzeigende Fürwörter) § 29

1. meus, a, um mein	noster, nostra, nostrum unser
2. tuus, a, um dein	vester, vestra, vestrum euer
3. suus, a, um sein, ihr	suus, a, um ihr (nur reflexiv, vgl. § 31, 1)

Gebrauch

1. Das Possessivpronomen steht nur, wenn es die Deutlichkeit erfordert, namentlich wenn es **betont** ist:

Hamilcar Hannibalem fīlium (seinen Sohn H.) sēcum in Hispāniam dūxit.
Hannibalem suī (seine eigenen) cīvēs ē patriā ēiēcērunt.

meā, tuā, suā manū	mit eigener Hand
meō, tuō, suō iūre	mit vollem Recht, mit Fug und Recht
meā (quidem) sententiā	nach meiner Meinung
suō tempore, suō locō	zur rechten Zeit, am rechten Ort

2. Das substantivierte Possessivpronomen wird im Deutschen oft erweiternd übersetzt: meum, mea meine Habe, suī, nostrī seine, unsere Leute (Angehörigen). § **185a, 1.**

Prōnōmina dēmōnstrātīva (hinweisende Fürwörter) § 30

1. **is, ea, id** a) er, sie, es (persönl. Fürwort der 3. Pers., vgl. § 28, 2)
b) der, die, das; dieser, diese, dieses (in der Erzählung)
c) der, die, das (vor dem Relativpronomen, vgl. § 32).

Kas.	Singular						Plural			
Nom.	is	ea	id	er	sie	es	iī (eī)	eae	ea	sie
Gen.		eius		seiner	ihrer	seiner	eōrum	eārum	eōrum	ihrer
Dat.		eī		ihm	ihr	ihm		iīs (eīs)		ihnen
Akk.	eum	eam	id	ihn	sie	es	eōs	eās	ea	sie
Abl.	ab eō	eā	eō	von ihm	von ihr	von ihm		ab iīs (eīs)		von ihnen

Von is, ea, id wird gebildet durch Anhängung von **-dem**:

2. **īdem, eadem, idem** (eben) derselbe, der nämliche

Kas.	Singular			Plural			
Nom.	īdem	éadem	idem	(i)īdem	(eīdem)	eaedem	éadem
Gen.		eiusdem		eōrundem		eārundem	eōrundem
Dat.		eīdem			(i)īsdem (eīsdem)		
Akk.	eundem	eandem	idem	eōsdem		eāsdem	eadem
Abl.	eōdem	eādem	eōdem		(i)īsdem (eīsdem)		

Die Formen eundem, eōrundem, eārundem sind durch Annäherung entstanden (§ 4, 2).

3. **hic, haec, hoc** dieser, diese, dieses (der hier, mein)

Kas.	Singular			Plural		
Nom.	hic	haec	hoc	hī	hae	**haec**
Gen.		**huius**		hōrum	hārum	hōrum
Dat.		**huic**			hīs	
Akk.	hunc	hanc	hoc	hōs	hās	**haec**
Abl.	ab hōc	hāc	hōc		ab hīs	

4. **ille, illa, illud** jener, jene, jenes (der dort)

Kas.	Singular			Plural		
Nom.	ille	illa	illud	illī	illae	illa
Gen.		**illīus**		illōrum	illārum	illōrum
Dat.		illī			illīs	
Akk.	illum	illam	illud	illōs	illās	illa
Abl.	ab illō	illā	illō		ab illīs	

Wie **ille** werden dekliniert

5. **iste, ista, istud** der da (bei dir), dieser (dein);

6. **ipse, ipsa, ipsum** er (sie, es) selbst.

§ 31 Zum Gebrauch der hinweisenden Fürwörter

1. Die lat. Sprache unterscheidet reflexive und nichtreflexive Beziehung beim Possessivpronomen der 3. Person:

Pater fīlium suum amat	der Vater liebt seinen (eigenen) Sohn; aber
Nōvī fīlium eius	ich kenne seinen (ihren) Sohn.
Līberī mātrem suam amant	die Kinder lieben ihre Mutter; aber
Nōvī mātrem eōrum (eārum)	ich kenne ihre Mutter.

Zu vermeiden sind die undeutschen Wendungen: desselben, derselben!

2. Die auf einen Satz (Hauptsatz, Akk. m. Inf. oder Nebensatz) hinweisenden Pronomina **hoc** und **illud** werden im Deutschen oft durch ein hinzugefügtes Substantiv erweitert:

Hoc cōnstat	Die Tatsache steht fest
Hoc probō	Diese Meinung billige ich
Illud ūnum sequor (spectō)	Nur den einen Zweck verfolge ich
Nōtum est illud Catōnis . . .	Bekannt ist der Ausspruch Katos . . .

3. **ipse** dient zur **Hervorhebung** und wird verschieden übersetzt:

Ipse et frāter aderant	er und sein Bruder war zugegen
Caesar ipse pūgnae intererat	C. kämpfte persönlich mit
Eō ipsō diē lēgātī vēnērunt pācem petītum	Gerade (eben) an diesem Tage kamen Gesandte mit der Bitte um Frieden
Rōmānī sub ipsō monte cōnsēdērunt	Die Römer lagerten sich unmittelbar am Fuße des Berges
Pompēius ipsō nōmine sociōrum animōs auxit	Schon der bloße Name des P. hob die Stimmung der Bundesgenossen

Prōnōmina relātīva (bezügliche Fürwörter) § 32

1. **quī, quae, quod** der, die, das (welcher, welche, welches); wer, was.

Kas.	Singular		Plural	
Nom.	quī quae quod	der die das	quī quae **quae**	die
Gen.	**cuius**	dessen **deren** dessen	quōrum quārum quōrum	**deren**
Dat.	**cuî**	dem der dem	**quibus**	denen
Akk.	**quem** quam quod	den die das	quōs quās **quae**	die
Abl.	quō quā quō[1])	von von von dem der dem	**quibus**[2])	von (mit) denen

Über relativischen Anschluß siehe § 177.

2. Verallgemeinerndes Relativum:

a) **quīcumque,** quaecumque, quodcumque welcher auch immer = jeder, der; alle, die; alles, was.

b) **quisquis** (wer auch nur) jeder, der und **quidquid** (was auch nur) alles, was (meist nur in diesen beiden Formen).

Prōnōmina interrogātīva (fragende Fürwörter) § 33

1. **quis?** wer? **quid?** was? (substantivisch),

2. **quī, quae, quod?** welcher, welche, welches? (adjektivisch)
Sie werden beide wie das Relativum dekliniert.

Im Abl. findet sich eine alte Form **quī** = wie? wodurch? warum?, verneint **quīn** = warum nicht? (s. § 157).

Quī fit, ut nēmō sorte suā contentus sit?	Wie kommt es, daß niemand mit seinem Schicksal zufrieden ist?
Quīn mihi adfuistī?	Warum hast du mir nicht geholfen?

[1]) Die Präposition cum kann voranstehen oder angehängt werden: cum quo, quocum; cum quibus, quibuscum.

[2]) daneben findet sich: quīs

§ 34 Correlātīva

(Pronominaladjektive und -adverbien der Wechselbeziehung)

Dēmōnstrātīva	Relātīva[1]	Indēfīnita
tantus so groß tantum so viel tot so viele tālis so beschaffen	quantus wie groß, wie quantum wie viel, wie quot wie viele, wie quālis wie beschaffen, wie	aliquantus ziemlich groß aliquantum ziemlich viel aliquot etliche —
hīc (hāc) hier ibī (eā) da illīc (illāc) dort	ubī, quā[2] wo	alicubī, aliquā } irgendwo ubīque überall
hūc hierher eō dahin illūc dorthin	quō wohin	aliquō irgendwohin quōcumque, quōquō } wohin auch immer
hinc von hier inde von da illinc von dort	unde woher	alicunde irgendwoher úndique von allen Seiten
nunc jetzt	quandō wann	aliquandō irgendwann, einmal
tum (tunc) dann, da	cum (quom) wann, als, da, wenn	quondam irgendeinmal, einst
totiēns so oft	quotiēns wie oft	aliquotiēns einige Male
ita, sīc so tam so, so sehr tantopere so sehr	ut (utī) wie quam wie, wie sehr quantopere wie (sehr)	utcumque wie auch immer — —

§ 35 Prōnōmina indēfīnita (unbestimmte Fürwörter)

1. **aliquis** jemand, **aliquid** etwas (subst.);
   aliquī aliqua aliquod (irgend-) ein, eine (adj.).

2. **quis** (subst.), **quī** (adj.) unbetont: einer, wer, man:
   sī quis wenn jemand, wenn man; sī quid wenn etwas;
   nē quis damit niemand; nē quid damit nichts;
   nē qua urbs damit keine Stadt; num quid ob etwas.

3. **quisquam, quidquam** (subst.) (überhaupt) jemand, etwas (adj. **ūllus** überhaupt einer) steht vorwiegend in verneinten Sätzen:

[1]) Die **relativen** Formen sind zugleich **Fragewörter** (außer **cum**).

[2]) verkürzt aus quā viā.

neque quisquam und niemand, neque quidquam (quicquam) und nichts, vix quisquam kaum jemand, sī quisquam wenn (überhaupt) jemand.

4. **quīdam**, quaedam, quoddam (quiddam) ein gewisser, (irgend) ein, jemand (etwas); Plural: einige.

5. **quisque**, quaeque, quidque (quodque) jeder (einzelne).

6. **quīvīs**, quaevīs, quidvīs (quodvīs) } jeder (beliebige).
quīlibet, quaelibet, quidlibet (quodlibet) }

Alle Formen mit **quis** und **quid** sind nur substantivisch!

§ 36

Zusatz

Quisque steht fast nur enklitisch, d.h. in unmittelbarem Anschluß an Pronomina, Ordnungszahlen und Superlative:

a)	**Suum cuīque!**	Jedem das Seine!
	Suae quisque fortūnae faber	Jeder ist seines Glückes Schmied
	Quid quisque sentiat, dīcat!	Jeder sage seine Meinung!
b)	**Quīntō quōque annō**	alle 4 Jahre
	decimus quisque	allemal der zehnte
	Prīmō quōque tempore tē vīsitābō	Bei der ersten besten Gelegenheit werde ich dich besuchen
c)	**Doctissimus quisque** modestissimus est	Gerade die Gebildetsten sind am bescheidensten

Pronominaladjektive § 37

Alter Reimspruch: **ūnus, sōlus, tōtus ūllus,**
uter, alter, neuter, nūllus,
alius, die haben alle
-īus in dem zweiten Falle,
und im dritten enden sie
stets mit einem langen **-ī**[1]).

ūnus, a, um	einer, ein einziger	uter, utra, utrum	wer, welcher (von beiden)
ūllus, a, um	irgendein(e)	utérque, útraque, utrúmque	jeder (von beiden), beide
nūllus, a, um	keiner		
sōlus, a, um	allein	neuter, -tra, -trum	keiner (von beiden)
tōtus, a, um	ganz	alter, -tera, -terum	**der** eine, der andere
		alius, a, aliud (Gen. **alterīus**)	**ein** anderer

1. Die Pronominaladjektive unterscheiden sich von den Adjektiven der o- und ā-Deklination durch den Genetivausgang **-īus**: ūnīus ... und den Dativausgang **-ī**: ūnī usw.

2. **ūllus** steht nur in Sätzen mit verneinendem Sinn:
neque ullus und kein;
sine ūllō vulnere ohne jeden Verlust; dagegen:
nōn sine aliquō vulnere = cum aliquō vulnere mit erheblichem Verlust.

---

[1]) Vgl. **illīus, illī** usw. § 30, 4.

nūllō negōtiō ohne jede Mühe, Schwierigkeit;
nōnnūllī manche, einige; nūllī nōn **alle** (vgl. § 215).

3. uter consul welcher Konsul uterque cōnsul beide Konsuln — **utrīque** beide Parteien

4. **alter** consul — **alter** der eine Konsul — der andere; liber alter das zweite Buch;
aliī — **aliī** die einen — die anderen
aliī andere, dagegen **cēterī die** anderen (übrigen).

5. **alius aliud** dīcit der eine sagt dies, der andere das;
Incolae **aliī aliā in parte** resistēbant die Einwohner leisteten teils (bald) hier, teils (bald) dort Widerstand;
Mulierēs **aliae aliam** in partem ferēbantur die Frauen rannten teils hierhin, teils dorthin (vgl. § 209, 3).

6. **nēmō** und **nūllus** ergänzen sich: nēmō, nūllīus, nēminī, nēminem, ā nūllō.

III. DAS ZAHLWORT

§ 38 A. Deklination und Gebrauch der Zahlwörter

1. Von den **Grundzahlen** werden nur ūnus, duo, trēs, die Hunderter von 200 ab und der Plural von mīlle = mīlia dekliniert:

ūnus	ūna	ūnum	duo	duae	duo	trēs	tria	mīlia
	ūnīus		duōrum	duārum	duōrum	trium		mīlium
	ūnī		duōbus	duābus	duōbus	tribus		mīlibus
ūnum	ūnam	ūnum	duōs	duās	duo	trēs	tria	mīlia
ūnō	ūnā	ūnō	duōbus	duābus	duōbus	tribus		mīlibus

Wie duo, -ae, -o wird auch ambō, -ae, -ō beide dekliniert.

2. **mīlle** ist meist Adjektiv: mīlle passūs 1000 Doppelschritte, mīlle equitēs. Der Plural **mīlia** dagegen ist Substantiv: duo mīlia equitum (zwei Tausender von Reitern) 2000 Reiter.

3. In Zeitangaben (Jahreszahlen und Tagesstunden) steht abweichend vom Deutschen die **Ordnungszahl:** annō a. Chr. n. (ante Chrīstum nātum) quadrāgēsimō quārtō im Jahre 44 vor Christi Geburt = annō a. u. c. (ab urbe conditā) septingentēsimō nōnō im Jahre 709 nach Gründung der Stadt Rom.
hōrā sextā (diēī) in der 6. Stunde (des Tages) = um 12 Uhr (von 6 Uhr morgens gerechnet).
dē tertiā vigiliā von der 3. Nachtwache an = nach Mitternacht (von 6 Uhr abends ab gerechnet).

4. Die **Einteilungszahlen** werden stets gebraucht
a) bei der Multiplikation: bis bīna sunt quattuor ($2 \times 2 = 4$);
b) bei den Plūrālia tantum mit Singularbedeutung: bīnae litterae 2 Briefe, aber duae litterae 2 Buchstaben; trīna castra 3 Lager.

B. Die Zahlwörter (Numerālia) § 39

Zahlzeichen		1. Grundzahlen **wie viele?**	2. Ordnungszahlen **der wievielte?**
1	**I**	ūnus, a, um	prīmus, a, um
2	II	duo, duae, duo	secundus
3	III	trēs, tria	tertius
4	IV	quattuor	quārtus
5	**V**	quīnque	quīntus
6	VI	sex	sextus
7	VII	septem	séptimus
8	VIII	octō	octāvus
9	IX	novem	nōnus
10	**X**	decem	décimus
11	XI	ū́ndecim	ūndecimus
12	XII	duodecim	duodecimus
13	XIII	trēdecim	tertius decimus
14	XIV	quattuordecim	quārtus decimus
15	XV	quīndecim	quīntus decimus
16	XVI	sēdecim	sextus decimus
17	XVII	septendecim	septimus decimus
18	XVIII	**duodēvīgintī**	duodēvīcēsimus
19	XIX	**ūndēvīgintī**	ūndēvīcēsimus
20	XX	**vīgintī**	**vīcēsimus**
30	XXX	**trīgintā**	**trīcēsimus**
40	XL	quadrā**gintā**	quadrā**gēsimus**
50	**L**	quīnquā**gintā**	quīnquā**gēsimus**
60	LX	sexā**gintā**	sexā**gēsimus**
70	LXX	septuā**gintā**	septuā**gēsimus**
80	LXXX	octō**gintā**	octō**gēsimus**
90	XC	nōnā**gintā**	nōnā**gēsimus**
100	**C**	**centum**	**centēsimus**
200	CC	**ducentī, ae, a**	**ducentēsimus**
300	CCC	**trecentī**	**trecentēsimus**
400	CCCC	quadrin**gentī**	quadrin**gentēsimus**
500	**D**	quīn**gentī**	quīn**gentēsimus**
600	DC	ses**centī**	ses**centēsimus**
700	DCC	septin**gentī**	septin**gentēsimus**
800	DCCC	octin**gentī**	octin**gentēsimus**
900	DCCCC	nōn**gentī**	nōn**gentēsimus**
1000	**M**	**mīlle**	**mīllēsimus**
10000	$\overline{X}$	decem mīlia	deciēs mīllēsimus
100000	$\overline{C}$	centum mīlia	centiēs mīllēsimus
1000000	$\lvert\overline{X}\rvert$	deciēs centēna mīlia	

3. Einteilungszahlen wieviel jedesmal?

singulī, ae, a	einzelne, (je)	ein
bīnī	„	2
ternī (trīnī)	„	3
quaternī	„	4
quīnī	„	5
sēnī *usw.*	„	6
dēnī	„	10
vīcēnī	„	20
trīcēnī	„	30
quadr**āgēnī**	„	40
cent**ēnī**	„	100
duc**ēnī**	„	200
trec**ēnī**	„	300
quadrin**gēnī**	„	400
singula mīlia	„	1000
centēna mīlia	„	100000

4. Zahladverbien

a) **wie oft** (quotiēns)?

semel einmal	
bis	deciēs
ter	vīciēs
quater	quadrāgiēs
quīnquiēs	centiēs
sexiēs	mīliēs

b) **zum wievielten Male**

prīmum zum 1. Male
iterum zum 2. Male
tertium
quārtum
quīntum *usw.*
postrēmum zum letzten Male

c) In **Aufzählungen** heißt

prīmum erstens
deinde zweitens
tum drittens
dēnique schließlich

Dagegen heißt
prīmō zuerst, anfangs = primō tempore
im Gegensatz zu:
posteā nachher, später
postrēmō zuletzt

B. Das Verb (Zeitwort)

§ 40 Vorbemerkungen

1. Durch die **Konjugation,** d.h. die Verbindung von Stamm und Endungen (Beugung), werden, wie im Deutschen, bestimmt:

   a) **die Person** (1., 2., 3. Person: ich, du, er sie es; wir, ihr, sie: im Lat. ohne Fürwort, § 43);

   b) **die Zahl** (Singular und Plural);

   c) **die Aussageweise** (3 Modī: Indicātīvus Wirklichkeitsform, Coniūnctīvus Möglichkeitsform, Imperātīvus Befehlsform);

   d) **die Zeitstufe** (6 Tempora, Zeiten: Praesēns Gegenwart, Imperfectum Dauer in der Vergangenheit, Futūrum I Zukunft, Perfectum Vollendung in der Gegenwart, Plūsquamperfectum Vollendung in der Vergangenheit, Futūrum II Vollendung in der Zukunft);

   e) **die Handlungsrichtung** (2 Genera verbī: Āctīvum *und* Passīvum, Tat- und Leideform).

2. Die **Verbformen, welche der Person und Zahl nach bestimmt sind,** heißen finite **(verbum fīnītum),** die übrigen infinite **(verbum īnfīnītum).**

   Die **infiniten Verbformen** werden eingeteilt in:

   a) **Verbalsubstantive** (die Infinitive, das Gerundium und Supinum);

   b) **Verbaladjektive** (die Partizipien und das Gerundivum).

§ 41

3. **Einteilung der Konjugationen und die Stammformen**

   a) Nach dem Auslaut des Präsensstammes unterscheidet man

4 Konjugationen:

Präsens		Auslaut	Benennung	
laud-ā-re	laud-ō[1]	**ā**	**ā-** oder erste Konjugation	Vokalische Konj.
mon-ē-re	mon-e-ō	**ē**	**ē-** oder zweite Konjugation	
aud-ī-re	aud-i-ō	**ī**	**ī-** oder vierte Konjugation	
leg-e-re	leg-ō	**Kons.**	Konsonantische oder dritte Konj.	

Zur dritten Konjugation rechnet man auch die kurzvokalischen Stämme **auf -u** und die mit **i-Erweiterung** im Präsens:

statu-ĕ-re statu-ō, cap-ĕ-re capi-ō.

[1]) Aus *lauda-ō zusammengezogen.

b) **Die Stamm- oder Grundformen**

Alle Verbformen sind von 3 Stämmen abgeleitet:

A. **Präsensstamm** (Kennformen: **Akt.Präs.Inf.** und **Akt.Präs.Ind. 1. Sing.**).

Von ihm werden gebildet:

Präsens, Imperfekt, Futur I, Imperativ; Infinitiv und Partizip des Präsens; Gerundium und Gerundivum.

B. **Perfektstamm im Aktiv** (Kennform: **Akt.Perf.Indik. 1. Sing.**).

Von ihm werden gebildet:

Das aktive Perfekt, Plusquamperfekt, Futur II und der Infinitiv des Perfekts.

C. **Perfektstamm im Passiv** (Kennform: **Pass.Perf.Part.** auf **-us** bei Transitiven, **-um** bei Intransitiven).

Von ihm werden gebildet:

Das passive Perfekt, Plusquamperfekt, Futur II, Infinitiv und Partizip des Perfekts, Infinitiv und Partizip des aktiven Futurs sowie das Supinum.

Stammformen

	Präsens		Perfekt	Partizip	
I.	**laudā**-re	laud-ō	**laudā-v**-ī	**laudā-t**-us	loben
II.	**dēlē**-re	dēle-ō	**dēlē-v**-ī	**dēlē-t**-us	zerstören
	mon-ēre	mone-ō	**mon-u**-ī	**mon-i-t**-us	erinnern, mahnen
IV.	**audī**-re	audi-ō	**audī-v**-ī	**aud-ī-t**-us	hören
III.	**leg**-e-re	leg-ō	**lēg**-ī	**lēc-t**-us	lesen
	statu-e-re	statu-ō	**statu**-ī	**statū-t**-us	festsetzen
	cap-e-re	capi-ō	**cēp**-ī	**cap-t**-us	nehmen, fangen

§ 42

4. **Die einzelnen Stämme**

A. **Der Präsensstamm** ist

1. **gleich dem Verbalstamm:**

laud-ā-; mon-ē-; aud-ī-; leg-; statu-; capi-;

2. er kann **erweitert** werden

a) durch ein- oder angefügte Konsonanten:

vi-**n**-cō : vic-tus; ru-**m**-pō : rup-tus; contem-**n**-ō : contem-(p)-tus; flec-**t**-o : flex-us; crē-**sc**-ō : crē-vī; nō-**sc**-ō : nō-vī;

b) durch Verdoppelung (Reduplikation): **gi**-gn-ō; **si**-st-ō.

B. **Der Perfektstamm im Aktiv** wird gebildet

1. durch **-v-** oder **-u-Erweiterung** (auf **-vī** und **-uī**)[1]:
   laud-ā-v-ī; dēlē-v-ī; audī-v-ī; cup-ī-v-ī;
   mon-**u**-ī (*aus* *món-e-v-ī); dom-**u**-ī; aper-**u**-ī; rap-**u**-ī;

2. durch **-s-Erweiterung** (auf **-sī**)[2]:
   carp-ō : carp-**s**ī; scrīb-ō : scrī**p**-**s**ī; dīc-ō : dī**x**-ī; fīg-ō : fī**x**-ī; mitt-ō : mī-**s**ī; cēd-ō : ce**s**-**s**ī; lūd-ō : lū-**s**ī; trah-ō : trā**x**-ī; ger-ō : ge**s**-**s**ī; sūm-ō : sūm-**p**-**s**ī;

3. durch **Dehnung** des Stammvokals ohne und mit Ablaut[3]:
   leg-ō : lēg-ī; vid-e-ō : vīd-ī; ven-i-ō : vēn-ī; ag-ō : ēg-ī;

4. durch **Reduplikation** (Verdoppelung):
   parcō : **pe**-perc-ī; cad-ō : **ce**-cid-ī; curr-ō : **cu**-cúrr-ī.
   In den Komposita fällt die Reduplikation meist fort.

5. ohne sichtbare Veränderung **(Stammperfekt):**
   dēfend-ī; vert-ī; statu-ī; solv-ī
   (wie der Präsensstamm, so daß mehrdeutige Formen entstehen).

C. **Der Perfektstamm im Passiv**

wird durch Anhängung von **-t(us)**[4]) gebildet. Bei den Verben, die das Aktiv Perfekt auf -āvī, -ēvī, -īvī bilden, tritt die Endung **-tus** unmittelbar an den Stamm: laudā-**tus,** dēlē-**tus,** audī-tus.

Die Verba der ē-Konjugation mit Aktiv Perfekt auf **-uī** bilden das Passiv Perfekt Partizip auf **-i-tus:** moni-**tus,** terri-**tus.**

In der konsonantischen Konjugation zeigen sich oft Lautveränderungen:

g und **b** werden **vor -t** zu **c** und **p:** lēc-tus, scrī**p**-tus;
bei Dentalstämmen wird **-tus** zu **-sus:** mis-**sus,** ces-**sum,** lū-**sum**[5]).

Das Suffix **-sus** ist dann auch auf Verben übergegangen, bei denen man lautgesetzlich **-tus** erwartet (Analogiebildung); z.B mersus; pressus; fīxus; flēxus; cursum; haesum.

§ 43

5. **Zusammensetzung der Verbformen; Personalendungen**

a) Die Verbformen setzen sich zusammen aus **Stamm, Tempus- und Moduszeichen** sowie (Personal-)**Endung:**

---

[1]) Vgl. die schwache Konjugation im Deutschen: „sage — sagte".
[2]) Über die Lautveränderungen siehe allgemein §§ 3 und 4.
[3]) Vgl. die starke Konjugation im Deutschen: „trage — trug".
[4]) Vgl. gelobt.
[5]) Vgl. § 4a, 3.

In **laudā-bā-mus** ist **laudā-** Stamm, **-bā-** Tempuszeichen, **-mus** Endung; in **laudā-re-nt** ist **-re-** Moduszeichen; also: **laudā-v-iss-ent.** — Man kann aber auch nach Wortstock und Ausgang trennen: laud-**ābā-mus,** laud-**ārent.**

b) Vor der Endung erscheinen in manchen Formen, namentlich der konsonantischen Konjugation, noch sogenannte Bilde- oder Zwischenvokale: leg-**i**-s, leg-**e**-ris, leg-**u**-nt; laudā-b-**i**-t; audi-**u**-nt; capi-**u**-nt.

c) Das Tempuszeichen des Imperfekts ist **-bā-**, vor das in der konsonantischen und ī-Konjugation der Bildevokal **-ē-** tritt: laudā-**ba**-m, *aber* leg-**ē-ba**-m, capi-**ē-ba**-mus, audi-**ē-bā**-tur.

Das Tempuszeichen des I. Futurs ist in der **ā-** und **ē-**Konjugation **-b-** (mit Bildevokal **i, e, u**); in der konsonantischen und **ī**-Konjugation **-ē-**, nur in der 1.Sing. **-a-**.

Das Moduszeichen des Präs. Konj. ist **-ā-**, in der **ā**-Konj. **-ē-;** das des Impf. Konj. ist **-rē-**.

d) Der lange Vokal des Stammauslauts wie des Tempus- und Moduszeichens wird **vor Vokal und vor den Endkonsonanten** außer **-s gekürzt,** auch vor **-ntur:** dēleō, laudat, laudant(ur), laudā-bam, audi-a-r, *aber* laudā-bā-s, laudā-bā-mus, vgl. § 3, 1.

e) Die Personen werden durch **Endungen** bezeichnet. Sie lauten überall gleich, außer im Aktiv Perfekt Indikativ.

Personalendungen

Person	Indikativ und Konjunktiv Aktiv		Passiv	Akt. Perf. Ind. (Ausgänge)	Imperativ Aktiv	
1. Sing.	**-ō, -m**	ich	**-or, -r**	**-ī**	—	—
2. Sing.	**-s**	du	**-ris**	**-istī**	**-(e)**	**-tō**
3. Sing.	**-t**	er, sie, es	**-tur**	**-it**	—	**-tō**
1. Plur.	**-mus**	wir	**-mur**	**-imus**	—	—
2. Plur.	**-tis**	ihr	**-minī**	**-istis**	**-te**	**-tōte**
3. Plur.	**-nt**	sie	**-ntur**	**-ērunt**	—	**-ntō**

Bestimmt werden die Formen in dieser Reihenfolge:

Handlungsrichtung, Zeitstufe, Aussageweise, Person und Zahl
(Genus verbī Tempus Modus — Numerus);

also z.B. **laudā-bā-mus** wir lobten: Aktiv Imperfekt Indikativ 1. Plural.

In der folgenden **Konjugationstabelle** sind die Bestandteile der Formen durch Druck bzw. Abtrennung kenntlich gemacht.

§ 44

Regelmäßige

Aktiv **A. 1. Verbum fīnītum**

St.	I laudā-		II monē-	IV audī-	III leg-
	laudō[1])	ich lobe	mone-ō	audi-ō	leg-ō
	laudā-s		monē-s	audī-s	leg-i-s
Präs.	lauda-t		mone-t	audi-t	leg-i-t
Ind.	laudā-mus		monē-mus	audī-mus	leg-i-mus
	laudā-tis		monē-tis	audī-tis	leg-i-tis
	lauda-nt		mone-nt	audi-u-nt	leg-u-nt
	laudā-ba-m	ich lobte	monē-ba-m	audi-ē-ba-m	leg-ē-ba-m
	laudā-bā-s		monē-bā-s	audi-ē-bā-s	leg-ē-bā-s
Impf.	laudā-ba-t		monē-ba-t	audi-ē-ba-t	leg-ē-ba-t
Ind.	laudā-bā-mus		monē-bā-mus	audi-ē-bā-mus	leg-ē-bā-mu
	laudā-bā-tis		monē-bā-tis	audi-ē-bā-tis	leg-ē-bā-tis
	laudā-ba-nt		monē-ba-nt	audi-ē-ba-nt	leg-ē-ba-nt
	laudā-b-ō	ich werde	monē-b-ō	audi-a-m	leg-a-m
	laudā-bi-s	loben	monē-bi-s	audi-ē-s	leg-ē-s
Fut. I	laudā-bi-t		monē-bi-t	audi-e-t	leg-e-t
Ind.	laudā-bi-mus		monē-bi-mus	audi-ē-mus	leg-ē-mus
	laudā-bi-tis		monē-bi-tis	audi-ē-tis	leg-ē-tis
	laudā-bu-nt		monē-bu-nt	audi-e-nt	leg-e-nt
	laude-m[2])	ich lobe	mone-a-m	audi-a-m	leg-a-m
	laudē-s	du lobest	mone-ā-s	audi-ā-s	leg-ā-s
Präs.	laude-t	er lobe	mone-a-t	audi-a-t	leg-a-t
Konj.	laudē-mus	wir loben[3]) } ich möge, soll loben u. s. f.	mone-ā-mus	audi-ā-mus	leg-ā-mus
	laudē-tis	ihr lobet	mone-ā-tis	audi-ā-tis	leg-ā-tis
	laude-nt	sie loben	mone-a-nt	audi-a-nt	leg-a-nt
	laudā-re-m	ich lobte, ich	monē-re-m	audī-re-m	leg-e-re-m
	laudā-rē-s	würde loben	monē-rē-s	audī-rē-s	leg-e-rē-s
Impf.	laudā-re-t		monē-re-t	audī-re-t	leg-e-re-t
Konj.	laudā-rē-mus		monē-rē-mus	audī-rē-mus	leg-e-rē-mus
	laudā-rē-tis		monē-rē-tis	audī-rē-tis	leg-e-rē-tis
	laudā-re-nt		monē-re-nt	audī-re-nt	leg-e-re-nt
Imp.	laudā	lobe!	monē	audī	leg-e[4])
I	laudā-te	lobt!	monē-te	audī-te	leg-i-te
	laudā-tō	du sollst loben!	monē-tō	audī-tō	leg-i-tō
Imp.	laudā-tō	er soll ,,	monē-tō	audī-tō	leg-i-tō
II	laudā-tō-te	ihr sollt ,,	monē-tō-te	audī-tō-te	leg-i-tō-te
	lauda-ntō	sie sollen ,,	mone-ntō	audi-u-ntō	leg-u-ntō

[1]) Aus *lauda-ō zusammengezogen. [2]) Aus *lauda-e-m usw.

Konjugation

der Präsensgruppe **Passiv** (Kennzeichen: **r**)

Stamm: **I laudā-**	**II monē-**	**IV audī-**	**III leg-**
laud**or**[5]) ich werde **gelobt**	mone-**or**	audi-or	leg-or
laudā-**ris**	monē-**ris**	audī-ris	leg-e-ris
laudā-**tur**	monē-**tur**	audī-tur	leg-**i**-tur
laudā-**mur**	monē-**mur**	audī-mur	leg-**i**-mur
laudā-**minī**	monē-**minī**	audī-minī	leg-**i**-minī
lauda-**ntur**	mone-**ntur**	audi-**u**-ntur	leg-**u**-ntur
laudā-**ba**-r ich wurde gelobt	monē-**ba**-r	audi-ē-ba-r	leg-ē-ba-r
laudā-**bā**-ris	monē-**bā**-ris	audi-ē-bā-ris	leg-ē-bā-ris
laudā-**bā**-tur	monē-**bā**-tur	audi-ē-bā-tur	leg-ē-bā-tur
laudā-**bā**-mur	monē-**bā**-mur	audi-ē-bā-mur	leg-ē-bā-mur
laudā-**bā**-minī	monē-**bā**-minī	audi-ē-bā-minī	leg-ē-bā-minī
laudā-**ba**-ntur	monē-**ba**-ntur	audi-ē-ba-ntur	leg-ē-ba-ntur
laudā-**bo**-r ich werde gelobt	monē-**bo**-r	audi-**a**-r	leg-**a**-r
laudā-**be**-ris[6]) werden	monē-**be**-ris	audi-ē-ris	leg-ē-ris
laudā-**bi**-tur	monē-**bi**-tur	audi-ē-tur	leg-ē-tur
laudā-**bi**-mur	monē-**bi**-mur	audi-ē-mur	leg-ē-mur
laudā-**bi**-minī	monē-**bi**-minī	audi-ē-minī	leg-ē-minī
laudā-**bu**-ntur	monē-**bu**-ntur	audi-**e**-ntur	leg-**e**-ntur
laude-r[7]) ich werde gelobt	mone-**a**-r	audi-**a**-r	leg-**a**-r
laudē-ris du werdest ,,	mone-**ā**-ris	audi-**ā**-ris	leg-**ā**-ris
laudē-tur er werde ,,	mone-**ā**-tur	audi-**ā**-tur	leg-**ā**-tur
laudē-mur wir werden ,,	mone-**ā**-mur	audi-**ā**-mur	leg-**ā**-mur
laudē-minī ihr werdet ,,	mone-**ā**-minī	audi-**ā**-minī	leg-**ā**-minī
laude-ntur sie werden ,,	mone-**a**-ntur	audi-**a**-ntur	leg-**a**-ntur
laudā-**re**-r ich würde gelobt	monē-**re**-r	audī-**re**-r	leg-**e**-**re**-r
laudā-**rē**-ris	monē-**rē**-ris	audī-**rē**-ris	leg-**e**-**rē**-ris
laudā-**rē**-tur	monē-**rē**-tur	audī-**rē**-tur	leg-**e**-**rē**-tur
laudā-**rē**-mur	monē-**rē**-mur	audī-**rē**-mur	leg-**e**-**rē**-mur
laudā-**rē**-minī	monē-**rē**-minī	audī-**rē**-minī	leg-**e**-**rē**-minī
laudā-**re**-ntur	monē-**re**-ntur	audī-**re**-ntur	leg-**e**-**re**-ntur

Zusatz:

1. Neben der Endung **-ris** findet sich auch die ältere Endung **-re**, z.B. laudābāre, laudābere, laudēre, laudārēre, selten im Präs. Ind.
2. Der Imperativ Pass. ist fast nur vom Deponens gebräuchlich (§ 51).

[3]) wir wollen loben; laßt uns loben!
[4]) In den Imperativformen **dīc, dūc, fac, fer** fällt die Endung **(e)** ab.
[5]) Aus *lauda-or zusammengezogen. [6]) Siehe § 3b, 1. [7]) Aus *lauda-er usw.

§ 44a A 2. Verbum īnfīnītum der Präsensgruppe

Aktiv

Stamm:	I laudā-	II monē-	IV audī-	III leg-
Infinitiv	laudā-**re** (zu) loben	monē-**re**	audī-**re**	leg-**e-re**
Partizip	laudā-**ns** lobend lauda-**nt-is**	monē-**ns** mone-**nt-is**	audi-**ēns** audi-**ent-is**	leg-**ēns** leg-**ent-is**
Gerundium	lauda-**nd-ī** des Lobens **-ō** dem Loben (ad) **-um** zum Loben **-ō** durch Loben	mone-**nd-ī** **-ō** (ad) **-um** **-ō**	audi-**end-ī** **-ō** (ad) **-um** **-ō**	leg-**end-ī** **-ō** (ad) **-um** **-ō**

Passiv

Infinitiv	laudā-**rī** gelobt werden	monē-**rī** ermahnt w.	audī-**rī** gehört werden	leg-**ī** (!) gelesen werden
Gerundivum	lauda-**nd-us**, a, um ein zu lobender	mone-**nd-us**	audi-**end-us**	leg-**end-us**
		einer, der ermahnt, gehört, gelesen werden muß		

§ 45 Kurzvokalische i-Konjugation

Präsensgruppe von **capere, capiō** nehmen — Stamm capi-[1])

	Aktiv		Passiv	
	Indikativ	Konjunktiv	Indikativ	Konjunktiv
Präs.	Sg. capi-**ō** capi-**s** capi-**t** Pl. capi-**mus** capi-**tis** capi-**u-nt**	capi-**am** capi-**ās** capi-**at** capi-**āmus** capi-**ātis** capi-**ant**	capi-**or** cape-**ris**[2]) capi-**tur** capi-**mur** capi-**minī** capi-**u-ntur**	capi-**ar** capi-**āris** capi-**ātur** capi-**āmur** capi-**āminī** capi-**antur**
Imperf.	capi-**ēbam** usw.	cape-**rem** usw.	capi-**ēbar** usw.	cape-**rer** usw.

[1]) Das kurzvokalische **i** des Stammes wird im **Auslaut** und **vor r** zu **e** abgeschwächt: cape, cap-e-re (§ 3b 1. 3). Dadurch erklärt sich auch die Zusammenfassung der kurzvokalischen mit der konsonantischen Konjugation.

[2]) § 3b, 1.

	Aktiv		Passiv	
	Indikativ	Konjunktiv	Indikativ	Konjunktiv
Fut. I	capi-am capi-ēs	—	capi-ar capi-ēris	—
Imp.	cape capi-te	—	ungebräuchlich	
Inf.	cape-re		capī	
Part.	capi-ēns, -entis		—	
Gerundium	capi-endī usw.		—	
Gerundivum	—		capi-endus, -a, -um	

B. Perfektgruppe im Aktiv

§ 46

Stamm:	I laudāv-		II monu-	IV audīv-	III lēg-
Perf. Ind.	laudāv-ī laudāv-istī laudāv-it laudāv-imus laudāv-istis laudāv-ērunt	ich habe, du hast gelobt	monu-ī monu-istī monu-it monu-imus monu-istis monu-ērunt	audīv-ī audīv-istī audīv-it audīv-imus audīv-istis audīv-ērunt	lēg-ī lēg-istī lēg-it lēg-imus lēg-istis lēg-ērunt
Plusqpf. Ind.	laudāv-era-m laudāv-erā-s laudāv-era-t laudāv-erā-mus laudāv-erā-tis laudāv-era-nt	ich hatte gelobt	monu-era-m monu-erā-s monu-era-t monu-erā-mus monu-erā-tis monu-era-nt	audīv-era-m audīv-erā-s audīv-era-t audīv-erā-mus audīv-erā-tis audīv-era-nt	lēg-era-m lēg-erā-s lēg-era-t lēg-erā-mus lēg-erā-tis lēg-era-nt
Fut. II Ind.	laudāv-er-ō laudāv-eri-s laudāv-eri-t laudāv-eri-mus laudāv-eri-tis laudāv-eri-nt	ich werde gelobt haben	monu-er-ō monu-eri-s monu-eri-t monu-eri-mus monu-eri-tis monu-eri-nt	audīv-er-ō audīv-eri-s audīv-eri-t audīv-eri-mus audīv-eri-tis audīv-eri-nt	lēg-er-ō lēg-eri-s lēg-eri-t lēg-eri-mus lēg-eri-tis lēg-eri-nt
Perf. Konj.	laudāv-eri-m laudāv-eri-s laudāv-eri-t laudāv-eri-mus laudāv-eri-tis laudāv-eri-nt	ich habe, du habest gelobt	monu-eri-m monu-eri-s monu-eri-t monu-eri-mus monu-eri-tis monu-eri-nt	audīv-eri-m audīv-eri-s audīv-eri-t audīv-eri-mus audīv-eri-tis audīv-eri-nt	lēg-eri-m lēg-eri-s lēg-eri-t lēg-eri-mus lēg-eri-tis lēg-eri-nt

Stamm:	I laudāv-		II monu-	IV audīv-	III lēg-
Plusqpf. Konj.	laudāv-isse-m laudāv-issē-s laudāv-isse-t laudāv-issē-mus laudāv-issē-tis laudāv-isse-nt	ich hätte gelobt	monu-isse-m monu-issē-s monu-isse-t monu-issē-mus monu-issē-tis monu-isse-nt	audīv-isse-m audīv-issē-s audīv-isse-t audīv-issē-mus audīv-issē-tis audīv-isse-nt	lēg-isse-m lēg-issē-s lēg-isse-t lēg-issē-mus lēg-issē-tis lēg-isse-nt
Inf.	laudāv-isse gelobt haben		monu-isse	audīv-isse	lēg-isse

Kurzformen:

1. laudāvēre statt laudāvērunt, habuēre statt habuērunt;
2. laudāstī, -āstis, -āssem, -āsse statt laudāvistī usw.
   laudārunt, -ārim, -āram, -ārō ,, laudāvērunt usw.
   audīstī, -īstis, -īssem, -īsse ,, audīvistī usw.
   audiērunt, -ierim, -ieram, -ierō ,, audīvērunt usw.

C. Perfektgruppe im Passiv[1]

§ 47

1. Verbum fīnītum

	Stamm: I laudāt-		II monit-	IV audīt-	III lēct-
Perf. Ind.	laudātus, -a, -um sum / es / est laudātī, -ae, -a sumus / estis / sunt	ich bin gelobt worden	monitus, -a, -um sum / es / est monitī, -ae, -a sumus / estis / sunt	audītus, -a, -um sum / es / est audītī, -ae, -a sumus / estis / sunt	lēctus, -a, -um sum / es / est lēctī, -ae, -a sumus / estis / sunt
Plusqpf. Ind.	laudātus, -a, -um eram / erās / usw.	ich war gelobt worden	monitus eram usw.	audītus eram usw.	lēctus eram usw.
Fut. II Ind.	laudātus, -a, -um erō / eris / usw.	ich werde gelobt word. s.	monitus erō usw.	audītus erō usw.	lēctus erō usw.
Perf. Konj.	laudātus, -a, -um sim / sīs / usw.	ich sei gelobt worden	monitus sim usw.	audītus sim usw.	lēctus sim usw.
Plusqpf. Konj.	laudātus, -a, -um essem / essēs / usw.	ich wäre gel. worden	monitus essem usw.	audītus essem usw.	lēctus essem usw.

[1]) Die passiven Perfektformen werden durch Umschreibungen mit dem Hilfszeitwort esse „sein" gebildet.

2. Verbum īnfīnītum

Aktiv	Sup. I	**laudātum** um zu loben	**monitum**	**audītum**	**lēctum**
	Sup. II	laudāt**ū** zu loben	monit**ū**	audīt**ū**	lēct**ū**
	Fut. Part.	laudāt**ūrus**, a, um loben werdend	monit**ūrus**, a, um	audīt**ūrus**, a, um	lēct**ūrus**, a, um
			einer, der ermahnen, hören, lesen wird		
	Fut. Inf.	laudāt**ūrum**, -am, -um **esse** loben werden	monit**ūrum**, -am, -um **esse**	audīt**ūrum**, -am, -um **esse**	lēct**ūrum**, -am, -um **esse**
Passiv	Perf. Part.	laudāt**us**, -a, -um gelobt	monit**us**, -a, um	audīt**us**, -a, -um	lēct**us**, -a, -um
	Perf. Inf.	laudāt**um**, -am, -um **esse** gelobt worden sein	monit**um**, -am, -um **esse**	audīt**um**, -am, -um **esse**	lēct**um**, -am, -um **esse**
	Fut. Inf.	laudāt**um īrī**	monit**um īrī**	audīt**um īrī**	lēct**um īrī**
			(in Zukunft) gelobt, ermahnt, gehört, gelesen werden		

Zusammenstellungen

1. Die wichtigsten Ausgänge der Präsensgruppe § 48

		I ā-	II ē-	IV ī-	III Kurzvok. i-	III Kons.
Akt. Präs. Inf.		-āre	-ēre	-īre		**-ere**
Pass. Präs. Inf.		-ārī	-ērī	-īrī		**-ī** (!)
Akt. Präs. Ind.	1. Sg.	-ō	-eō	-iō	-iō	-ō
	1. Pl.	-āmus	-ēmus	-īmus	-imus	-imus
	3. Pl.	-ant	-ent	-iunt	-iunt	-unt
Pass. Präs. Ind.	2. Sg.	-āris	-ēris	-īris	**-eris**	**-eris**
Akt. Präs. Konj.	1. Sg.	-em	-eam	-iam	-iam	-am
	2. Sg.	-ēs	-eās	-iās	-iās	-ās
Akt. I. Fut. Ind.	1. Sg.	-ābō	-ēbō	-iam	-iam	-am
	2. Sg.	-ābis	-ēbis	-iēs	-iēs	-ēs
	3. Pl.	-ābunt	-ēbunt	-ient	-ient	-ent

		I ā-	II ē-	IV ī-	III Kurzvok.i-	III Kons.
Akt. Impf. Ind.	1. Sg.	-ābam	-ēbam	-iēbam	-iēbam	-ēbam
Akt. Präs. Part.	Nom.	-āns	-ēns	-iēns	-iēns	-ēns
	Gen.	-antis	-entis	-ientis	-ientis	-entis
	Abl.	-ante	-ente	-iente	-iente	-ente

§ 49

2. Die Nominalformen des Verbs

A. Substantive

1. Infinitive:

	Aktiv	Passiv
Präs.	laudāre loben	laudārī gelobt werden
Perf.	laudāvisse gelobt haben	laudātum, -am, -um esse gelobt worden sein
Fut.	laudātūrum, -am, -um esse loben werden	laudātum[1]) īri[2]) (in Zukunft) gelobt werden

2. Gerundium:

laudandī des Lobens	
laudandō dem Loben, durch Loben	—
ad laudandum zum Loben	

3. Supinum:

I. laudātum „zum Loben", um zu loben	—
II. laudātū zu loben	

B. Adjektive

1. Partizipien:

	Aktiv	Passiv
Präs.	laudāns, antis lobend	—
Perf.	—	laudātus, -a, -um gelobt
Fut.	laudātūrus, -a, -um loben werdend (wollend)	—

2. Gerundivum (s. § 118f.): laudandus, -a, -um ein zu lobender; einer, der gelobt werden soll oder muß.

[1]) **Supinum,** daher **unveränderlich** (s. § 117).
[2]) Siehe § 66.

Umschreibende Konjugation § 50

Das **Part. Fut. Akt.** bildet in Verbindung mit den Formen von esse die sog. „umschreibende Konjugation“ (Coniugātiō periphrastica); damit kann es Unterschiede des Futurs ausdrücken, insbesondere eine futurische Handlung mit Beziehung auf die Vergangenheit darstellen und in abhängigen Sätzen auch im Konjunktiv und A. c. I. angewandt werden:

lēctūrus sum (eram) ich bin (war) im Begriff, willens zu lesen, ich will (wollte) gerade lesen usw.

Die Konjunktivformen ersetzen den fehlenden Konj. Fut. Akt., **-ūrum esse** ersetzt den fehlenden Inf. Fut. Akt.

Dīc mihi, quid factūrus sīs	Sage mir, was du tun willst!
Nōn dubitō, quīn ventūrī sītis	Ich zweifle nicht, daß ihr kommen werdet (kommt).
Spērō vōs ventūrōs esse	Ich hoffe, ihr werdet kommen.

Die Deponentien § 51

sind Verben mit **passiver Form**, die im Dt. durch aktive oder reflexive Verben wiedergegeben werden[1]):

I.	**hortārī**	**ermahnen**	hortor	ich ermahne	hortātus sum	ich **habe** ermahnt
II.	**verērī**	**fürchten**	vereor	ich fürchte	veritus sum	ich **habe** gefürchtet
IV.	**lārgīrī**	**spenden**	lārgior	ich spende	lārgītus sum	ich **habe** gespendet
III.	**loquī**	**sprechen**	loquor	ich spreche	locūtus sum	ich **habe** gesprochen
	patī	**leiden**	patior	ich leide	passus sum	ich **habe** gelitten

Sie entlehnen vom **Aktiv** das Präs. Part., Fut. Part. und Inf., ferner sind die **Nominalformen** gebräuchlich: das Gerundium, das Gerundivum und Supinum[2]).

Die **Sēmidēpōnentia** (Halb-Deponentien) haben nur zum Teil passive Formen:

audēre audeō ausus sum wagen,
revertī revertor revertī (revertistī) zurückkehren
Die übrigen siehe § 61.

[1]) Verba dēpōnentia wurden sie von den lateinischen Grammatikern genannt, weil sie ihrer Ansicht nach die aktive Form bzw. die passive Bedeutung „ablegten“. In Wahrheit lassen diese Verben Reste einer alten Ausdrucksart erkennen, die im griech. Medium noch vorliegt. Vgl. die reflexive und intransitive Übersetzung des Passivs § 211b!

[2]) Einige Partizipien des Perfekts haben neben der aktiven auch passive Bedeutung, z. B. partītus geteilt, populātus verwüstet, dīmēnsus abgemessen, expertus erprobt, adeptā lībertāte nach Erlangung der Freiheit.

§ 51a Deponentia (Formentabelle)

		ā-Konjugation	ē-Konjugation	ī-Konjugation	Kons. Konjugation	Kons. Konj. auf -iō
Indikativ:	Präs.	hortor ich ermahne hortāris	vereor ich fürchte verēris	lārgior ich spende lārgīris	loquor ich spreche loquĕris	patior ich dulde patĕris
	Imperf.	hortābar	verēbar	lārgiēbar	loquēbar	patiēbar
	Fut. I	hortābor (-ĕris)	verēbor (-ĕris)	lārgiar (-ēris)	loquar (-ēris)	patiar (-ēris)
	Perf.	hortātus sum	veritus sum	lārgītus sum	locūtus sum	passus sum
	Plusqpf.	hortātus eram	veritus eram	lārgītus eram	locūtus eram	passus eram
	Fut. II	hortātus erō	veritus erō	lārgītus erō	locūtus erō	passus erō
Konjunktiv:	Präs.	horter	verear	lārgiar (-āris)	loquar (-āris)	patiar (-āris)
	Imperf.	hortārer	verērer	lārgīrer	loquĕrer	patĕrer
	Perf.	hortātus sim	veritus sim	lārgītus sim	locūtus sim	passus sim
	Plusqpf.	hortātus essem	veritus essem	lārgītus essem	locūtus essem	passus essem
Imperativ:	Präs. Sg.	hortāre	verēre	lārgīre	loquĕre	patĕre
	Pl.	hortāminī	verēminī	lārgīminī	loquiminī	patiminī
Infinitiv:	Präs.	hortārī	verērī	lārgīrī	loquī	patī
	Perf.	hortātum esse	veritum esse	lārgītum esse	locūtum esse	passum esse
	Fut.	hortātūrum esse	veritūrum esse	lārgītūrum esse	locutūrum esse	passūrum esse
Partizipium:	Präs.	hort**āns**, antis	ver**ēns**, entis	lārgi**ēns**, entis	loqu**ēns**, entis	[pati**ēns**, entis]
	Perf.	hortātus, a, um	veritus, a, um	lārgītus, a, um	locūtus, a, um	passus, a, um
	Fut.	hortātūrus, a, um	veritūrus, a, um	lārgītūrus, a, um	locūtūrus, a, um	passūrus, a, um
Gerundivum		hort**andus**, a, um zu ermahnend	ver**endus**, a, um zu fürchtend	lārgi**endus**, a, um zu spendend	loqu**endus**, a, um zu sprechend	pati**endus**, a, um zu duldend
Gerundium:	Nom.	(hortārī)	(verērī)	(lārgīrī)	(loquī)	(patī)
	Gen.	hortandī	verendī	lārgiendī	loquendī	patiendī
	Dat.	hortandō	verendō	lārgiendō	loquendō	patiendō
	Akk.	ad hort**andum**	ad ver**endum**	ad lārgi**endum**	ad loqu**endum**	ad pati**endum**
	Abl.	hortandō	verendō	lārgiendō	loquendō	patiendō

Zur Bildung zusammengesetzter Verben § 52

Von den einfachen Verben werden die zusammengesetzten (**Komposita**) meistens durch Vorsetzung von **Präpositionen** und anderen Vorsilben (Präfixen) gebildet. Dabei erleiden Vor- und Stammsilbe oft mannigfache lautliche Veränderungen: Der Auslaut der Vorsilbe verändert sich durch Angleichung (vgl. § 4a), der Vokal des Stammverbs wird nach § 3b geschwächt.

a) Präpositionen als Vorsilben

1. **ab-** **abs-** **ā-**	**ab, weg, fort-**	ab-esse abwesend sein, ab-īre weggehen, abs-trahere fortschleppen, ā-vocāre abrufen, as-portāre, au-ferre wegtragen, āmittere loslassen verlieren
2. **ad-**	**dabei, hinzu, zu-, an-**	ad-esse dabei, anwesend sein, ac-cēdere hinzugehen, af-ferre herbeibringen, aggredī herangehen, angreifen, al-loquī ansprechen, ap-portāre heranbringen, ar-ripere an sich reißen, as-sentīrī zustimmen, at-tribuere zuteilen, a-spicere anblicken, erblicken
3. **ante-**	**voran-, voraus-, vor-**	ante-cēdere vorangehen, übertreffen, ante-pōnere vorziehen
4. **circum-**	**um-, herum-**	circum-stāre herumstehen, circúm-dare umgeben
5. **com-** **con-** **co-** (cum)	1. **zusammen-, gemeinsam** 2. verstärkend („**sehr**“)	1. com-pōnere zusammensetzen, con-trahere zusammenziehen, co-emere zusammenkaufen, col-lābī, cor-ruere zusammenstürzen; comitārī mitgehen, begleiten 2. cōn-fīdere (ganz) vertrauen, cōn-servāre bewahren, cōn-firmāre bestärken, versichern
6. **dē-**	1. **herab-, hinab-, weg-,** 2. verstärkend („**völlig**“)	1. dē-scendere herabsteigen; dēmere (*aus* *dē-emere) wegnehmen; dē-fendere wegstoßen, verteidigen, dē-esse wegsein, fehlen, dē-spērāre die Hoffnung aufgeben, verzweifeln, dē-spicere herabsehen, verachten 2. dē-vincere völlig besiegen, dē-mōnstrāre deutlich zeigen, beweisen
7. **ē-** **ex-**	1. **heraus-, aus-, ent-,** 2. verstärkend	1. ē-dūcere, ex-īre, ex-pōnere aus-, auseinandersetzen, ex-spectāre ausschauen, erwarten, ef-fugere entfliehen 2. ex-pūgnāre erstürmen, erobern, ē-docēre genau zeigen

8. in-	**ein-, hinein-, auf-, an-**	in-vādere eindringen, im-portāre einführen, im-pōnere auferlegen, in-cipere anfangen, ir-ruere ein-fallen
9. inter-	**zwischen — drin, dazwischen-, zwischen — hinein, unter-**	inter-cēdere dazwischen treten (Einspruch erheben), inter-esse dazwischen sein, dabei sein, teilnehmen; sich unterscheiden, intel-legere dazwischen wählen, unterscheiden, einsehen, inter-īre untergehen
10. ob- obs-	**entgegen-, gegen — hin, gegenüber-**	ob-stāre entgegenstehen, hindern, os-tendere entgegenstrecken, zeigen, ob-sidēre gegenübersitzen, belagern, op-pūgnāre anstürmen, angreifen, oc-currere, of-ferre anbieten
11. per-	1. **durch-, hindurch-, bis zum Ende** 2. verstärkend: **völlig, sehr, ver-**	1. per-currere durcheilen, per-ficere durchführen, zu Ende führen, pervenīre zum Ziele kommen 2. per-terrēre sehr erschrecken, per-turbāre völlig verwirren, persuādēre mit Erfolg raten: überreden, überzeugen, perdere vertun, verderben, pel-licere verlocken
12. post-	**nach-, hintan-**	post-pōnere hintansetzen, post-habēre nachsetzen
13. prae-	**voran-, voraus-, vor-**	prae-mittere vorausschicken, prae-currere voranlaufen, prae-parāre vorbereiten, praedīcere vorhersagen; prae-stāre voranstehen, übertreffen, prae-esse vorn sein, an der Spitze stehen
14. praeter-	**vorbei-, an — vorbei**	praeter-īre, praeter-mittere vorbeilassen, ungenutzt verstreichen lassen
15. prō- prōd-	**hervor-, vor-, fort-, für**	prō-dūcere hervorführen, prōd-īre vorgehen, pro-ficīscī (sich fortmachen) reisen, prōdesse dafür sein, förderlich sein, nützen
16. sub- sus-	**darunter-, unter-, von unten her, heimlich**	sub-scrībere unterschreiben, sub-īre (daruntergehen), auf sich nehmen, suc-cēdere (von unten heranrücken), nachfolgen, sus-cipere (von unten her fassen), unter-, übernehmen, su-spicere (von unten ansehen) beargwöhnen, sub-mittere (heimlich schikken) zu Hilfe schicken
17. super-	**über-, darüber**	super-esse (darüber, über) übrig sein
18. trāns- trā-	**hinüber-, über-**	trāns-portāre hinüberschaffen, trān-scendere überschreiten, trā-dūcere, trā-icere übersetzen

b) Vorsilben, die nur in Zusammensetzungen vorkommen

1. **amb-** **am-**	**um-, herum-**	amb-īre umhergehen, umwerben, am-plectī (sich herumschlingen) umarmen, am-putāre ringsum beschneiden, abschneiden
2. **dis-**	**auseinander-, fort-, weg-, zer-, miß-**	dis-cēdere auseinandergehen, fortgehen, **dir**-imere auseinandernehmen, trennen, **dī**-ruere auseinanderreißen, zerstören, **dī**-stāre entfernt sein, **dī**-videre zerlegen, teilen, **dif**-fīdere mißtrauen
3. **intro-**	**hinein-**	intro-dūcere (hin-)einführen
4. **ne-, nec-**	**nicht**	ne-scīre nicht wissen, neg-legere nicht achten, vernachlässigen
5. **por-**	**hin-, vor-, dar-**	por-rigere hinstrecken, darreichen, pol-licērī darbieten, versprechen, por-tendere hervorstrecken, anzeigen
6. **re-, red-**	**zurück-, wieder-, wider-**	re-vertī, red-īre zurückkehren, re-petere wiederholen, re-sistere sich widersetzen
7. **sē-** **(sēd-)**	**beiseite, weg, los-, ab-**	sē-cēdere beiseite gehen (*vgl.* sēd-itiō Zwietracht, Aufruhr), sē-cernere absondern, trennen

Im Lateinischen sind der Anschaulichkeit wegen **Komposita** besonders häufig. Im folgenden Verzeichnis sind meist nur solche Komposita angeführt, die nach Form oder Bedeutung bemerkenswert sind.

Die 4. Stammform ist bei Transitiven im Maskulinum (**-tus, -sus**) angegeben, bei Intransitiven im Neutrum (**-tum, -sum**), das gleichlautend ist mit dem Supinum I (§ 49, 3).

STAMMFORMEN DER WICHTIGSTEN VERBEN

Die ā-Konjugation (1. Konj.) § 53

I. Perfekt auf -vī und -uī

1. **laudāre**	laudō	laudāvī	laudātus	loben

So die meisten Verben der ā-Konjugation.

2. **crepāre**	crepō	crepuī	crepitum	krachen, knarren
increpāre	increpō	increpuī	increpitus	anfahren, schelten

3.	**cubāre**	cubō	cubuī	cubitum	liegen (um zu ruhen)
	accubāre	áccubō	accubuī	accubitum	bei Tische liegen
4.	**domāre**	domō	domuī	domitus	1. zähmen, 2. unterwerfen
5.	**sonāre**	sonō	sonuī	—	tönen, ertönen lassen
6.	**vetāre**	vetō	vetuī	vetitus *mit Akk.*	(hindern) verbieten
7.	**secāre**	secō	secuī	sectus	schneiden

II. Perfekt mit Verdoppelung (Reduplikation)

8.	**stāre**	stō	steti	statum	stehen
	circumstāre	circúmstō	circumstetī	—	herumstehen, umstehen

Die Komposita, deren erster Teil einsilbig ist, schwächen im Perf. e zu i:

cōnstāre	cōnstō	cōnstitī	—	1. bestehen aus (ex), 2. kosten,
	cōnstat			3. es steht fest, ist bekannt
īnstāre	īnstō	īnstitī	—	an-, eindringen, bevorstehen
obstāre	obstō	obstitī	—	entgegen-, im Wege stehen, hindern
restāre	restō	restitī	—	übrig sein
praestāre	praestō	praestitī	*mit Dat.*	1. voranstehen, 2. jden übertreffen, sich auszeichnen vor jdem
	praestat	praestitit	—	3. es ist besser
praestāre *mit Akk.*[1])				4. (als Bürge) einstehen für, leisten, gewähren
sē praestāre (fortem)				5. sich bewähren, sich zeigen

9.	**dare**	dō	dedī	datus	geben

Langes ā nur in den Formen dās, dā, dāns!

circúmdare	circúmdō	circúmdedī	circúmdatus	umgeben

Die Komposita, deren erster Teil einsilbig ist, sind in die konsonantische Konjugation übergegangen, s. § 56:

a)	**dēdere**	dēdō	dēdidī	dēditus	ergeben, übergeben
	ēdere	ēdō	ēdidī	ēditus	herausgeben
	prōdere	prōdō	prōdidī	prōditus	preisgeben, verraten[2])
	reddere	reddō	reddidī	redditus	zurückgeben
	trādere	trādō	trādidī	trāditus	übergeben, überliefern
	vēndere	vēndō	vēndidī	vēnditus	verkaufen

---

[1]) Von praes, praedis der Bürge.

[2]) prōdere (trādere) memoriae überliefern.

b)[1]	ábdere	abdō	abdidī	abditus	wegtun, verbergen
	áddere	addō	addidī	additus	hinzutun, hinzufügen
	condere	condō	condidī	conditus	zusammentun, gründen
	perdere	perdō	perdidī	perditus	vertun, verderben
	crēdere	crēdō	crēdidī	crēditus	glauben, anvertrauen

III. Perfekt mit Dehnung des Stammvokals

10.	**iuvāre**	iuvō	iūvī	iūtus } *mit Akk.*	unterstützen, fördern, helfen
	adiuvāre	ádiuvō	adiūvī	adiūtus } *mit Akk.*	
11.	**lavāre**	lavō	lāvī	lautus *u.* lavātus	waschen, baden (*tr.*)

Die ē-Konjugation (2. Konj.) § 54

I. Perfekt auf -vī und -uī

12.	**dēlēre**	dēleō	dēlēvī	dēlētus	tilgen, zerstören
13.	**flēre**	fleō	flēvī	flētum	weinen, beweinen
	dēflēre	dēfleō	dēflēvī	dēflētus	beweinen
14.	**com-plēre**	compleō	complēvī	complētus }	anfüllen, erfüllen
	implēre	impleō	implēvī	implētus }	
	supplēre	suppleō	supplēvī	supplētus	nachfüllen, ergänzen
15.	**arcēre**	arceō	arcuī	—	abhalten, abwehren
	coërcēre	coërceō	coërcuī	coërcitus	zusammenhalten, zügeln
	exercēre	exerceō	exercuī	(exercitātus)	üben, ausüben
16.	**habēre**	habeō	habuī	habitus	haben, halten
	adhibēre	adhibeō	adhibuī	adhibitus	anwenden, hinzuziehen
	prohibēre	prohibeō	prohibuī	prohibitus	fernhalten, hindern
	praebēre[2]	praebeō	praebuī	praebitus	1. darreichen, gewähren,
	sē praebēre (fortem)				2. sich (tapfer) zeigen
	dēbēre[3]	dēbeō	dēbuī	dēbitus	schulden, verdanken, müssen
17.	**merēre**	mereō	meruī	meritus	verdienen
	bene merēre (merērī) dē				sich verdient machen um
18.	**monēre**	moneō	monuī	monitus }	(er)mahnen, erinnern
	admonēre	admoneō	admonuī	admonitus (dē) }	(an)
19.	**nocēre**	noceō	nocuī	nocitum	schaden
20.	**placēre**	placeō	placuī	placitum	gefallen
	displicēre	displiceō	displicuī	displicitum	mißfallen

[1]) Unechte Komposita (vom ausgestorbenen Stamm *d(h)ē-).
[2]) *Aus* *prae-hibēre vorhalten.
[3]) *Aus* *dē-hibēre von jemand etwas haben.

21.	**tacēre**	taceō	tacuī	tacitum	schweigen
				tacitus, a, um	still, verschwiegen
22.	**terrēre**	terreō	terruī	territus	schrecken (jemanden)
	dēterrēre	dēterreō	dēterruī	dēterritus	abschrecken, abhalten
	perterrēre	perterreō	perterruī	perterritus	sehr erschrecken
23.	**docēre**	doceō	docuī	doctus	lehren, unterrichten
	ēdocēre	ēdoceō	ēdocuī	ēdoctus	darlegen
24.	**miscēre**	misceō	miscuī	mixtus	mischen
25.	**tenēre**	teneō	tenuī	—	halten, festhalten
	abstinēre	abstineō	abstinuī	(rē, ā rē)	sich enthalten
	continēre	contineō	continui	—	zusammenhalten, enthalten
				contentus, a, um	zufrieden
	dētinēre	dētineō	dētinuī	dētentus	festhalten, hinhalten
	distinēre	distineō	distinuī	distentus	auseinander halten, Pass. beschäftigt sein
	obtinēre	obtineō	obtinuī	obtentus	innehaben, behaupten; besetzen
	pertinēre	pertineō	pertinuī	—	sich erstrecken, sich beziehen
	sustinēre	sustineō	sustinuī	—	aushalten
26.	**cēnsēre**	cēnseō	cēnsuī	cēnsus	schätzen, meinen, beschließen
	recēnsēre	recēnseō	recēnsuī	recēnsus	mustern
	suscēnsēre	suscēnseō	suscēnsuī	—	zürnen
27.	**carēre**	careō	caruī (rē)	—	entbehren, nicht haben
28.	**decēre**	decet	decuit	—	zieren, sich ziemen
29.	**dolēre**	doleō	doluī (rem, rē)	—	Schmerz empfinden (über), bedauern
30.	**egēre**	egeō	eguī (rē)	—	bedürfen, Mangel haben
	indigēre	indigeō	indiguī	—	bedürfen, Mangel haben
31.	**ēminēre**	ēmineō	ēminuī	—	hervorragen
	imminēre	immineō	—	—	hereinragen, drohen
32.	**flōrēre**	flōreō	flōruī	—	blühen
33.	**horrēre**	horreō	horruī (mortem)	—	verabscheuen, schaudern (vor dem Tode)
	abhorrēre	abhorreō	abhorruī (ā)	—	zurückschaudern (vor)
34.	**iacēre**	iaceō	iacuī	—	liegen
35.	**latēre**	lateō	latuī	—	verborgen sein
36.	**licēre**	licet	licuit	—	erlaubt sein

37. **oportēre**	oportet	oportuit	—	sich gehören, nötig sein
38. **pārēre**	pāreō	pāruī	—	(erscheinen) gehorchen
appārēre	appāreō	appāruī	—	erscheinen, sich zeigen
appāret				es ist offenbar
39. **patēre**	pateō	patuī	—	1. offen stehen, 2. sich ausdehnen
40. **studēre**	studeō	studuī	*mit Dat.* —	sich bemühen, sich widmen, obliegen, sich eifrig beschäftigen mit, streben nach
41. **timēre**	timeō	timuī	(mortem) —	fürchten, sich fürchten (vor dem Tode)
42. **valēre**	valeō	valuī	—	gesund sein, vermögen
multum valēre				große Bedeutung, Einfluß haben

II. Perfekt auf -sī

43. **augēre**	augeō	auxī	auctus	vermehren, erhöhen
44. **lūcēre**	lūceō	lūxī	—	leuchten
45. **lūgēre**	lūgeō	lūxī	(rem, rē) —	trauern, betrauern
46. **indulgēre**	indulgeō	indulsī	—	nachgeben, nachsichtig sein
47. **urgēre**	urgeō	ursī	—	drängen, bedrängen
48. **torquēre**	torqueō	torsī	tortus	drehen, foltern
49. **ardēre**	ardeō	arsī	arsum	brennen (*intrans.*)
50. **rīdēre**	rīdeō	rīsī	rīsus (rem, rē)	lachen (über), verlachen
irrīdēre	irrīdeō	irrīsī	irrīsus (*tr.*)	verlachen, verspotten
51. **suādēre**	suādeō	suāsī	suāsum	raten
persuādēre	persuādeō	-suāsī	-suāsum *mit Dat.*	(„einreden“) 1. überreden, 2. überzeugen
52. **iubēre**	iubeō	iussī	iussus *mit Akk.*	heißen (= beauftragen), befehlen, anordnen
53. **haerēre**	haereō	haesī	haesum	hangen, steckenbleiben
54. **manēre**	maneō	mānsī	mānsum	bleiben
permanēre	permaneō	permānsī	permānsum	verharren, fortdauern

III. Perfekt mit Reduplikation

55. **pendēre**	pendeō	pependī	—	hangen, schweben, drohen
impendēre	impendeō	-pendī[1]	—	herein-, darüberhangen, drohen

[1]) In Zusammensetzungen fällt die Reduplikation meist fort.

56.	**spondēre**	spondeō	spopondī	spōnsus	geloben
	respondēre	respondeō	respondī	respōnsum	antworten, entsprechen

IV. Perfekt mit Dehnung

57.	**cavēre**	caveō	cāvī	cautus (rem, ā rē) (reī, *Dat.*)	1. meiden, sich hüten (vor), Vorsicht üben 2. sorgen (für)
58.	**favēre**	faveō	fāvī	fautum *mit Dat.*	günstig, gewogen sein, jden begünstigen
59.	**fovēre**	foveō	fōvī	fōtus	wärmen, hegen
60.	**movēre**	moveō	mōvī	mōtus	bewegen
	commovēre	commoveō	-mōvī	-mōtus	bewegen, erregen, rühren, veranlassen
	permovēre	permoveō	-mōvī	-mōtus	(wie commovēre)
	prōmovēre	prōmoveō	-mōvī	-mōtus	vorrücken (lassen), befördern
	removēre *u.* submovēre (summovēre)				entfernen
61.	**vovēre**	voveō	vōvī	vōtus	geloben (den Göttern)
	dēvovēre	dēvoveō	dēvōvī	dēvōtus	1. geloben, 2. weihen (als Opfer), 3. verfluchen
62.	**sedēre**	sedeō	sēdī	sessum	sitzen
	obsidēre	obsideō	obsēdī	obsessus	belagern
	possidēre	possideō	possēdī	possessus	besitzen
63.	**vidēre**	videō	vīdī	vīsus	sehen
	invidēre	invideō	invīdī	-vīsum *mit Dat.*	jemanden beneiden
			invīsus, a, um		verhaßt
	prōvidēre	prōvideō	prōvīdī	prōvīsus (rem) (reī, *Dat.*)	1. vorhersehen, beschaffen 2. sorgen für

§ 55 Die ī-Konjugation (4. Konj.)

I. Perfekt auf -vī und -uī

64.	**audīre**	audiō	audīvī	audītus	hören
	oboedīre	oboediō	oboedīvī	oboedītum	gehorchen

So die meisten Verben der ī-Konjugation.

65.	**sepelīre**	sepeliō	sepelīvī	sepultus	begraben
66.	**aperīre**	aperiō	aperuī	apertus	aufdecken, öffnen
			apertus, a, um		offen
67.	**operīre**	operiō	operuī	opertus	bedecken

68.	**salīre**	saliō	saluī	—	hüpfen, springen
	dēsilīre	dēsiliō	dēsiluī	—	herabspringen
	trānsilīre	trānsiliō	trānsiluī	—	hinüberspringen

II. Perfekt auf -sī

69.	**haurīre**	hauriō	hausī	haustus	schöpfen
	exhaurīre	exhauriō	exhausī	exhaustus	ausschöpfen, erschöpfen
70.	**saepīre**	saepiō	saepsī	saeptus	einzäunen
71.	**sancīre**	sanciō	sānxī	sānctus	heiligen, (feierlich) festsetzen, anordnen
			sānctus, a, um		heilig
72.	**vincīre**	vinciō	vīnxī	**vīnctus**	fesseln
73.	**sentīre**	sentiō	sēnsī	sēnsum	fühlen, meinen
	cōnsentīre	cōnsentiō	cōnsēnsī	cōnsēnsum	übereinstimmen
	dissentīre	dissentiō	dissēnsī	dissēnsum	uneinig sein, anderer Meinung sein

III. Perfekt mit Dehnung und Reduplikation; Stammperfekt

74.	**venīre**	veniō	vēnī	ventum	kommen
	advenīre	adveniō	advēnī	adventum	ankommen (Rōmam)
	circumvenīre	-veniō	-vēnī	-ventus	umzingeln, umringen
	convenīre	conveniō	convēnī	conventum *mit Akk.*	1. zus.-kommen, 2. passen, 3. treffen, besuchen
	cónvenit (id) inter nōs				4. es wird unter uns vereinbart, wir kommen darüber überein
	ēvenīre	ēvenit	ēvēnit	ēventum	vorkommen, sich ereignen
	invenīre	inveniō	invēnī	inventus	auf etwas stoßen, (zufällig) finden, erfinden
	pervenīre	perveniō	pervēnī	perventum	(ans Ziel) gelangen
	subvenīre	subveniō	subvēnī	subventum	zu Hilfe kommen
75.	**reperīre**	reperiō	répperī[1])	repertus	wiedergewinnen, (nach Suchen) finden
76.	**comperīre**	comperiō	cómperī	compertus	(genau) erfahren

Die konsonantische Konjugation (3. Konj.) § 56

(einschließlich der kurzvokal. Verben auf -iō und -uō)

I. Perfekt mit Reduplikation

77.	**cadere**	cadō	cécidī	cāsum	fallen
	incidere	íncidō	incidī	—	hineinfallen

[1]) Aus *ré-p(e)-perī (Kompositum von **parere,** Nr. 92, mit Reduplikation), Vokalschwund infolge der altlateinischen Betonung der Anfangssilbe, vgl. § 3c, 4.

	occidere	óccidō	óccidī	occásum	untergehen, fallen
	accidere	áccidit	áccidit		(zufallen), sich ereignen
78.	**caedere**	caedō	cecīdī	caesus	fällen, hauen
	abscīdere	abscīdō	abscīdī	abscīsus	abschneiden, trennen
	occīdere	occīdō	occīdī	occīsus	niederhauen, töten
	incīdere	incīdō	incīdī	incīsus	einschneiden
79.	**canere**	canō	cécinī	—	singen, spielen
80.	**currere**	currō	cucúrrī	cursum	laufen
	accurrere	accúrrō	accúrrī	accursum	herbeieilen
	concurrere	concúrrō	concúrrī	concursum	zusammenlaufen, -stoßen
	occurrere	occúrrō	occúrrī	occursum	entgegeneilen, begegnen
	prōcurrere	prōcúrrō	prōcúrrī	prōcursum	vorlaufen, vorrücken
	succurrere	succúrrō	succúrrī	succursum	zu Hilfe eilen
81.	**dēdere**[1]	dēdō	dēdidī	dēditus	abgeben, übergeben
82.	**discere**	discō	didicī	—	lernen
83.	**fallere**	fallō	fefellī	—	täuschen
84.	**parcere**	parcō	pepercī *mit Dat.*	—	jemanden schonen
85.	**pellere**	pellō	pépulī	pulsus	stoßen, treiben
	appellere	appéllō	áppulī	appulsus	antreiben, landen
	compellere	compellō	compulī	compulsus	drängen, veranlassen
	impellere	impellō	impulī	impulsus	antreiben, veranlassen
	repellere	repéllō	réppulī[2]	repulsus	zurücktreiben, abwehren
86.	**pendere**	pendō	pepéndī	pēnsus	aufhängen, wägen, zahlen
	impendere	impendō	impendī	impēnsus	aufwenden, ausgeben
	suspendere	suspendō	suspendī	suspēnsus	aufhängen
87.	**tendere**	tendō	tetendī	tentus	spannen
	contendere	contendō	contendī	contentum	1. sich anstrengen, 2. eilen, 3. kämpfen, 4. behaupten
	intendere	intendō	intendī	intentus	anspannen
				intentus, a, um	angespannt, aufmerksam
	ostendere	ostendō	ostendī	—	(entgegenstrecken), zeigen
88.	**pangere**	pangō	pépigī	pāctus	1. festmachen, 2. abmachen, 3. Vertrag schließen
89.	**tangere**	tangō	tetigī	tāctus	berühren
	attingere	attingo	áttigī	attāctus	anrühren, grenzen an
	contingere	contíngō	cóntigī	contāctus	berühren, zuteil werden
		contingit	cóntigit		es glückt, gelingt
90.	**poscere**	poscō	poposcī	—	fordern

[1]) Die übrigen Komposita von **dare** s. § 53, Nr. 9.

[2]) Aus ***ré-p(e)-pulī** (vgl. Nr. 75; § 3c, 4).

91.	**sistere**	sistō	stetī	—	stellen, sich stellen
	circum-sistere	circum-sistō	circúmstetī	—	umringen
	cōnsistere	cṓnsistō	constitī	—	sich hinstellen, haltmachen
	dēsistere	dēsistō	dēstitī (rē)	—	abstehen (von), aufhören
	exsistere	exsistō	éxstitī	—	1. hervortreten, 2. sich herausstellen, 3. entstehen, werden
	obsistere	obsistō	óbstitī	—	sich entgegenstellen
	resistere	resistō	réstitī	—	1. sich widersetzen, 2. haltmachen
	subsistere	subsistō	súbstitī	—	haltmachen, standhalten

Auf -iō

92.	**parere**	pariō	péperī	partus (paritūrus)	gebären, hervorbringen, erwerben, gewinnen

Mit abgefallener Reduplikation

93.	**scindere**	scindō	scidī	scissus	zerreißen
	rescindere	rescindō	réscidī	rescissus	abreißen, zerstören
94.	**percellere**	percellō	pérculī	perculsus	erschüttern

II. Perfekt mit Dehnung

95.	**agere**	agō	ēgī[1]	āctus	treiben, handeln, tun
	peragere	péragō	perēgī	perāctus	zu Ende führen, vollenden
	exigere[2]	éxigō	exēgī	exāctus	1. heraustreiben, 2. eintreiben, fordern, 3. vollenden
	redigere	rédigō	redēgī	redāctus	zurücktreiben, bringen
	in potestātem redigere				unterwerfen
	subigere	súbigō	subēgī	subāctus	unterjochen
	cōgere	cōgō	coēgī	coāctus	1. zusammentreiben, zusammenziehen, 2. eintreiben, 3. zwingen
	dēgere vitam				sein Leben (hin-), verbringen
96.	**edere**	edō	ēdī	ēsus	essen, verzehren
97.	**emere**	emō	ēmī	ēmptus[3]	1. nehmen, 2. kaufen
	coëmere	cóëmō	coēmī	coēmptus	(zusammen-), aufkaufen
	redimere	rédimō	redēmī	redēmptus	loskaufen, erlösen
	adimere	ádimō	adēmī	adēmptus	an sich, wegnehmen
	dīrimere	dírimō	dīrēmī	dīrēmptus	trennen

[1]) Vgl. § 3a.
[2]) Siehe § 3b.
[3]) p Übergangslaut wie in exemplum, vgl. öffentlich, namentlich, Ankunft.

	eximere	éximō	exēmī	exēmptus	herausnehmen
	interimere	intérimō	interēmī	interēmptus	beseitigen, töten
98.	**legere**	legō	lēgī	lēctus	lesen, sammeln
	colligere	cólligō	collēgī	collēctus	sammeln
	dēligere	dēligō	dēlēgī	dēlēctus	auswählen
	ēligere	ēligō	ēlēgī	ēlēctus	auswählen
	dīligere	dīligō	dīlēxī	dīlēctus	lieben, achten
	intellegere	intéllegō	intellēxī	intellēctus	unterscheiden, einsehen, verstehen, erkennen
	neglegere	néglegō	neglēxī	neglēctus	nicht beachten, übersehen, vernachlässigen
99.	**sīdere**	sīdō	sēdī	sessum	sich setzen
	cōnsīdere	cōnsīdō	cōnsēdī	cōnsessum	sich niederlassen
	possīdere	possīdō	possēdī	possessus	in Besitz nehmen
100.	**frangere**	frangō	frēgī	frāctus	(zer)brechen (*trans.*)
	perfringere	perfringō	perfrēgī	perfrāctus	(durch-), zerbrechen, vereiteln
101.	**fundere**	fundō	fūdī	fūsus	gießen, in die Flucht schlagen
	cōnfundere	cōnfundō	cōnfūdī	cōnfūsus	zusammengießen, verwirren
	diffundere	diffundō	diffūdī	diffūsus	ausgießen, verbreiten, zerstreuen
	effundere	effundō	effūdī	effūsus	(aus-), vergießen, verschleudern, Pass. sich ergießen
	perfundere	perfundō	perfūdī	perfūsus	übergießen, überschütten
	profundere	profundō	profūdī	profūsus	vergießen, vergeuden
102.	**relinquere**	relinquō	relīquī	relictus	zurücklassen, verlassen
103.	**vincere**	vincō	vīcī	victus	siegen, besiegen
	convincere	convincō	convīcī	convictus	überführen
	dēvincere	dēvincō	dēvīcī	dēvictus	völlig besiegen
104.	**rumpere**	rumpō	rūpī	ruptus	(zer)brechen (*trans.*)
	corrumpere	corrumpō	corrūpī	corruptus	verderben, bestechen
	irrumpere	irrumpō	irrūpī	irruptum	einbrechen

Auf -iō

105.	**capere**	capiō	cēpī	captus	fassen, nehmen, fangen
	accipere	accipiō	accēpī	acceptus	annehmen, empfangen
	dēcipere	dēcipiō	dēcēpī	dēceptus	täuschen, (wegfangen)
	excipere	excipiō	excēpī	exceptus	ausnehmen, aufnehmen, auffangen
	incipere	incipiō	[coepī]	inceptus (coeptus)	anfangen, beginnen

	intercipere	intercipiō	intercēpī	-ceptus	ab-, wegfangen, beseitigen
	praecipere	praecipiō	praecēpī	praeceptus	vorschreiben, befehlen
	recipere	recipiō	recēpī	receptus	aufnehmen
	sē recipere				sich zurückziehen
	suscipere	suscipiō	suscēpī	susceptus	unternehmen, übernehmen
106.	**facere**	faciō	fēcī	factus	tun, machen
	(Passiv: **fierī** fīō factus sum § 67)				
	assuēfacere	assuēfaciō	assuēfēcī	assuēfactus	gewöhnen
	patefacere	patefaciō	patefēcī	patefactus	aufmachen, öffnen
	satisfacere	satisfaciō	satisfēcī	satisfactum	genugtun
	afficere	afficiō	affēcī	affectus (rē) s. § 104	antun, versehen (mit)
	(Passiv: **afficī** afficior affectus sum)				
	cōnficere	cōnficiō	cōnfēcī	cōnfectus	fertig machen, erledigen, beendigen
	dēficere	dēficiō	dēfēcī	dēfectum	mangeln, abfallen
	vīrēs mē dēficiunt				die Kräfte verlassen mich
	ā Rōmānīs dēficere				von den Römern abfallen
	animō dēficere (s. § 79)				den Mut sinken lassen
	efficere	efficiō	effēcī	effectus	hervorbringen, bewirken
	interficere	interficiō	interfēcī	-fectus	niedermachen, töten
	perficere	perficiō	perfēcī	perfectus	durchsetzen, vollenden
	praeficere (exercituī)				an die Spitze (des Heeres) stellen
	prōficere	prōficiō	prōfēcī	prōfectum	vorwärts kommen; nützen
	reficere	reficiō	refēcī	refectus	wiederherstellen
	sufficere	sufficiō	suffēcī	suffectus	an die Stelle setzen; ausreichen, genügen
107.	**iacere**	iaciō	iēcī	iactus	werfen, hinwerfen, ausstreuen
	abicere[1])	abiciō	abiēcī	abiectus	wegwerfen
	adicere	adiciō	adiēcī	adiectus	hinzufügen
	conicere	coniciō	coniēcī	coniectus	1. (zusammen)werfen; 2. schließen, vermuten
	dēicere	dēiciō	dēiēcī	dēiectus	hinabwerfen
	spē dēiectus				in der Hoffnung getäuscht
	disicere	disiciō	disiēcī	disiectus	zerstreuen, zerstören
	ēicere	ēiciō	ēiēcī	ēiectus	vertreiben, verbannen
	inicere	iniciō	iniēcī	-iectus (metum)	einflößen (Furcht)
	obicere	obiciō	obiēcī	obiectus	entgegen-, vorwerfen

---

[1]) Sprich abjicere, abjíciō, ábjicis usw.

	prōicere	prōiciō	prōiēcī	prōiectus	vor-, hin-, wegwerfen
	subicere	subiciō	subiēcī	subiectus	unterwerfen
	trāicere	trāiciō	trāiēcī	-iectus (flūmen)	übersetzen (über e. Fluß)
108.	**fodere**	fodiō	fōdī	fossus	graben, stechen
	cōnfodere *und* perfodere				durchbohren
109.	**fugere**	fugiō	fūgī	fugitum *mit Akk.*	fliehen vor, meiden
	aufugere	aufugiō	aufūgī	—	davonfliehen
	cōnfugere	cōnfugiō	cōnfūgī	—	sich flüchten, s. Zuflucht nehmen
	diffugere	diffugiō	diffūgī	—	auseinanderstieben
	effugere	effugiō	effūgī	— *m. Akk.*	entfliehen, entrinnen
	perfugere	perfugiō	perfūgī	—	flüchten, überlaufen

III. Perfekt auf -sī

1. k-Stämme

110.	**dīcere**	dīcō	dīxī	dictus	sagen; (er)nennen
	ēdīcere	ēdīcō	ēdīxī	ēdictus	bekanntmachen, verordnen
	indīcere	indīcō	indīxī	indictus	ansagen, ankündigen
	interdīcere	interdīcō	interdīxī	interdictus	untersagen
	praedīcere	praedīcō	praedīxī	praedictus	vorhersagen
111.	**dūcere**	dūcō	dūxī	ductus	ziehen, führen; meinen
	addūcere	addūcō	addūxī	adductus	1. heranführen, 2. veranlassen
	condūcere	condūcō	condūxī	conductus	1. sammeln, 2. mieten
	dēdūcere	dēdūcō	dēdūxī	dēductus	1. hinführen, 2. geleiten
	indūcere	indūcō	indūxī	inductus	1. (hin)einführen, 2. verleiten
	perdūcere	perdūcō	perdūxī	perductus	1. hinbringen, 2. veranlassen
	trādūcere	trādūcō	trādūxī	trāductus	hinüberführen, übersetzen
112.	**regere**	regō	rēxī	rēctus	richten, lenken, leiten
	corrigere	córrigō	corrēxī	corrēctus	berichtigen, verbessern
	dīrigere	dírigō	dīrēxī	dīrēctus	(nach einem Ziel) hinlenken
	ērigere	erigō	ērēxī	ērēctus	aufrichten
	pergere	pergō	perrēxī	perrēctum	fortfahren, vorrücken
	surgere	surgō	surrēxī	surrēctum	sich aufrichten, aufstehen
	cōnsurgere	cōnsurgō	cōnsurrēxī	—	aufstehen, sich erheben
113.	**tegere**	tegō	tēxī	tēctus	decken, bedecken
	dētegere	dḗtegō	dētēxī	dētēctus	aufdecken, entdecken
	prōtegere	prṓtegō	prōtēxī	prōtēctus	schirmen, beschützen

114.	**afflīgere**	afflīgō	afflīxī	afflīctus	niederschlagen
	cōnflīgere	cōnflīgō	cōnflīxī	cōnflīctum	zusammenstoßen, kämpfen
115.	**fīgere**	fīgō	fīxī	fīxus	heften, befestigen
	affīgere	affīgō	affīxī	affīxus	anheften
	dēfīgere	dēfīgō	dēfīxī	dēfīxus	festheften; hineinstoßen
	īnfīgere	īnfīgō	īnfīxī	īnfīxus	hineinbohren, einprägen
	trānsfīgere	trānsfīgō	trānsfīxī	trānsfīxus	durchbohren
116.	**flectere**	flectō	flexī	flexus	biegen, beugen
117.	**nectere**	nectō	nexuī (nexī)	nexus	knüpfen
118.	**fluere**	fluo	flūxī	—	fließen
119.	**struere**	struō	strūxī	strūctus	bauen
	cōnstruere	cṓnstruō	cōnstrūxī	cōnstrūctus	aufbauen, errichten
	exstruere	éxstruō	exstrūxī	exstrūctus	
	īnstruere	ínstruō	īntsrūxī	īnstrūctus	einrichten, unterrichten
	aciem īnstruere				das Heer zur Schlacht aufstellen
	obstruere	obstruō	obstrūxī	obstrūctus	versperren, verschließen
120.	**vīvere**	vīvō	vīxī	vīctum	leben
121.	**cingere**	cingō	cīnxī	cīnctus	gürten, umzingeln
122.	**iungere**	iungō	iūnxī	iūnctus	(anjochen), verbinden
	adiungere	adiungō	adiūnxī	adiūnctus	hinzufügen
	coniungere	coniungō	coniūnxī	coniūnctus	verbinden
123.	**exstinguere**	exstinguō	exstīnxī	exstīnctus	auslöschen, vernichten
	distinguere	distinguō	distīnxī	distīnctus	unterscheiden
124.	**fingere**	fingō	fīnxī	fictus	bilden, ersinnen
125.	**pingere**	pingō	pīnxī	pictus	zeichnen, malen
126.	**stringere**	stringō	strīnxī	strictus	streifen; schnüren
	dēstringere	dēstringō	dēstrīnxī	dēstrictus	abstreifen, zücken
	obstringere	obstringō	obstrīnxī	obstrictus	binden, verpflichten
127.	**mergere**	mergō	mersī	mersus	eintauchen, versenken
128.	**spargere**	spargō	sparsī	sparsus	streuen, sprengen
	dispergere	dispergō	dispersī	dispersus	zerstreuen
129.	**trahere**	trahō	trāxī	tractus	ziehen, schleppen, („trecken“)
	abstrahere	ábstrahō	abstrāxī	-tractus	fortschleppen
	contrahere	cóntrahō	contrāxī	-tractus	1. zusammenziehen, versammeln; 2. zustande bringen, sich zuziehen
	distrahere	distrahō	distrāxī	-tractus	zerreißen, zerteilen

130.	**vehere**	vehō	vēxī	vectus	befördern, fahren (*trans.*)
	convehere	cónvehō	convēxī	convectus	zusammenbringen
	subvehere	súbvehō	subvēxī	subvectus	heranschaffen

Auf -iō

131.	**a(d)spicere**	adspiciō	adspēxī	adspectus	anblicken
	cōnspicere	cōnspiciō	cōnspēxī	cōnspectus	erblicken
	dēspicere	dēspiciō	dēspēxī	dēspectus	herabsehen, verachten
	īnspicere	īnspiciō	īnspēxī	īnspectus	besichtigen, mustern
	perspicere	perspiciō	perspēxī	perspectus	durchschauen, erkennen
	prōspicere	prōspiciō	-spēxī	-spectus	*mit Akk.* 1. vorhersehen *mit Dat.* 2. sorgen für
	respicere	respiciō	respēxī	respectus	berücksichtigen
	suspicere	suspiciō	suspēxī	suspectus	beargwöhnen

2. p-Stämme

132.	**carpere**	carpō	carpsī	carptus	pflücken
133.	**nūbere**	nūbō	nūpsī	nūptus (virō)	heiraten (einen Mann)
134.	**scrībere**	scrībō	scrīpsī	scrīptus	schreiben
	cōnscrībere	cōnscrībō	cōnscrīpsī	-scrīptus	abfassen, ausheben
	dēscrībere	dēscrībō	dēscrīpsī	dēscrīptus	beschreiben
	īnscrībere	īnscrībō	īnscrīpsī	īnscrīptus	einschreiben, betiteln
	praescrībere	-scrībō	-scrīpsī	-scrīptus	vorschreiben
	prōscrībere	prōscrībō	prōscrīpsī	-scrīptus	öffentl. bekanntmachen; ächten

3. t-Stämme

135.	**cēdere**	cēdō	cessī	cessum	gehen, weichen
	concēdere	concēdō	concessī	concessus	(nach-), zugeben, gestatten
	discēdere	discēdō	discessī	discessum	sich entfernen, abziehen
	incēdere	incēdō	incessī	incessum	einherschreiten
	intercēdere	intercēdō	intercessī	-cessum	dazwischentreten, Einspruch erheben
	praecēdere antecēdere	} aliquem			jemandem vorangehen, jemanden übertreffen
	succēdere	alicuī			an die Stelle jds. treten, nachrücken
136.	**claudere**	claudō	clausī	clausus	schließen
	interclūdere	interclūdō	-clūsī	-clūsus	abschließen, abschneiden
	interclūdere aliquem commeātū				jemandem d. Zufuhr sperren
137.	**dīvidere**	dīvidō	dīvīsī	dīvīsus	teilen

138.	**laedere**	laedō	laesī	laesus	(stoßen), verletzen
	ēlīdere	ēlīdō	ēlīsī	ēlīsus	herausstoßen, zerschmettern
139.	**lūdere**	lūdō	lūsī	lūsum	spielen
	ēlūdere	ēlūdō	ēlūsī	ēlūsus	} sein Spiel treiben mit, verspotten
	illūdere	illūdō	illūsī	illūsus	
140.	**ēvādere**	ēvādō	ēvāsī	ēvāsum	entkommen, werden
	invādere	invādō	invāsī	invāsum	eindringen, einfallen
141.	**mittere**	mittō	mīsī	missus	lassen, schicken
	āmittere	āmittō	āmīsī	āmissus	loslassen, verlieren
	admittere	admittō	admīsī	admissus	zulassen, begehen
	committere	committō	commīsī	-missus	1. überlassen, anvertrauen;
	proelium committere				2. eine Schlacht beginnen, liefern;
	scelus committere				3. ein Verbrechen begehen
	dīmittere	dīmittō	dīmīsī	dīmissus	entlassen
	intermittere	intermittō	-mīsī	-missus	dazwischenlegen, unterbrechen, aussetzen, einstellen
	omittere	omittō	omīsī	omissus	unterlassen, aufgeben
	permittere	permittō	permīsī	permissus	(durch-), zulassen, erlauben
	praemittere	praemittō	praemīsī	-missus	vorausschicken
	praetermittere	praetermittō	-mīsī	-missus	(vorbei-), unbenutzt lassen, unterlassen
	prōmittere	prōmittō	prōmīsī	promissus	versprechen
	remittere	remittō	remīsī	remissus	zurückschicken, nachlassen
	submittere	submittō	submīsī	submissus	zu Hilfe schicken

Auf -iō

142.	**concutere**	concutiō	concussī	concussus	erschüttern
	percutere	percutiō	percussī	percussus	durchbohren

4. m- und s-Stämme

143.	**dēmere**	dēmō	dēmpsī	dēmptus[1])	wegnehmen
	prōmere	prōmō	prōmpsī	prōmptus	1. hervorholen, 2. äußern
	sūmere	sūmō	sūmpsī	sūmptus	nehmen, an sich nehmen
	absūmere	absūmō	absūmpsī	absūmptus	verbrauchen, wegraffen
	cōnsūmere	cōnsūmō	-sūmpsī	-sūmptus	verbrauchen, verzehren
144.	**contemnere**[2])	-temnō	-tempsī	-temptus	verachten, geringschätzen
145.	**premere**	premō	pressī	pressus	drücken, bedrängen
	comprimere	cómprimō	-pressī	-pressus	zusammen-, unterdrücken

[1]) Komposita von emere s. Nr. 97.

[2]) Präsenserweiterung: § 42 A 2a.

	exprimere	éxprimō	expressī	-pressus	1. ausdrücken; 2. darstellen
	opprimere	ópprimō	oppressī	oppressus	überfallen, überwältigen
146.	**gerere**	gerō	gessī	gestus[1]	tragen, führen (bellum)
147.	**ūrere**	ūrō	ūssī	ūstus[1]	(ver)brennen (*trans.*)
	combūrere	combūrō	combūssī	combūstus	einäschern

IV. Perfekt auf -vī und -uī

148.	**arcessere**	arcessō	arcessīvī	arcessītus	herbeiholen
149.	**capessere**	capessō	capessīvī	capessītus	ergreifen
150.	**lacessere**	lacessō	lacessīvī	lacessītus	locken, reizen
	proeliō (*Abl.*) lacessere				zum Kampfe reizen
151.	**petere**	petō	petīvī	petītus	1. erstreben, zu erreichen suchen; 2. (er)bitten
	petere hostem				3. den Feind angreifen;
	petere urbem				4. nach der Stadt eilen, die Stadt aufsuchen;
	petere cōnsulātum				5. sich um das K. bewerben;
	petere auxilium ab aliquō				6. jden um Hilfe bitten
	appetere	áppetō	appetīvī	appetītus	verlangen, erstreben
	suppetere	súppetō	suppetīvī	suppetītum	ausreichend vorhanden sein
152.	**quaerere**	quaerō	quaesīvī	quaesītus	suchen, zu erwerben (zu erfahren) suchen
	quaerere aliquid ex aliquō				jden (nach) etwas fragen
	conquīrere	conquīrō	-quīsīvī	-quīsītus	zusammensuchen, sammeln
	inquīrere	inquīrō	inquīsīvī	inquīsītus	untersuchen
	requīrere	requīrō	requīsīvī	requīsītus	nachforschen, vermissen
153.	**serere**	serō	sēvī	satus	säen, pflanzen
	īnserere	ínserō	īnsēvī	ínsitus	einpflanzen
				insitus, a, um	eingepflanzt, angeboren
154.	**terere**	terō	trīvī	trītus	reiben, abnutzen
155.	**cernere**	cernō[2]	crēvī	crētus	sondern, wahrnehmen, sehen
	dēcernere	dēcernō	dēcrēvī	dēcrētus	entscheiden, beschließen
	discernere	discernō	discrēvī	discrētus	unterscheiden
	sēcernere	sēcernō	sēcrēvī	sēcrētus	absondern, trennen
156.	**spernere**	spernō[2]	sprēvī	sprētus	verschmähen
157.	**sternere**	sternō[2]	strāvī	strātus	ausbreiten, hinstrecken
	prōsternere	prōsternō	prōstrāvī	prōstrātus	niederwerfen
158.	**sinere**	sinō[2]	sīvī	situs	lassen, zulassen
	dēsinere	dḗsinō	dḗsiī	dḗsitus	ablassen, aufhören

1) s-Stämme mit Rhotazismus, vgl. § 4b.   2) Präsenserweiterung mit -n-: § 42 A 2a.

159.	**alere**	alō	aluī	altus	(er)nähren
160.	**colere**	colō	coluī	cultus	bebauen, pflegen, verehren
	excolere	éxcolō	excoluī	excultus	bebauen, ausbilden
	incolere	íncolō	incoluī	incultus	bewohnen
161.	**cōnsulere**	cṓnsulō	cōnsuluī	-sultus *m. Akk.*	1. um Rat fragen
				m. Dat.	2. sorgen für
162.	**incumbere**	incumbō	incubuī	incubitum	sich legen auf
	occumbere	occumbō	*usw.* (mortem)		niedersinken, sterben
	succumbere	succumbō	succubuī	*usw.*	unterliegen
	litteris incumbere				sich d. Wissenschaften widmen
163.	**gignere**	gignō[1])	genuī	genitus	erzeugen, hervorbringen
164.	**pōnere**	pōno	posuī	positus	setzen, stellen, legen
	antepōnere	antepōnō	anteposuī	-positus	voranstellen, vorziehen
	compōnere	compōnō	composuī	-positus	zusammenstellen, verfassen, ordnen
	dēpōnere	dēpōnō	dēposuī	dēpositus	nieder-, ablegen
	dispōnere	dispōnō	disposuī	dispositus	verteilen, aufstellen
	expōnere	expōnō	exposuī	expositus	aus-, auseinandersetzen
	impōnere	impōnō	imposuī	impositus	hineinsetzen, auferlegen
	oppōnere	oppōnō	opposuī	oppositus	entgegenstellen
	praepōnere	praepōnō	praeposuī	-positus	an die Spitze stellen
	prōpōnere	prōpōnō	prōposuī	prōpositus	in Aussicht stellen, (sich) vornehmen
	sēpōnere	sēpōnō	sēposuī	sēpositus	beiseite legen, vorbehalten
165.	**serere**	serō	seruī	sertus	reihen, knüpfen
	cōnserere	cōnserō	cōnseruī	cōnsertus	1. zusammenreihen,
	manūs cōnserere				2. in Kampf geraten
	dēserere	dēserō	deseruī	dēsertus	im Stiche lassen
	disserere	dísserō	disseruī	dissertus	erörtern
	īnserere	īnserō	īnseruī	īnsertus	einreihen, einfügen

Auf -iō

166.	**cupere**	cupiō	cupīvī	cupītus	begehren
167.	**ēlicere**	ēliciō	**ēlicuī**	**ēlicitus**	herauslocken
	allicere	alliciō	**allēxī**	**allectus**	anlocken
168.	**rapere**	rapiō	rapuī	raptus	raffen, rauben
	arripere	arripiō	arripuī	arreptus	an sich reißen, ergreifen
	dīripere	dīripiō	dīripuī	dīreptus	plündern
	ēripere	ēripiō	ēripuī	ēreptus	entreißen, befreien

[1]) § 42 A 2b.

Verben mit -sc-Erweiterung

169.	**crēscere**	crēscō	crēvī	—	wachsen
	dēcrēscere	dēcrēscō	dēcrēvī	—	abnehmen
170.	**adolēscere**	adolēscō	adolēvī	adultus	heranwachsen
171.	**suēscere**	suēscō	suēvī	suētus (rē)	sich gewöhnen (an)
	assuēscere *und* cōnsuēscere				sich gewöhnen
	assuēvī, cōnsuēvī				ich bin gewohnt, pflege
172.	**quiēscere**	quiēscō	quiēvī	—	ruhen, ausruhen, sich ruhig verhalten
	requiēscere	requiēscō	requiēvī	—	
173.	**nōscere**	nōscō	nōvī	nōtus	kennen lernen
	nōvī				ich kenne, weiß
	īgnōscere	īgnōscō	īgnōvī	īgnōtus	verzeihen, (ein Einsehen haben)
				īgnōtus, a, um	unbekannt
	agnōscere	agnōscō	agnōvī	ágnitus	anerkennen
	cognōscere	cognōscō	cognōvī	cógnitus	erkennen, erfahren
174.	**pāscere**	pāscō	pāvī	pāstus	weiden (*trans.*), füttern
175.	**scīscere**	scīscō	scīvī	scītus	beschließen
	ascīscere	ascīscō	ascīvī	ascītus	herbeiholen, aufnehmen
	cōnscīscere	cōnscīscō	cōnscīvī	-scītus	beschließen
	dēscīscere	dēscīscō	dēscīvī	dēscītum	abfallen
176.	**concupīscere**	concupīscō	concupīvī	—	eifrig begehren (*zu* cupere)
177.	**exardēscere**	exardēscō	exarsī	—	entbrennen (*zu* ardēre)
178.	**convalēscere**	convalēscō	convaluī	—	gesund werden (*zu* valēre)
179.	**revīvīscere**	revīvīscō	revīxī	—	wieder aufleben (*zu* vīvere)
180.	**mātūrēscere**	mātūrēscō	(mātūruī)	—	reif werden (*zu* mātūrus)
181.	**senēscere**	senēscō	senuī	—	altern (*zu* senex)
182.	**inveterāscere**	inveterāscō	—	—	sich einwurzeln (*zu* vetus)

V. Perfekt ohne Veränderung (Stammperfekt)

183.	**acuere**	acuō	acuī	acūtus	schärfen, anspornen
184.	**arguere**	arguō	arguī	argūtus	beschuldigen
	coarguere	coarguō	coarguī	coargūtus	überführen
185.	**exuere**	éxuō	éxuī	exūtus (rē)	ausziehen, berauben
	induere	índuō	índuī	indūtus	anziehen, bekleiden
186.	**imbuere**	ímbuō	ímbuī	imbūtus (rē)	1. benetzen, 2. erfüllen (mit)
187.	**metuere**	metuō	metuī	—	fürchten
188.	**minuere**	minuō	minuī	minūtus	(ver)mindern

189.	**abnuere**	ábnuō	ábnuī	—	abwinken, ablehnen, abschlagen, verneinen
190.	**ruere** (I)	ruō	ruī	(ruitūrus)	stürzen (*intrans.*)
	corruere	córruō	córruī	—	zusammenstürzen
	congruere	cóngruō	cóngruī	—	zusammentreffen, übereinstimmen
	irruere	írruō	írruī	—	einbrechen, einfallen
191.	**ruere** (II)	ruō	ruī	rutus	(„roden“), (auf)reißen
	dīruere	díruō	díruī	dírutus	niederreißen, zerstören
	obruere	óbruō	óbruī	óbrutus	überschütten, erdrücken
192.	**statuere**	statuō	statuī	statūtus	hinstellen, festsetzen
	cōnstituere	cōnstituō	cōnstituī	cōnstitūtus	1. aufstellen, 2. beschließen
	dēstituere	dēstituō	dēstituī	dēstitūtus	im Stich lassen
	īnstituere	īnstituō	īnstituī	īnstitūtus	1. einrichten, 2. beginnen
	restituere	restituō	restituī	restitūtus	wiederherstellen
193.	**tribuere**	tribuō	tribuī	tribūtus	zuteilen, zuerteilen
	attribuere	attribuō	attribuī	attribūtus	zuteilen, zuweisen
	distribuere	distribuō	distribuī	distribūtus	verteilen, einteilen
194.	**solvere**	solvō	solvī	solūtus	1. lösen, 2. zahlen
	absolvere	absolvō	absolvī	absolūtus	1. loslösen, 2. freisprechen
	persolvere	persolvō	persolvī	persolūtus	1. bezahlen, 2. büßen
195.	**volvere**	volvō	volvī	volūtus	1. wälzen, 2. erwägen
196.	**ac-cendere**	accendō	accendī	accēnsus	1. anzünden, 2. entflammen
	incendere	incendō	incendī	incēnsus	
197.	**a-scendere**	ascendō	ascendī	ascēnsum	ersteigen
	dēscendere	dēscendō	dēscendī	dēscēnsum	herabsteigen
198.	**dēfendere**	dēfendō	dēfendī	dēfēnsus (ā)	abwehren von, verteidigen gegen, schützen vor
	offendere	offendō	offendī	offēnsus	1. anstoßen, 2. beleidigen
199.	**pandere**	pandō	pandī	passus	1. ausbreiten, 2. öffnen
200.	**prehendere**	prehendō	prehendī	prehēnsus	ergreifen
	comprehendere	comprehendō	-prehendī	-prehēnsus	packen, festnehmen
	dēprehendere	dēprehendō	-prehendī	-prehēnsus	ertappen
	reprehendere	reprehendō	-prehendī	-prehēnsus	tadeln
201.	**vertere**	vertō	vertī	versus	1. wenden, 2. sich wenden
	convertere	convertō	convertī	conversus	1. hinwenden, 2. umstimmen
	ēvertere	ēvertō	ēvertī	ēversus	umstürzen, zerstören
	animadvertere (aus: animum advertere)				1. bemerken, wahrnehmen;
	animadvertere in aliquem				2. einschreiten gegen jden

§ 57 Deponentien

ā- (1.) Konjugation

202.	**hortārī**	**hortor**	**hortātus sum**	ermahnen, ermuntern
	adhortārī *und* **cohortārī**			anfeuern, ermutigen

Ebenso:

203. **aquārī** Wasser holen
204. **arbitrārī** glauben, meinen
205. **āspernārī** verschmähen
206. **auxiliārī** helfen
207. **comitārī** begleiten
208. **cōnārī** versuchen
209. **cōnsōlārī** trösten, lindern
210. **contiōnārī** öffentlich reden
211. **cūnctārī** zaudern, zögern
212. **dominārī** herrschen
213. **frūmentārī** Getreide holen
214. **glōriārī** (rē) sich rühmen
215. **grātulārī** Glück wünschen
216. **imitārī** nachahmen
217. **indignārī** empört sein
218. **īnsidiārī** auflauern
219. **laetārī** (rē) sich freuen
220. **minārī** drohen
221. **mīrārī** (rem) sich wundern über
    admīrārī bewundern
222. **miserārī** beklagen, bedauern
223. **moderārī** mäßigen, zügeln
224. **morārī** 1. verzögern, 2. (sich) aufhalten, 3. zögern
225. **negōtiārī** Handel treiben
226. **opīnārī** vermuten, meinen
227. **recordārī** sich erinnern
228. **pābulārī** Futter holen
229. **percontārī** durchforschen, sich erkundigen
230. **(dē)populārī** (entvölkern), verwüsten, verheeren
231. **praedārī** Beute machen
232. **precārī** bitten, flehen
233. **proeliārī** kämpfen
234. **sectārī** (rem) / **cōnsectārī** } eifrig trachten (nach), (ver)folgen
235. **speculārī** spähen, auskundschaften
236. **cōnspicārī** erblicken
    suspicārī argwöhnen
237. **contemplārī** betrachten
238. **obtestārī** beschwören, als (zu) Zeugen anrufen
239. **vagārī** umherschweifen
240. **vēnārī** jagen
241. **venerārī** verehren
242. **versārī** sich aufhalten, sich befinden

§ 58

ē- (2.) Konjugation

243.	**merērī**	mereor	meritus sum (dē)	1. verdienen, 2. sich verdient machen (um)
244.	**miserērī**	misereor	miseritus sum	sich erbarmen
245.	**pollicērī**	polliceor	pollicitus sum	versprechen
246.	**verērī**	vereor	veritus sum	1. sich scheuen, 2. fürchten, 3. verehren
247.	**rērī**	reor	ratus sum	(be-rechnen), glauben, meinen

248.	**fatērī**	fateor	fassus sum	bekennen, gestehen
	cōnfitērī	cōnfiteor	cōnfessus sum	eingestehen
	profitērī	profiteor	professus sum	offen bekennen, erklären
249.	**vidērī**	videor	vīsus sum	scheinen, erscheinen
250.	**tuērī**	tueor	—	(be)wahren, schützen
	intuērī	intueor	—	gewahren, betrachten
251.	**medērī**	medeor *mit Dat.*	—	abhelfen, heilen

ī- (4.) Konjugation **§ 59**

252.	**blandīrī**	**blandior**	**blandītus sum**	schmeicheln
253.	**lārgīrī**	lārgior	lārgītus sum	schenken, spenden
254.	**mentīrī**	mentior	mentītus sum	lügen
255.	**mōlīrī**	mōlior	mōlītus sum	1. bewegen, 2. unternehmen
256.	**partīrī**	partior	partītus sum	teilen
257.	**potīrī**	potior	potītus sum (rē)	sich bemächtigen
258.	**sortīrī**	sortior	sortītus sum	losen, erlosen
259.	**experīrī**	experior	expertus sum	versuchen, erproben
	opperīrī	opperior	oppertus sum	(er-)warten
260.	**orīrī**	orior	ortus sum (oritūrus)[1]	1. entstehen, 2. aufgehen
	adorīrī	adorior	adortus sum	anstürmen, angreifen
261.	**assentīrī**	assentior	assēnsus sum	beistimmen, beipflichten
262.	**mētīrī**	mētior	mēnsus sum	messen
	dīmētīrī	dīmētior	dīmēnsus sum	ausmessen, abstecken
263.	**ōrdīrī**	ōrdior	ōrsus sum (ā)	anfangen, beginnen (mit)

Konsonantische (3.) Konjugation **§ 60**

264.	**loquī**	loquor	locūtus sum	sprechen
	cólloquī	cólloquor	collocūtus sum	sich unterreden
265.	**sequī**	sequor	secūtus sum *mit Akk.*	begleiten, folgen
	ássequī	ássequor	assecūtus sum	erreichen, erlangen
	cṓnsequī	cṓnsequor	cōnsecūtus sum	einholen, erreichen
	óbsequī	óbsequor	obsecūtus sum *m. Dat.*	willfahren, gehorchen
	pérsequī	pérsequor	persecūtus sum	verfolgen
	prṓsequī	prṓsequor	prōsecūtus sum	geleiten
	súbsequī *und* ínsequī *mit Akk.*			auf dem Fuße folgen

---

[1]) Das einfache Verb bildet die Formen nach der kurzvokal. Konjugation (§ 41a): **orior, óreris, óritur, órimur, orímini, oriuntur**; Imperf. Konj. **orerer** (orīrer).

266. **fungī**	fungor	fūnctus sum (rē)	1. verrichten, 2. verwalten
perfungī	perfungor	perfūnctus sum	1. verwalten, 2. überstehen
dēfungī	dēfungor	dēfūnctus sum (vītā)	1. überstehen, 2. sterben
267. **fruī**	fruor	— (rē)	genießen
268. **querī**	queror	questus sum (re m *u.* rē)	sich beklagen (über)
269. **vehī**	vehor	vectus sum (equō)	fahren, (reiten)
invehī	ínvehor	invectus sum	eindringen, losfahren
270. **amplectī**	amplector	amplexus sum	umfassen, umarmen
complectī	complector	complexus sum	
271. **lābī**	lābor	lāpsus sum	gleiten, fallen
dīlābī	dīlābor	dīlāpsus sum	zerfallen
ēlābī	ēlābor	ēlāpsus sum	entgleiten, entwischen
272. **ūtī**	ūtor	ūsus sum (rē)	gebrauchen
abūtī	abūtor	abūsus sum (rē)	1. auf-, 2. mißbrauchen
273. **nītī**	nītor	nīsus (nīxus) sum (rē)	1. sich stützen (auf), 2. sich anstrengen, sich bemühen

Mit -sc-Erweiterung:

274. **adipīscī**	adipīscor	adeptus sum	erlangen, erreichen
275. **īrāscī**	īrāscor	—	zürnen
276. **comminīscī**	comminīscor	— alicuius, *aber*	sich erinnern an jden und
reminīscī	reminīscor	— rem *und* reī	etwas
277. **nancīscī**	nancīscor	nactus (nānctus) sum	erlangen (durch Zufall)
278. **nāscī**	nāscor	nātus sum	1. geboren werden, 2. entstehen
279. **oblīvīscī**	oblīvīscor	oblītus sum (alicuius)	vergessen
280. **proficīscī**	proficīscor	profectus sum[1])	1. aufbrechen, 2. reisen, marschieren
281. **ulcīscī**	ulcīscor	ultus sum	1. (sich) rächen, 2. bestrafen
282. **vēscī**	vēscor	— *mit Abl.*	sich nähren von, essen

Auf **-ior**

283. **aggredī**	aggredior	aggressus sum	1. herangehen, 2. angreifen
cóngredī	congredior	congressus sum	zusammentreffen, kämpfen
íngredī	ingredior	ingressus sum	1. eintreten, betreten, 2. beginnen
prṓgredī	prōgredior	prōgressus sum	vorrücken
tránsgredī	trānsgredior	trānsgressus sum	überschreiten

[1]) Von proficere „vorwärtskommen“, also „sich fortmachen“.

284. **morī**	morior	mortuus sum (moritūrus)	sterben
285. **patī**	patior	passus sum	leiden, dulden
pérpetī	perpetior	perpessus sum	erdulden

Halbdeponentien (Sēmidēpōnentia) § 61

286. **audēre**	audeō	ausus sum	wagen
287. **gaudēre**	gaudeō	gavīsus sum	sich freuen
288. **solēre**	soleō	solitus sum	pflegen
289. **fīdere**	fīdō	fīsus sum	vertrauen
cōnfīdere	cōnfīdō	cōnfīsus sum	vertrauen
diffīdere	diffīdō	diffīsus sum	mißtrauen
290. **revertī**	revertor	revertī (-istī)	zurückkehren
		reversus	zurückgekehrt
dēvertī	dēvertor	dēvertī	einkehren

Unregelmäßige Konjugation

1. esse, sum, fuī sein § 62

a) Präsensstamm: es- und s-[1])

	Präsens		Imperfekt		Futur I	
Indikativ	**s-u-m**[2])	ich bin	**er-a-m**[4])	ich war	**er-ō**[4])	ich werde sein
	es[3])	du bist	**er-ā-s**		**er-i-s**	
	es-t	er (sie, es) ist	**er-a-t**		**er-i-t**	
	s-u-mus	wir sind	**er-ā-mus**		**er-i-mus**	
	es-tis	ihr seid	**er-ā-tis**		**er-i-tis**	
	s-u-nt	sie sind	**er-a-nt**		**er-u-nt**	
Konjunktiv	**s-i-m**	ich sei, soll sein	**es-se-m**	ich wäre	Imperativ	
	s-ī-s	du seiest	**es-sē-s**		**es**	sei!
	s-i-t	er sei, möge sein	**es-se-t**		**es-tō**	du sollst sein!
	s-ī-mus	wir seien, laßt uns sein	**es-sē-mus**		**es-tō**	er soll sein!
					este	seid!
	s-ī-tis	ihr seiet	**es-sē-tis**		**es-tō-te**	ihr sollt sein!
	s-i-nt	sie seien	**es-se-nt**		**s-u-ntō**	sie sollen sein!

[1]) Vgl. deutsch **is-t, s-ind**.
[2]) **u**-Bildevokal zwischen Stamm und Endung, vgl. **leg-u-nt**.
[3]) Statt **es-s**.
[4]) **r** aus **s** vgl. § 4b.

b) Perfektstamm: **fu-**

	Perfekt	Plusquamperfekt	Futur II
Indikativ	**fu-ī** ich bin gewesen	**fú-eram** ich war ge-	**fú-erō** ich werde ge-
	fu-istī	**fu-erās** wesen	**fu-eris** wesen sein
	fu-it	**fu-erat**	**fu-erit**
	fú-imus	**fu-erāmus**	**fu-érimus**
	fu-ístis	**fu-erātis**	**fu-eritis**
	fu-ērunt	**fú-erant**	**fú-erint**
			Verbum īnfīnitum
Konjunktiv	**fú-erim**[1]) ich sei ge-	**fu-issem** ich wäre ge-	**Inf.** Präs. es-se[2]) sein
	fu-eris wesen	**fu-issēs** wesen	Perf. **fu-isse** gewesen
	fu-erit	**fu-isset**	Fut. **fu-tūrum** [sein
			(-am, -um) esse
	fu-érimus	**fu-issēmus**	*oder* **fo-re**[3]) sein werden
	fu-eritis	**fu-issētis**	**Part.** Fut. **fu-tūrus, -a,**
	fú-erint	**fu-issent**	**-um** künftig

Komposita von esse

a)	**ab-esse**	absum	āfuī	abwesend, entfernt sein
			absēns	abwesend
	ad-esse	adsum	adfuī (affuī)	1. anwesend sein, 2. beistehen
	dē-esse	dēsum	dēfuī	weg sein, fehlen
	inter-esse	intérsum	intérfuī	1. dazwischen, dabei sein
	interesse lūdō			2. am Spiel sich beteiligen, mitspielen;
	interest inter			3. es ist ein Unterschied zwischen;
	interest parentum (meā)			4. es ist für die Eltern (für mich) von Bedeutung
	ob-esse	obsum	obfuī	hinderlich sein, schaden
	prae-esse	praesum	praefuī	1. vorn sein, 2. an der Spitze stehen
	praeesse exercituī			ein Heer befehligen
			praesēns	gegenwärtig, wirksam
	super-esse	supér-sum	supérfuī	1. übrig sein, 2. im Überfluß vorhanden sein
b)	**prōd-esse**	**prōsum**	prōfuī	förderlich sein, nützen

Präs. Ind. prōsum, prōdes, prōdest, prōsumus, prōdestis, prōsunt[4])

[1]) Aus *fu-is-im (s *zu* r, i *vor* r *zu* e); vgl. §§ 4b und 3b, 1.

[2]) **-se** alte Infinitiv-Endung, vgl. laudāvis-se.

[3]) Davon **forem** = (futūrus) essem.

[4]) Die ursprüngliche Form **prōd-** nur vor e, sonst **prō**: prōderam, prōderō, prōdessem.

2. posse[1]), possum, potuī imstande sein, können § 63

Indikativ			Konjunktiv	
Präsens	Imperfekt	Futur I	Präsens	Imperfekt
pos-sum	pot-eram	pot-erō	pos-sim	pos-sem
pot-es	pot-erās	pot-eris	pos-sīs	pos-sēs
pot-est	pot-erat	pot-erit	pos-sit	pos-set
pos-sumus	pot-erāmus	pot-érimus	pos-sīmus	pos-sēmus
pot-estis	pot-erātis	pot-eritis	pos-sītis	pos-sētis
pos-sunt	pot-erant	pot-erunt	pos-sint	pos-sent

3. ferre[2]), ferō, tulī[3]), lātus tragen, bringen § 64

Aktiv		Passiv	
Ind. Präs.	Konj. Imperf.	Ind. Präs.	Konj. Imperf.
ferō	**ferrem**	feror	**ferrer**
fers[4])	ferrēs	**ferris**	ferrēris
fert	ferret	**fertur**	ferrētur
ferimus	ferrēmus	ferimur	ferrēmur
fertis	ferrētis	feriminī	ferrēminī
ferunt	ferrent	feruntur	ferrentur
Imperativ: **fer, ferte**		Inf. Präs.: **ferrī**	

Komposita von ferre

af-ferre	**afferō**	**attulī**	allātus	1. herbeibringen, 2. melden,
manum sibi afferre				3. Hand an sich legen
au-ferre	**auferō**	**abstulī**	**ablātus**	wegtragen (*vgl. Ablativ*)
cōn-ferre	cṓnferō	contulī	**collātus**	1. zusammentragen, 2. vergleichen,
sē cōnferre				3. sich begeben;
arma cōnferre				4. handgemein werden
dē-ferre	dḗferō	dētulī	dēlātus	1. überbringen, 2. übertragen
dif-ferre	dífferō	**distulī**	dīlātus (*tr.*)	1. aufschieben

---

1) Aus *pot-se durch Assimilation (§ 4a, 1), vgl. potēns mächtig; vor e bleibt **pot-**.

2) Aus *fer-se, vgl. § 4a, 1.

3) Vgl. tollō S. 82.

4) Vor **r, s, t** fallen die Bildevokale **i** und **e** aus!

differre	dífferō (ā)	—	— (*intr.*)	2. verschieden sein (von), sich unterscheiden (von)
ef-ferre	éfferō	extulī	ēlātus	1. hinaustragen, 2. emportragen
laudibus efferre				rühmen, preisen
īn-ferre	īnferō	intulī	illātus	1. hineintragen, 2. zufügen
signa in hostēs īnferre				die Feinde angreifen (in der Schlacht)
bellum hostibus īnferre				d. Feinde (in ihrem Land) angreifen
terrōrem incolīs īnferre				den Einwohnern einen Schrecken einjagen
of-ferre	ófferō	obtulī	oblātus	anbieten
per-ferre	perferō	pertulī	perlātus	hinbringen, ertragen, vollenden
prae-ferre	praeferō	praetulī	praelātus	vorziehen
prō-ferre	prōferō	prōtulī	prōlātus	hervorbringen, vorwärtstragen
signa prōferre				vorrücken, eindringen
re-ferre	referō	**rettulī**[1]	relātus	1. zurückbringen, 2. berichten
referre pedem				3. sich (langsam) zurückziehen
referre grātiam				4. Dank abstatten
trāns-ferre	trānsferō	trānstulī	trānslātus	1. hinübertragen, 2. übersetzen

ferunt, fertur, feruntur — man sagt, erzählt (§ 116, 2; 155, 5)

aegrē, graviter, molestē ferre — unwillig, entrüstet sein

tollere, tollō, sustulī, sublātus — 1. aufheben, 2. beseitigen
- ancorās tollere — die Anker lichten
- ē mediō tollere — aus d. Wege räumen, beseitigen

§ 65

4. **velle**[2]	**volō**	**voluī**	**wollen**
nōlle	**nōlō**	**nōluī**	**nicht wollen**
mālle	**mālō**	**māluī**	**lieber wollen**

Präsens

Indikativ			Konjunktiv		
volō	nōlō[3]	mālō[4]	**velim**	**nōlim**	**mālim**
vīs	**nōn vīs**	**māvīs**	velīs	nōlīs	mālīs
vult	**nōn vult**	**māvult**	velit	nōlit	mālit
volumus[5]	nōlumus	mālumus	velīmus	nōlīmus	mālīmus
vultis	**nōn vultis**	**māvultis**	velītis	nōlītis	mālītis
volunt	nōlunt	mālunt	velint	nōlint	mālint

[1]) Aus *ré-te-tulī, vgl. § 3c, 4 und reppulī § 56, Nr. 85.

[2]) Aus *vel-se, vgl. § 4a, 1.

[3]) Aus *ne-(v)olō (mit Schwund von v und Kontraktion), vgl. § 3c, 3.

[4]) Aus mag(is) volō > *ma-(v)olō, vgl. § 3c, 3.

[5]) Vgl. sumus.

Imperfekt					
Indikativ			Konjunktiv		
volēbam volēbās	nōlēbam nōlēbās	mālēbam mālēbās	**vellem** vellēs	**nōllem** nōllēs	**māllem** māllēs
Futurum I			Imperativ		
volam volēs	nōlam nōlēs	mālam mālēs	Sing. **nōlī** Plur. **nōlīte** Nōlī mentīrī! Lüge nicht! vgl. § 143c		

Der Stamm **vel-** verändert sich vor Vokalen außer **i** zu **vol-**, das vor den ohne Bindevokal angefügten Personalendungen **-t** und **-tis** zu **vul-** geschwächt wird (vgl. will — wollen). — Zu volumus vgl. sumus, zu **velim** vgl. **sim.**

5. īre, eō, iī, itum gehen **§ 66**

Ind.	Präs.	eō īmus	īs ītis	it **eunt**	Perf.	iī iimus	īstī īstis	iit iērunt
	Impf.	ībam	ībās	*usw.*	Plusq.	ieram	ierās	*usw.*
	Fut. I	**ībō**	ībis	*usw.*	Fut. II	ierō	ieris	*usw.*
Konj.	Präs.	eam	eās	*usw.*	Perf.	ierim	ieris	*usw.*
	Impf.	īrem	īrēs	*usw.*	Plusq.	**īssem**	**īssēs**	*usw.*
Imp.	ī, ītō, īte, **euntō**				Perf. Inf. **īsse**			

Part. Präs. **iēns, euntis** Part. Fut. **itūrus,** a, um

Gerundium: **eundī, eundō,** ad **eundum, eundō.**

Gerundivum: **eundum** est man muß gehen

Der Stamm i wird vor **a, o, u** zu **e; ii** vor **s** wird zu **ī** zusammengezogen.

Auch Passivformen kommen vor:

ītur man geht;
flumen transītur der Fluß wird überschritten;
praetereor ich werde übergangen;
praeterīrī übergangen werden;
mihi praetereundus nōn est ich darf ihn nicht übergehen;
initā hieme nach Beginn des Winters.

Der Inf. Präs. Pass. **īrī** bildet mit dem **Supinum** auf **-um** den **Inf. Fut. Pass.** (§§ 49 und 117).

Komposita von īre

ab-īre, ab-eō, ab-iī, ab-itum	1. weggehen, 2. vergehen	**ad-īre**	1. hinzugehen, angehen 2. besuchen
ante-īre	1. vorangehen, 2. übertreffen	**circum-īre**	1. herumgehen, 2. umzingeln
ex-īre	1. ausrücken, 2. zu Ende gehen	**in-īre**	1. betreten, 2. anfangen
ob-īre	1. besuchen, 2. verrichten	vēre ineunte	bei Frühlingsanfang
o. perīcula	sich Gefahren unterziehen	initā hieme	nach Wintersanfang
o. mortem	in den Tod gehen, sterben	**inter-īre**	untergehen
per-īre	zugrunde gehen	**praeter-īre**	1. vorbeigehen, 2. über gehen
prōd-īre	1. (her)vorgehen, 2. auftreten	**red-īre**	zurückkehren
trāns-īre	hinübergehen, überschreiten	**sub-īre**	1. unter etwas gehen
		s. perīculum (poenam)	2. auf sich nehmen, übernehmen
vēn-īre	(zum Verkauf kommen) verkauft werden (sub corōnā als Sklave)	**obviam īre**	entgegengehen

Wie **īre** wird **nequ-īre** „nicht können" und **quīre** „können" im Präs. St. flektiert; Perf. (ne-)quīvī.

§ 67 6. fierī, fīō[1]) (factus sum) werden, geschehen, gemacht werden

Präsens Ind.	fīō, fīs, fit, fīmus, fītis, fīunt
Konj.	fīam, fīās, fīat, fīāmus, fīātis, fīant
Imperf. Ind.	fīēbam, fīēbās, fīēbat, fīēbāmus, fīēbātis, fīēbant
Konj.	**fierem,** fierēs, fieret, fierēmus, fierētis, fierent
Fut.	fīam, fīēs, fīet, fīēmus, fīētis, fīent

fierī gemacht werden dient als Passiv zu facere, auch in Zusammensetzungen wie assuēfacere, patefacere *und* satisfacere (§ 56, Nr. 106). Der Fut. Inf. heißt futūrum esse (fore) geschehen werden, der Fut. Konj. futūrus, a, um sim bzw. essem.

§ 68 7. Unvollständige Verben (Verba dēfectīva) und Formen

I. a) **meminī**[2]) ich erinnere mich, gedenke — meminerim
meminerām ich erinnerte mich, gedachte — meminissem
meminerō ich werde mich erinnern, werde gedenken

[1]) Das ī bleibt vor Vokalen lang außer vor **-er** (*in* fierī *und* fierem, § 3c).
[2]) Redupliziertes Perf., vgl. Nr. 276.

Imp. **mementō** gedenke! **mementōte** gedenket!
Inf. meminisse sich erinnern, gedenken

b) **ōdī ich** hasse — ōderim; ōdisse hassen
ōderam ich haßte — ōdissem; ōderō ich werde hassen

c) **cōnsuēvī** ich habe mich gewöhnt, pflege (Perf. von cōnsuēscō)
cōnsuēveram ich hatte mich gewöhnt, pflegte
cōnsuēvisse (cōnsuēsse), assuēvisse (assuēsse) pflegen

d) **nōvī** ich habe kennengelernt, kenne (Perf. von nōscō)
nōveram ich hatte kennengelernt, kannte, wußte
nōvisse (nōsse) kennen, wissen

II. a) **coepī** ich habe begonnen, begann (Perfekt zu incipiō, § 56, Nr. 105)
Pass. Perf. Part. **coeptus** neben inceptus

b) **inquam** sage ich (in die direkte Rede eingeschoben):
inquit Cicerō = sagt (sagte) Cicero

c) **āiō** ich sage, behaupte, bejahe (Gegensatz negō) bildet:
āiō ais ait āiunt; āiēbam *usw.*, Perf. ait

d) **quaesō** bitte (eingeschoben)

e) **avē (avēte)** *und* **salvē (salvēte)** sei (seid) gegrüßt!

Klangähnliche Verben § 69

1.	**accēdere**	accēdō	accessī	accessum	hinzugehen
	accendere	accendō	accendī	accēnsus	anzünden
	ascendere	ascendō	ascendī	ascēnsum	ersteigen
2.	**afficere**	afficiō	affēcī	affectus	antun, versehen (mit)
	affīgere	affīgō	affīxī	affīxus	anheften
	afflīgere	afflīgō	afflīxī	afflīctus	niederschlagen
3.	**appellere**	appellō	áppulī	appulsus	antreiben, landen
	appellāre	appellō	appellāvī	appellātus	anreden
4.	**cadere**	cadō	cécidī	cāsum	fallen
	caedere	caedō	cecīdī	caesus	fällen
	cēdere	cēdō	cessī	cessum	weichen, gehen
5.	**cernere**	cernō	crēvī	crētus	sondern, wahrnehmen
	crēscere	crēscō	crēvī	crētum	wachsen, zunehmen
6.	**dīcere**	dīcō	dīxī	dictus	sagen
	discere	discō	didicī	—	lernen
7.	**edere**	edō	ēdī	ēsus	essen
	ēdere	ēdō	ēdidī	ēditus	herausgeben
8.	**ēdūcere**	ēdūcō	ēdūxī	ēductus	herausführen
	ēducāre	éducō	ēducāvī	ēducātus	erziehen

9.	**fingere**	fingō	fīnxī	fictus	bilden
	fīgere	fīgō	fīxī	fīxus	heften
10.	**fugere**	fugiō	fūgī	fugitum	fliehen
	fugāre	fugō	fugāvī	fugātus	in die Flucht schlagen
11.	**iacere**	iaciō	iēcī	iactus	werfen
	iacēre	iaceō	iacuī	—	liegen
12.	**indīcere**	indī́cō	indīxī	indictus	ansagen
	indicāre	índicō	indicāvī	indicātus	anzeigen
13.	**occidere**	óccidō	óccidī	occāsum	untergehen, sterben
	occīdere	occīdō	occīdī	occīsus	niederhauen, töten
14.	**parāre**	parō	parāvi	parātus	bereiten
	pārēre	pāreō	pāruī	—	gehorchen
	parere	pariō	peperī	partus	gebären, gewinnen
	parcere	parcō	pepercī	—	schonen
15.	**pendere**	pendō	pependī	pēnsus	aufhängen, wägen
	pendēre	pendeō	pependī	—	hangen, schweben
16.	**perdere**	perdō	pérdidī	perditus	verderben, verlieren
	perīre	pereō	periī	—	verlorengehen
17.	**placēre**	placeō	placuī	placitum	gefallen
	plācāre	plācō	plācāvī	plācātus	beruhigen, glätten
18.	**possīdere**	possī́dō	possēdī	possessus	in Besitz nehmen
	possidēre	possideō	possēdī	possessus	besitzen
19.	**praedīcere**	praedī́cō	praedīxī	praedictus	voraussagen
	praedicāre	praédicō	praedicāvī	praedicātus	rühmen, preisen
20.	**prōdere**	prōdō	prōdidī	prōditus	verraten
	prōdīre	prōdeō	prōdiī	prōditum	hervorgehen
	prōdesse	prōsum	prōfuī	—	nützen
21.	**reddere**	reddō	reddidī	redditus	zurückgeben
	redīre	redeō	rediī	reditum	zurückkehren
22.	**serere**	serō	seruī	sertus	reihen, knüpfen
	serere	serō	sēvi	satus	säen
23.	**sīdere**	sīdō	sēdī	sessum	sich setzen
	sedēre	sedeō	sēdī	sessum	sitzen
24.	**statuere**	statuō	statuī	statūtus	hinstellen
	stāre	stō	stetī	statum	stehen
25.	**cōnstituere**	cōnstituō	cōnstituī	constitūtus	feststellen
	cōnsistere	cōnsisto	cōnstitī	—	sich stellen
	cōnstāre	cōnstō	cōnstitī	—	kosten
26.	**obsistere**	obsistō	obstitī	—	sich entgegenstellen
	obstāre	obstō	obstitī	—	entgegenstehen

27.	**venīre**	veniō	vēnī	ventum	kommen
	vēnīre	vēneō	vēniī	—	verkauft werden
	vēndere	vēndō	vēndidī	vēnditus	verkaufen
28.	**vīvere**	vīvō	vīxī	vīctum	leben
	vincere	vincō	vīcī	victus	siegen
	vincīre	vinciō	vīnxī	vīnctus	fesseln
29.	**aperīre**	aperiō	aperuī	apertus	öffnen
	operīre	operiō	operuī	opertus	bedecken
	comperīre	comperiō	comperī	compertus	erfahren
	reperīre	reperiō	repperī	repertus	auffinden
30.	**quaerere**	quaerō	quaesīvī	quaesītus	suchen, fragen
	querī	queror	questus sum		sich beklagen
31.	**cōnfīdere**	cōnfīdō	cōnfīsus sum		vertrauen
	cōnfitērī	cōnfiteor	cōnfessus sum		eingestehen
32.	**mētīrī**	mētior	mēnsus sum		messen
	mentīrī	mentior	mentītus sum		lügen
33.	**morī**	morior	mortuus sum		sterben
	morārī	moror	morātus sum		(sich) aufhalten
34.	**nancīscī**	nancīscor	na(n)ctus sum		erlangen, antreffen
	nāscī	nāscor	nātus sum		geboren werden
35.	**orīrī**	orior	ortus sum		entstehen
	ōrdīrī	ōrdior	ōrsus sum		anfangen
36.	**patēre**	pateō	patuī		1. offen stehen, 2. sich erstrecken
	patī	patior	passus sum		leiden, ertragen
	partīrī	partior	partītus sum		teilen
	potīrī	potior	potītus sum		sich bemächtigen

SATZLEHRE

I. DIE SATZTEILE

A. Die Grundbestandteile des Satzes

§ 70 **Subjekt und Prädikat**

sind die notwendigen Bestandteile (Glieder) des Satzes.

„Prädikat" ist das, was ausgesagt wird (Satzaussage).

„Subjekt"[1]) ist das, wovon etwas ausgesagt wird (Satzgegenstand); man findet es vom Prädikat aus durch die Frage **wer? was?**

Prädikat kann sein

1. ein **Verb** — verbales Prädikat: Die **R**ose blüht — wird gepflückt;
2. ein **Nomen** (Substantiv oder Adjektiv) = nominales Prädikat: Die Rose ist eine Blume. Die Rose ist schön. Das nominale Prädikat ist mit dem Subjekt meist durch ein **Hilfsverb** (Kopula oder Satzband) verbunden.

Subjekt kann sein

1. ein Substantiv: Der Vater schreibt;
2. jedes substantivierte andere Wort: Irren ist menschlich;
3. ein Pronomen: Du wirst gelobt;
4. ein Nebensatz: Daß du mich lobst, (= Dein Lob) freut mich.

Für das Lateinische ist ferner wichtig:

1. Der Subjektsnominativ des Personalpronomens ist in der Regel im lateinischen Verbum fīnītum enthalten. Das Pronomen steht nur, wenn es betont ist.

   Scrībis du schreibst; laudātur er, sie, es wird gelobt.
   Ego sum magnus, tū es parvus Ich bin groß, du bist klein.

2. Verbalformen, zu denen kein Nomen als Subjektswort hinzugefügt werden kann, nennt man unpersönliche Ausdrücke:

   cōnstat es steht fest, ist bekannt;
   necesse est es ist notwendig;
   oportet es ist in Ordnung, gehört sich;
   itum est man ist gegangen;
   pūgnātur es wird gekämpft, man kämpft.

---

[1]) Eigentlich das, was dem Ausgesagten (praedicātum) zugrunde gelegt ist (subiectum).

3. Das Hilfsverb fehlt zuweilen (Kurzsätze): Nūlla diēs sine līneā[1]).

Nemō ante mortem beātus	Niemand ist vor dem Tod glücklich
Salūs pūblica suprēma lēx	Das Gemeinwohl ist (sei) oberstes Gesetz
Pāx tēcum!	Friede sei mit dir!

§ 71

Außer beim Hilfszeitwort esse finden wir ein Prädikatsnomen bei folgenden Verben:

1. **fierī, exsistere**	werden, erstehen
manēre, permanēre	bleiben
vidērī, appārēre	scheinen, erscheinen
2. **appellārī, dīcī, nōminārī, vocārī**	genannt werden, heißen
fierī, creārī, ēligī	zu etwas gemacht, gewählt werden
iūdicārī, putārī, exīstimārī, habērī	für etwas erklärt, gehalten werden, als etwas gelten

Marius septiēs cōnsul creātus (factus, ēlēctus) est	Marius wurde siebenmal zum Konsul gewählt
Fabius dictātor dictus est	Fabius wurde zum Diktator ernannt
Catilīna hostis iūdicātus est	Katilina wurde als Staatsfeind bezeichnet, für vogelfrei erklärt
Caesar ā Labiēnō certior factus est	C. wurde von Lab. benachrichtigt, erfuhr von Labienus

§ 72

Das **Prädikatsnomen** richtet sich soweit wie möglich nach seinem **Beziehungswort.** Also steht es bei den entsprechenden aktiven Verben im Akkusativ (sog. doppelter Akkusativ):

appellāre, dīcere, nōmināre, vocāre	nennen, ernennen zu etwas
facere, creāre, ēligere	zu etwas machen, wählen
iūdicāre, putāre, exīstimāre, dūcere	für etwas halten, erklären
sē praestāre, sē praebēre	sich bewähren, sich zeigen (als)

Marium populus septiēs cōnsulem fēcit (creāvit, ēlēgit)	Den Marius wählte das Volk siebenmal zum Konsul
Senātus Catilīnam hostem iūdicāvit	Der Senat erklärte Katilina für einen Staatsfeind, für vogelfrei
Labiēnus Caesarem certiōrem fēcit	L. benachrichtigte Cäsar
Praestā (Praebē) tē virum!	Zeige dich als Mann!
Praestāte vōs dignōs maiōribus!	Zeigt euch eurer Ahnen würdig!

[1]) Vgl. im Dt. Keine Rose ohne Dornen.

Zu unterscheiden sind:

1. **putō** tē **amīcum**	ich **halte** dich **für** meinen Freund
2. **habeō** tē **amīcum**	ich **habe** dich **zum** Freunde
3. **habeō** tē **prō amicō** (amīcī locō)	ich **betrachte** dich **als** meinen Freund

§ 73 Übereinstimmung zwischen Prädikat und Subjekt (Kongruenz)

1. Das Prädikat stimmt soweit wie möglich mit dem Subjekt überein.

Das **adjektivische Prädikatsnomen** (Prädikatsadjektiv) richtet sich nach dem Subjektswort im **Kasus, Numerus** und **Genus**:

Rosa est pulchra	Die Rose ist **schön**
Rosae sunt pulchrae	Die Rosen sind **schön**

Im Deutschen bleibt das adjektiv. Prädikatsnomen unverändert.

2. Bei verschiedenem Geschlecht der Subjekte überwiegt das Maskulinum; abstrakte Begriffe werden durch das Neutrum des Adjektivs zusammengefaßt.

Pater et māter mortuī sunt	Vater und Mutter sind tot
Dīvitiae et honōrēs cadūca sunt	Reichtum und Ehren sind vergänglich (vergängliche Schätze)

3. Konstruktion nach dem Sinne (cōnstrūctiō ad sēnsum): ein Subjektswort im Singular wird mit einem Prädikat im Plural verbunden:

Magna pars mīlitum occīsī sunt	Eine Menge Sold. wurde(n) getötet

4. Das substantivische Prädikatsnomen richtet sich nach dem Subjektswort immer im Kasus, wenn möglich auch im Genus und Numerus:

Iūstitia est fundāmentum rēgnōrum	Gerechtigkeit ist die Grundlage der Reiche
Sōl est rēx diēī	Die Sonne ist die Königin des Tages
Lūna est rēgīna noctis	Der Mond ist der König der Nacht
Ūsus est magister optimus	Die Erfahrung ist die beste Lehrmeisterin
Athēnae inventrīcēs artium fuērunt	Athen war die Erfinderin der Künste (die Heimat von Kunst u. Wissenschaft)

5. Ein Pronomen als Subjekt richtet sich nach dem Prädikatsnomen:

Hī sunt meī librī	**Das** sind meine Bücher
Haec est mea culpa	**Das** ist meine Schuld
Ista quidem vīs est	**Das** ist ja Gewalt! (Cäsar bei s. Ermordung)
Rōma, quod est caput Italiae	Rom, die Hauptstadt Italiens
Pompēius, quod imperiī Rōmānī lūmen fuit	Pomp., der das Licht ... war

6. Die Person im Relativsatz richtet sich nach der Person im Hauptsatz:

Nōn is sum, quī terrear	Ich bin nicht der Mann, der sich schrecken ließe
Tū nōn is es, quī terreāris	Du bist nicht der Mann, der sich schrecken ließe (vgl. § 176, 1)

B. Die Satzerweiterungen § 74

I. Attribut

Attribut (Beifügung) heißt die nähere Bestimmung eines Substantivs durch ein Adjektiv oder Substantiv.

1. Das **adjektivische Attribut** richtet sich wie im Deutschen im Kasus, Numerus und Genus nach seinem Substantiv. Es steht, im Gegensatz zum Deutschen, meist nach seinem Beziehungswort; steht es voran, ist es betont.

frāter meus	mein Bruder
meus frāter, nōn tuus	mein Bruder, nicht dein Bruder
populus Rōmānus	das römische Volk

Das adjektivische Attribut wird oft durch ein Substantiv mit Präposition übersetzt:

pūgna Cannēnsis	die Schlacht bei Kannä
Sōcratēs Athēniēnsis	Sokrates aus Athen
bellum Gallicum	der Krieg mit den Galliern
labōrēs diurnī nocturnīque	Arbeiten bei Tag und Nacht

Bildet es mit seinem Nomen einen Gesamtbegriff, so wird es meist durch ein Wort übersetzt, z.B.:

vir fortissimus der Held	vir patriae amantissimus ein Patriot
tabula aēnea die Erztafel	laus bellica Kriegsruhm

2. Das **substantivische Genetivattribut** kommt sehr häufig vor und wird a) durch zusammengesetzte Substantive, b) adjektivisch oder c) präpositional übersetzt:

amor patriae	a) Vaterlandsliebe
terrae mōtus	Erdbeben
cupiditās pecūniae	Geldgier
iter trīduī	b) ein dreitägiger Marsch
castra hostium	das feindliche Lager
cōnsēnsus omnium	allgemeine Zustimmung
bellum Gallōrum	c) der Krieg mit den Galliern
urbs Siciliae	eine Stadt auf Sizilien
prōcōnsul Galliae	der Statthalter von Gallien

3. Das substantivische Attribut im gleichen Kasus nennt man auch **Apposition;** sie steht meist nach ihrem Beziehungswort:

Cicerō cōnsul	der Konsul Cicero
Vergilius poēta	der Dichter Vergil
Crassus adulēscēns	der junge Krassus
Philippus, rēx Macedonum	Phil., der König von Mazedonien

aber: rēx Philippus, imperātor Augustus, urbs Rōma.

4. Gattungsnamen mit einem adjektivischen Attribut (meist im Superlativ) als Apposition bei Eigennamen bleiben im Deutschen unübersetzt; der Superlativ wird durch den Positiv wiedergegeben, s. § 25, 5;

Corinthus, urbs opulentissima	das reiche Korinth
Rhēnus, flūmen altissimum	der tiefe Rhein
Hannibal, vir fortissimus	der tapfere Hannibal
Sōcratēs ille sapientissimus	der weise Sokrates

5. Präpositionale Attribute sind seltener als im Deutschen:

Caesaris commentāriī dē bellō Gallicō	Cäsars Denkwürdigkeiten vom Gallischen Krieg
sēcessiō in montem sacrum	der Auszug auf den heiligen Berg

Oft macht geschlossene Wortstellung (Zwischenstellung) sie als Attribute kenntlich:

Cicerōnis dē rē pūblicā librī	Ciceros Schriften vom Staat
magna tua in (ergā) patriam merita	deine großen Verdienste um das Vaterland

Meist wird zu Vermeidung des präpositionalen Attributs ein Partizip hinzugefügt, so daß eine adverbiale Bestimmung entsteht, s. § 124 (pūgna ad Cannās commissa).

Attributsätze siehe § 180.

§ 75 II. Prädikativum

Prädikativum nennt man die substantivische und adjektivische Erweiterung des Prädikats. Es richtet sich, wie das Prädikatsnomen, das ein notwendiger Bestandteil des Prädikats ist (§ 71), soweit wie möglich, nach seinem Beziehungswort.

Als **Prädikativa** werden gebraucht:

1. Substantive, die ein Lebensalter oder ein Amt bezeichnen:

Catō senex litterās Graecās didicit	Kato lernte noch als alter Mann (im hohen Alter) Griechisch
Cicerō cōnsul coniūrātiōnem Catilīnae dētēxit	C. deckte als Konsul (während seines Konsulats) die Verschwörung Kat. auf

Im Deutschen wird das Prädikativum meist erweiternd mit „als" an das Beziehungswort angeknüpft oder adverbial übersetzt.

2. a) Adjektive, die einen Körper- oder Seelenzustand bezeichnen:

Cotta saucius (= vulnerātus) reportātus est	Kotta wurde verwundet zurückgetragen
Invītus tē offendī	Wider meinen Willen (ohne es zu wollen) habe ich dich beleidigt
Trīstis exiit	Traurig ging er fort, d.h. er war traurig, als er fortging
Mīlitēs laetī in patriam revertērunt	Die Soldaten kehrten freudig (in freudiger Stimmung) zurück
Mīlitēs fortiter pūgnāvērunt	Die S. kämpften tapfer (in tapferer Weise)

Wegen der flexionslosen Form wird im Deutschen der Unterschied zwischen Adjektiv und Adverb nicht deutlich; im Lat. steht bei Beziehung auf ein Verb die Sonderform des Adverbs. Vgl. § 27. — Über das prädikative Partizip s. § 125.

b) Adjektive, die einen Zahl-, Orts- und Zeitbegriff enthalten:

Hannibal prīnceps in proelium ībat, ultimus excēdēbat	Hannibal ging als erster in die Schlacht, als letzter aus der Schlacht
Caesar prīmus legiōnēs Rōmānās in Britanniam trādūxit	C. führte zuerst röm. Leg. nach Br. hinüber, C. war der erste, der ...
in extrēmō librō tertiō	am Schluß des dritten Buches
Caesar ad extrēmās fossās castella cōnstituit	Cäsar ließ an den Enden der Gräben Schanzen anlegen
Hannibal prīmō vēre castra mōvit	Hannibal brach bei Frühlingsanfang auf

Zu unterscheiden ist also:

Hanc rem prīmus, prīmam, prīmō (tibi), prīmō (tempore), prīmum tibi nārrāvī.

Summus mons kann (je nach dem Zusammenhang) heißen: der höchste Berg (attributiv) und die Spitze, der Gipfel des Berges (prädikativ: der Berg, wo er am höchsten ist); ebenso media īnsula die mittlere Insel und die Mitte der Insel.

§ 76

Ein hinzugefügtes ut gibt dem Prädikativum begründende oder einschränkende Bedeutung.

Themistoclēs disertus erat ut Athēniēnsis	als Athener, wie ja die Athener beredt waren
Epamīnōndās disertus erat ut Thēbānus	für einen Thebaner, soweit die Th. beredt waren
Ubiī, cīvitās ampla et flōrēns, ut est captus Germānōrum	Die Ubier, ein für germanische Begriffe mächtiger und blühender Volksstamm

§ 77 Zusatz:

1. Prädikativa können sich an alle Kasus anschließen:

Magnīs virīs vīvīs honōrēs tribuuntur, mortuīs statuae pōnuntur	Gr. Männern erweist man zu ihren Lebzeiten Ehren, nach ihrem Tode setzt man ihnen Denkmäler
Rēmī prīmōs cīvitātis ad Caesarem lēgātos mīsērunt	Die Remer schickten ihre führenden Männer als Beauftragte zu Cäsar
Gallī Vercingetorīge ūsī sunt duce	Die Gallier hatten Vercingetorix als Führer

Im letzten Satz bildet der Ablativ eine notwendige Ergänzung des Prädikats.

2. Über den freieren Ablativ mit Prädikativum s. § 125, 2. — Über das prädikative Gerundivum s. § 119.

III. Die abhängigen Kasus

DER AKKUSATIV

Der Akkusativ bezeichnet:

A. Das (nähere) Objekt auf die Frage: wen oder was?

B. Umstandsbestimmungen:

der Richtung auf die Frage: wohin?

des Raumes und der Zeit auf die Fragen: wie hoch? wie lang? usw.

der Art und Weise auf die Frage: wie?

§ 78 **A. Der Akkusativ als Kasus des Objekts**

(Satzergänzung) auf die Frage wen oder was?

1. Verben, die ein Akkusativobjekt erfordern, heißen transitiv[1]), alle anderen intransitiv.

Im passiven Satz kann im Lateinischen wie im Deutschen nur das Wort Subjekt werden, das im aktiven Satz Akkusativ ist.

Daher bilden nur transitive Verben ein persönliches Passiv, intransitive nur ein unpersönliches.

---

[1]) Von trānsīre, da die Tätigkeit des Subjekts auf das Objekt „hinübergeht", hinzielt. Objekt ist das Ziel der Tätigkeit (obiectum das „Entgegengestellte").

Aktiv	Passiv
Caesar Gallōs vīcit	Gallī ā Caesare victī sunt
Caesar lēgātōs castra mūnīre iussit	Lēgātī ā Caesare castra mūnīre iussī **sunt**
Caesar lēgātīs imperāvit, ut castra mūnīrent	Lēgātīs ā Caesare imperā**tum est,** ut castra mūnīrent

§ 79

2. Folgende transitive Verben übersetzt man im Deutschen meist durch intransitive:

		(wörtlich:)
adaequō (aequō) tē	ich komme dir gleich	ich erreiche dich
iuvō, ádiuvō tē	ich helfe dir	ich unterstütze dich
fugiō perīculum	ich fliehe vor der Gefahr	ich meide die Gefahr
effugiō mortem	ich entgehe, entrinne dem Tod	ich vermeide den Tod
sequor tē	ich folge dir	ich begleite dich
ulcīscor iniūriam	ich räche mich für ein Unrecht	ich räche, ahnde ein Unrecht
ulcīscor amīcum	ich nehme Rache für den Freund	ich räche den Freund
ulcīscor inimīcum	ich räche mich an dem Gegner	ich bestrafe den Gegner
decet mē	es ziemt sich für mich	es ziert mich

iuvat mē (*vgl.* iūcundus)	es freut mich
mē fugit, fallit, praeterit	es entgeht mir
Fortēs fortūna adiuvat Fortēs fortūnā iuvantur	**Den** Mutigen hilft das Glück
Glōria virtūt**em** sequitur	Der Ruhm folgt **dem** Heldentum
Iuvenem modestum esse decet, arrogantem esse dēdecet	Bescheidenheit ziemt dem Jüngling, Anmaßung ziemt ihm nicht

Mit verschiedener Bedeutung bei transitivem und intransitivem Gebrauch:

Vīrēs **mē** dēficiunt	Die Kräfte verlassen mich, gehen mir aus
Nōlī **animō** dēficere!	Laß den Mut nicht sinken!
Sociī **ā** Rōmānīs dēfēcērunt	Die Bundesgenossen fielen von Rom ab

§ 80

1. Manche intransitive Verben der Bewegung werden durch Zusammensetzung mit Präpositionen transitiv, werden aber im Deutschen wegen der Trennbarkeit der Präpositionen oft intransitiv wiedergegeben, z.B.:

convenīre amīcum	mit dem Freunde zusammentreffen, den Freund treffen

obīre mortem	in den Tod gehen, sterben
praeterīre hortōs	an den Gärten vorbeigehen
trānsīre flūmen	über den Fluß gehen, den Fluß überschreiten
circumīre castra	um das Lager herumgehen u. a.

2. Intransitive Verben, besonders solche der Gemütsstimmung, werden auch transitiv gebraucht:

dolēre mortem *und* (dē) morte	den Tod beklagen, über den Tod betrübt sein
querī iniūriam *und* (dē) iniūriā	ein Unrecht beklagen, sich über ein Unrecht beklagen
rīdēre iocum *und* iocō	einen Scherz belachen, über einen Sch. lachen
dēspērāre salūtem *und* dē salūte	an der Rettung verzweifeln

Diese doppelten Fügungen siehe auch im Verzeichnis der Verben!

3. Häufig erscheint auch bei intransitiven Verben das Neutrum eines Adjektivs oder Pronomens als Akkusativobjekt (sog. inneres Objekt):

hoc gaudeō, laetor (= dē hāc rē)	darüber freue ich mich
id ūnum doleō	darüber allein empfinde ich Schmerz
nihil aliud studeō	nach nichts anderem strebe ich
utrumque tibi assentior	in beidem stimme ich dir zu
illud glōrior	dessen (deshalb) rühme ich mich

4. Aus diesem Akkusativ ist der adverbiale Akkusativ entstanden, siehe § 82, 3.

5. Ein Verbum der Gemütsstimmung oder ein transitives Verb (etwa vidē) scheint ausgefallen beim Akkusativ des Ausrufs:

Heu **mē miserum** Ach! **ich** Armer! Was bin ich doch für ein elender Mensch! (erg. doleō *oder* vidē!)

Ō **fortūnātum** Achillem, quī Homērum praecōnem factōrum invēnerit! O **der** glückliche Achill! Vgl. § 175, 3.

§ 81 Der doppelte Akkusativ

Ein doppeltes Objekt, ein persönliches und sachliches, nehmen zu sich:

1. **docēre** aliquem aliquid	jden etwas lehren, in etwas unterrichten
cēlāre aliquem aliquid	jdem etwas verheimlichen
Catō ipse fīlium litterās docuit	Kato unterrichtete selbst seinen Sohn in den Wissenschaften
Māter fīlium mortem patris cēlāvit	Die Mutter verheimlichte ihrem Sohne den Tod des Vaters
2. **flāgitāre, poscere** aliquem aliquid	von jdem etwas fordern
Caesar cottīdiē Haeduōs frūmentum, quod prōmīserant, flāgitābat	C. forderte täglich von den Häduern das versprochene Getreide

3. **ōrāre** } aliquem aliquid — jden um etwas bitten
rogāre } aliquem aliquid — jden nach etwas fragen

aber nur, wenn die Sache durch das Neutrum eines Pronomens ausgedrückt ist:

Id ūnum tē ōrō	Um dies eine bitte ich dich
Hoc tē rogō, interrogō	Danach frage ich dich (vgl. § 81, 4)
ferner: patrēs sententiam rogāre	die Senatoren (amtlich) um ihre Meinung fragen

4. **trādūcere** hinüberführen, **trāicere** und **trānsportāre** übersetzen
Caesar cōpiās Rhēnum trādūxit, trāiēcit, trānsportāvit
Cōpiae Rhēnum trāductae sunt.
5. Den doppelten Akkusativ beim Prädikatsnomen siehe § 72.
6. Ein nominales und verbales Objekt im A. c. I. siehe § 115.

B. Der Akkusativ als adverbiale Bestimmung **§ 82**

Der bloße Akkusativ (ohne Präposition) bezeichnet

1. Richtung und Ziel einer Bewegung auf die Frage: wohin?
   a) bei domum „nach Hause" und rūs „auf das Land"
   b) bei den Namen der Städte, der Inseln auf **-us** und der Inseln mit gleichnamiger Hauptstadt:
   Rōmam, Corinthum, Carthāginem, Athēnās, Delphōs, Dēlum proficīscī nach Rom usw.
   c) bei cōgo, contrahō, adveniō, conveniō, appellō, abdō, nūntiō. Hier fragt man im Latein. mit abweichender Ortsauffassung meist wohin?, im Deutschen meist wo? (vgl. § 109, 2).

cōpiās in **ūnum** locum cōgere, contrahere	die Truppen an einem Ort zusammenziehen
Rōmam, in **urbem**, **eō** advenīre	in Rom, in der Stadt, dort ankommen
in **forum** convenīre	auf dem Markt zusammenkommen
appellere (nāvēs) ad **Āfricam**	(mit einer Flotte) in Afrika landen
sē abdere in **silvās**	sich in den Wäldern verbergen
Rōmam (eō) nūntiātum est	in Rom (dort) traf die Meldung ein

   d) in der Form des Supinums auf **-um**, siehe § 117.
2. die Ausdehnung in Raum und Zeit auf die Fragen:
wie hoch? wie tief? wie lang? wie breit?
wie weit? wie alt? wie lange Zeit?

Fossa trēcentōs pedēs longa et decem pedēs lāta erat.

trīgintā annōs nātus	dreißig Jahre alt
multōs annōs	viele Jahre lang

3. die Art und Weise (der Akkusativ als Adverb, vgl. § 26, 2)

multum	vielfach, viel	nōn multum	wenig
parum	zu wenig (aus parvum)	nimium	zu viel
nihil	in keiner Weise, gar nicht	magnam partem	großenteils
quid?	wozu? warum? wie?	aliquid	einigermaßen
id temporis	zu dieser Zeit	id aetātis	in diesem Alter

Suēbī multum sunt in vēnātiōnibus et maximam partem lacte et pecore vīvunt	Die Sweben sind viel (oft) auf Jagd und leben größtenteils von Milch und Fleisch

DER DATIV

Der Dativ bezeichnet:

A. das Objekt auf die Frage: wem? (sog. entfernteres Objekt)

B. die Person oder Sache, für die etwas geschieht oder vorhanden ist, auf die Fragen: für wen? wofür? (Dat. commodī)

C. den Zweck auf die Frage: wozu? (Dat. fīnālis)

§ 83 A. Der Dativ als Objekt

wird im allgemeinen wie im Deutschen gebraucht.

1. Folgende intransitive Verben übersetzt man im Deutschen in der Regel durch transitive:

		(wörtlich:)
parcere victīs	die Besiegten schonen	den B. Schonung gewähren
persuādēre amīcīs	die Freunde überreden, überzeugen	den Fr. mit Erfolg raten, einreden
medērī morbō	die Krankheit heilen	der Krankheit abhelfen
studēre litterīs	die Wissenschaft eifrig betreiben	den Wissensch. zugetan sein
invidēre dīvitibus	die Reichen beneiden	den Reichen neidisch zusehen
nūbere virō	einen Mann heiraten	sich einem M. vermählen

Victor victīs parcere dēbet	Der S. muß die Besiegten schonen
Themistoclēs Athēniēnsibus persuāsit, ut nāvibus sē dēfenderent	Themist. überredete die Athener, sich zur See zu verteidigen

Gallī novīs rēbus studēbant	Die G. strebten nach (sannen auf) Umsturz, waren revolutionär gesinnt
Pauperēs saepe dīvitibus invident	Die Armen beneiden oft die Reichen
Caesaris glōriae multī invidēbant	Viele beneideten Cäs. um s. Ruhm

Das Passiv ist unpersönlich:

Ā pauperibus saepe dīvitibus invidētur	Von den Armen werden die Reichen oft beneidet
Caesaris glōriae ā multīs invidēbātur	Cäsar wurde von vielen um seinen Ruhm beneidet
Ā Themistocle Athēniēnsibus persuāsum est, ut nāvibus sē dēfenderent	Die Athener wurden von Th. überredet, sich zur See zu verteidigen
Mihi persuāsum est (persuāsī) animum immortālem esse	Ich bin davon überzeugt, daß die Seele unsterblich ist

2. Durch Zusammensetzung mit Präpositionen verbinden sich einige Verben mit dem Dativ:

īnferre bellum hostibus	die Feinde bekriegen, angreifen
praeesse exercituī	ein Heer befehligen, führen
praeficere exercituī aliquem	jdem die Führung des H. übertragen
praestāre virtūte alicuī	jden an Tüchtigkeit übertreffen
succēdere alicuī	jden ablösen, an jdes Stelle treten

B. Der Dativ der Beteiligung (Dat. commodī) § 84

1. Der Datīvus commodī (des Interesses) steht auf die Frage: für wen? wofür?

(er bezeichnet die an der Handlung beteiligte Person oder Sache)

Nōn scholae, sed vītae discimus	Man lernt nicht für die Schule, sondern für das Leben
Nōn sibi sōlī homō nātus est, sed patriae et suīs	Nicht für sich allein, sondern für das Vaterland und die Seinen ist der Mensch auf der Welt

2. Doppelkonstruktionen: § 85

	mit Dativ	mit Akkusativ
cōnsulere	sorgen für	um Rat fragen
prōspicere / **prōvidēre**	Sorge tragen für	vorhersehen; besorgen, beschaffen

metuere }	fürchten für	fürchten, sich fürchten vor
timēre }	besorgt sein um	
temperāre	schonen; zügeln, mäßigen	richtig mischen, gehörig einrichten, ordnen
cavēre	sorgen für, achtgeben auf	sich hüten, Vorsicht üben, sich in acht nehmen vor

cōnsulere salūtī mīlitum	senātum, ōrāculum
prōspicere, prōvidēre frūmentō	mortem; frūmentum
metuere, timēre suīs rēbus (Habe)	perīculum, īnsidiās
temperāre hostibus; īrae; sibi	vīnum; rem pūblicam
cavēre concordiae pūblicae	canem, perīcula

3. In Verbindung mit esse bezeichnet der Dativ die Person, die etwas hat:

Nūllus erat mercātōribus aditus	Händler hatten keinen Zugang
Mihi est contrōversia, amīcitia, cōnsuētūdō tēcum	Ich habe Streit, halte Freundschaft, verkehre mit dir
Scīpiōnī nōmen erat Āfricānus (Āfricānō)	Scipio hatte den Namen (hieß) Afrikanus

4. Verwandt mit dem Datīvus commodī ist der Datīvus ēthicus:

Hīc mihi quisquam dē pāce dīcit?	Und da spricht mir noch einer von Frieden?
Quid tibi vīs?	Was willst du denn eigentlich?

5. Bei Passivformen steht die handelnde Person gelegentlich im Dativ:

Mihi cōnsilium captum iam diū est (= ā mē)	Der Plan steht schon lange bei mir fest (Datīvus auctōris)

6. Regelmäßig steht die handelnde Person im Dativ beim Gerundivum zur Bezeichnung des Urhebers (Datīvus auctōris), vgl. § 118, 3.

§ 86 C. Der Dativ des Zwecks (Dat. fīnālis)

steht auf die Frage wozu? meist neben einem Dativ der Person

1. bei esse dienen zu:

est mihi praesidiō, exemplō	es dient mir zum Schutz, als Beispiel
mihi honōrī, impedīmentō est	es ist für mich ehrenvoll, hinderlich
mihi ūsuī, bonō est	es ist mir von Nutzen, förderlich
mihi cūrae est	es liegt mir am Herzen
odiō, invidiae est	er wird gehaßt, beneidet; ist Gegenstand (Ziel) des Hasses, Neides

2. bei **dare, tribuere, vertere anrechnen zu** (als):

tibi laudī, vitiō dō, tribuō, vertō	ich rechne es dir zum Lobe, als Fehler an
īgnāviae tibi tribuō, habeō	ich lege es dir als Feigheit aus

3. bei **venīre, mittere, arcessere, relinquere, dare, accipere** u. a.:

auxiliō venīre, mittere, arcessere	zu Hilfe kommen, schicken, holen
castrīs praesidiō relinquere	zum Schutze des Lagers zurücklassen
dōnō dare, accipere	zum Geschenke geben, bekommen
diem colloquiō dīcere	einen Tag zur Unterredung bestimmen
receptuī canere	zum Rückzug blasen
Urbs, quae praesidiō et ōrnāmentō est cīvitātī	Eine Stadt, die der Schutz und die Zierde des Stammes ist (die dient zum . . .)
Glōria Caesaris multīs invidiae (odiō) fuit	C. wurde von vielen wegen seines Ruhmes beneidet (gehaßt)
Quod aliīs vitiō vertis, id tibi ipsī laudī tribuere nōlī!	Was du anderen als Fehler vorwirfst, rechne dir selber nicht zum Lobe an!
Caesar duās legiōnēs castrīs praesidiō relīquit	Cäsar ließ zwei Legionen zur Deckung des Lagers zurück

Über den Dativ des Zwecks beim Gerundivum siehe § 121, Zus. 3.

DER GENETIV

dient wie im Deutschen

A. hauptsächlich zur näheren Bestimmung eines Nomens durch ein anderes. Er steht also meist als Attribut.

B. In einzelnen Fällen steht er auch bei Verben.

Die Arten der Übersetzung des Genetivattributs mit zusammengesetzten Wörtern, mit Adjektiven und Präpositionen siehe § 74, 2!

A. Der Genetiv zur Bestimmung eines Nomens

1. Der Genetīvus possessīvus **§ 87**

bezeichnet und betont den Eigentümer

a) attributiv (wie im Deutschen): hortus patris der Garten des Vaters;

b) prädikativ: hortus est patris der Garten ist des Vaters (Garten) = der Garten ist Eigentum des Vaters, gehört dem Vater; hortus fit patris der Garten wird Eigentum des Vaters; Gallia Rōmānōrum facta est Gallien kam in den Besitz der Römer.

Bei unpersönlichem est bezeichnet der Genetiv die geistige Zugehörigkeit oder Eigentümlichkeit:

Cōnsulis est reī pūblicae cōnsulere	Es ist Sache, Pflicht, Aufgabe des Konsuls, für den St. zu sorgen
Modestum esse adulescentis est	Bescheidenheit schickt sich (gehört sich) für die Jugend
Cavēre prūdentis (prūdentiae) est	Vorsicht ist ein Zeichen (zeugt) von Klugheit, verrät Klugheit, ist klug
Nāvibus Rhēnum trānsīre Caesar suae dignitātis nōn esse putābat	C. hielt es für unter seiner Würde, auf Schiffen über den Rh. zu gehen

Zusätze:

1. Statt des Genetivs der Personalpronomina steht das Possessivpronomen (attributiv und prädikativ):

liber meus (tuus, noster)	ein Buch von mir (dir, uns)
Hic liber est meus	das Buch ist mein (Buch) = gehört mir
Hortus, quī patris fuerat, meus factus est	Der Garten, der meinem Vater gehört hatte, ist mein Eigentum geworden
meum, tuum, nostrum, vestrum est	es ist meine, deine usw. Pflicht

Galliam populī Rōmānī, nōn Ariovistī esse Caesar putābat; sed Ariovistus Galliam potius **suam** quam Rōmān**ōrum** esse dīxit. Caesar **suum** esse putābat cōpiās Rhēnum trādūcere.

2. Der Gen. poss. steht auch bei den Ablativen causā wegen und grātiā zuliebe, die wie Präpositionen gebraucht werden:

Amicōrum causā der Freunde wegen; discipulōrum grātiā den Schülern zuliebe. Aber:

meā, tuā, nostrā, vestrā causā meinet-, deinet-, unseret-, euretwegen

meā ipsīus causā meiner selbst wegen; nostrā ipsōrum causā unserer selbst wegen

Parentēs multa līberōrum causā faciunt, quae suā ipsōrum causā nōn facerent.

§ 88 2. Der Genetīvus quālitātis

bezeichnet in Verbindung mit einem Attribut die Eigenschaft:

a) attributiv: vir magnī ingeniī ein Mann von Geist

frūmentum vīgintī diērum	Getreide für 20 Tage
puer decem annōrum	ein zehnjähriger Junge
difficultātēs eius modī	derartige Schwierigkeiten

b) prädikativ:

Catō erat (habēbātur) eximiae auctōritātis	K. war (galt als) ein sehr angesehener Mann, besaß großes Ansehen
Classis erat dūcentārum nāvium	Die Flotte zählte 200 Schiffe
Rēs erat multae operae	Die Aufgabe erforderte viel Mühe
Tántae mṓlis erát Rōmā́nam cóndere géntem	Soviel Mühe kostete es, das Volk der Römer zu gründen
Haec domus parvī pretiī est	Dieses Haus ist nicht viel wert, nicht teuer

3. Der Genetīvus pretiī — § 89

ist, wie das letzte Beispiel von § 88 zeigt, eine Abart des Gen. quālitātis. Die Genetive

magnī, plūris, plūrimī — parvī, minōris, minimī — tantī, quantī, nihilī

hoch, höher, am höchsten — gering, geringer, am geringsten — so hoch, wie hoch, für nichts

bezeichnen den Grad der allgemeinen Wertschätzung bei den Verben

aestimō und faciō, dūcō, putō, habeō } **ich schätze** — **esse, fierī** **wert sein, gelten**

Nōn vīta, sed honesta vīta magnī aestimanda est	Nicht das Leben, sondern ein ehrenhaftes Leben ist hochzuschätzen
Virtūs plūris est quam dīvitiae	Tugend ist mehr wert als Reichtum
Parvī sunt forīs arma, nisī est cōnsilium domī	Wenig wert sind im Felde die Waffen, wenn in d. Heimat die kluge Führung fehlt

Zusatz:

Die vergleichenden Genetive tantī, quantī, plūris, minōris bezeichnen auch den unbestimmten Preis bei den Verben des Abschätzens, Kaufens usw., der sonst durch den Ablātīvus pretiī (§ 105) ausgedrückt wird.

4. Der Genetīvus explicātīvus — § 90

Das übergeordnete Nomen wird durch den Genetiv bestimmt oder erklärt. — Der Deutsche ordnet gewöhnlich bei:

Nōmen rēgis Rōmānīs invīsum (odiō) erat	Das Wort König (der Königstitel) war den Römern verhaßt
Dulce est nōmen patriae, acerbum exiliī	Süß ist das Wort Heimat, bitter das Wort Verbannung („Elend")

5. Der Genetiv des Inhalts (māteriae) — § 91

Bei Substantiven der Zahl und der Menge sowie bei substantivisch gebrauchten Ausdrücken, die den Begriff der Menge enthalten, bezeichnet der Genetiv den Inhalt. Wir gebrauchen diesen Genetiv nur noch selten:

a) magna cōpia frūmentī	eine große Menge Getreide
pōculum vīnī	ein Becher Wein
b) multum frūmentī	viel Getreide
tantum pecūniae (= tanta pecūnia)	so viel Geld
quid causae (= quae causa)?	welcher Grund?
aliquid labōris	eine beträchtliche Anstrengung
c) satis temporis	genug Zeit, Zeit genug
parum (nimis) pecūniae	zu wenig (zuviel) Geld

Hannibal trēs modiōs ānulōrum aureōrum Carthāginem mīsit	Hannibal schickte drei Scheffel goldene(r) Ringe nach Karthago
Caesar mīlitēs docēbat, quantum habēret in sē bonī cōnstantia	Cäsar suchte den Soldaten klar zu machen, wieviel Gutes Ausdauer an sich habe, wie gut Ausdauer sei
Venetī, quidquid erat nāvium, in ūnum locum coēgērunt	Die Veneter zogen die gesamte Flotte an einem Platze zusammen
In Catilīnā satis ēloquentiae, sapientiae parum fuit	Kat. besaß eine ziemliche Beredsamkeit, aber zu wenig Weisheit

§ 92 6. Der Genetīvus partitīvus

bezeichnet das **Ganze**, von dem das übergeordnete Nomen den **Teil** angibt. Er wird meist durch ein Substantiv mit Präposition übersetzt:

fortissimī mīlitum	die tapfersten von, unter den Soldaten
maior frātrum	der ältere von den Brüdern, der ältere Bruder
Quis vestrum maximus est?	Wer von euch ist der größte?
Uter vestrum maior est?	Wer von euch beiden ist der größte?

Omnium Gallōrum fortissimī sunt Belgae.
Drūsus prīmus Rōmānōrum in interiōrem Germāniam penetrāvit.

Zusatz:

1. Statt des Gen. part. können auch die Präpositionen **ex** und **dē** stehen, was beim Gen. des Inhalts (§ 91) nicht möglich ist.

2. Kein partitives Verhältnis liegt vor in Sätzen wie:

multī sumus	unser sind viele — wir sind zahlreich
nōs trēcentī coniūrāvimus	unser 300 haben sich verschworen
amīcī, quōs multōs habeō	die Fr., deren ich viele habe

dagegen partitiv: amīcī, quōrum (= ex quibus) multī mē vīsitāvērunt . . .
Pars nostrum interiit einige von uns = unter uns; *aber*
Animus, melior pars nostrī, immortālis est von uns = von unserem Wesen (§ 28,4).

3. ubī terrārum (gentium)? — wo in aller Welt?

4. Der Gen. part. und der Gen. des Inhalts sind nicht scharf voneinander zu trennen.

§ 93 7. Genetīvus subiectīvus und obiectīvus

1. Bei Substantiven, die einen Verbalbegriff enthalten, bezeichnet der Genetiv entweder das handelnde Subjekt oder das leidende Objekt: timor hostium kann heißen:

   a) die Furcht der Feinde — die Feinde sind das Subjekt, das sich fürchtet (hostēs timent);

b) die Furcht vor den Feinden — die Feinde sind das Objekt, das man fürchtet (hostēs timēmus, hostēs timentur).

Ebenso: amor deī die Liebe Gottes und die Liebe zu Gott.

Die Art des Genetivs läßt sich nur aus dem Zusammenhang erschließen:

Caesar veterēs Helvētiōrum (subi.) iniūriās populī Rōmānī (obi.) ultus est	C. nahm Rache für die alten Unbilden der Helvetier gegen das römische Volk

Den Genetīvus subiectīvus übersetzt man wörtlich, den Genetīvus obiectīvus in der Regel durch Substantive mit Präposition oder durch zusammengesetzte Substantive:

bellum Gallōrum	der Krieg mit den G. (§ 74, 2)
studium litterārum	die Beschäftigung mit den Wissenschaften
studium vestrī	die Zuneigung zu euch
dolor iniūriae	der Schmerz über die Kränkung
cupiditās glōriae	die Begierde nach Ruhm, Ruhmbegierde
signum proeliī	das Zeichen zur Schlacht
spēs victōriae	die Hoffnung auf Sieg, Siegeshoffnung
dēsīderium patriae	die Sehnsucht nach der Heimat, Heimweh
memoria nostrī	die Erinnerung, das Andenken an uns
verēcundia deōrum	die Ehrfurcht vor den Göttern

2. Der Genetīvus obiectīvus steht auch zur Ergänzung von Adjektiven, die einen Verbalbegriff enthalten, und von Partizipien des Präsens, die zu Adjektiven geworden sind:

a) avidus pecūniae	gierig nach Geld, geldgierig
cupidus rērum novārum	neuerungssüchtig, revolutionär
perītissimus reī mīlitāris	sehr kriegserfahren
imperītus rērum	weltfremd, ohne Kenntnis der Lage
studiōsus litterārum	wissenschaftlich tätig
cōnscius coniūrātiōnis	eingeweiht in die V., Mitverschworener
particeps imperiī	beteiligt an der H., Mitregent
expers cōnsiliī	ratlos (eig. unteilhaftig), ohne Einsicht
b) amāns patriae	vaterlandsliebend, Patriot
appetēns glōriae	ruhmbegierig
fugiēns labōris	arbeitsscheu
impotēns īrae	seines Zornes nicht Herr, außer sich vor Zorn, unfähig, sich zu beherrschen

B. Der Genetiv als Objekt bei Verben § 94

1. Bei

meminī, reminīscor ich erinnere mich an
oblīvīscor ich vergesse jemanden, etwas

steht die Person im Genetiv, die Sache im Genetiv oder Akkusativ;

admoneō (commoneō) tē reī und dē rē ich erinnere dich an etwas;

aber hoc, illud ūnum tē admoneō (vgl. § 81, 3).

Ō rēx, mementō Athēniēnsium! Post inimīcitiās īram meminisse malōrum est. Reminīscere beneficiōrum (beneficia)!

Hoc vōs admoneō, ut iniūriārum (iniūriās) oblivīscāminī.

Morbī nōs admonent fragilitātis hūmānae (dē fragilitāte hūmānā).

2. Bei den Verben des gerichtlichen Verfahrens steht, z.T. übereinstimmend mit dem Deutschen, das Vergehen im Genetiv:

accūsāre, arguere aliquem prōditiōnis	jden des Hochverrats beschuldigen
coarguere, convincere ,, ,,	jden des Hochverrats überführen
accūsāre, reum facere ,, ,,	jden wegen H. anklagen
damnāre, condemnāre ,, ,,	jden wegen Hochverrats verurteilen
absolvere ,, ,,	jden von der Anklage des Hochverrats freisprechen

Häufige Verbindungen:

capitis accūsāre	auf Tod und Leben anklagen
capitis damnāre	zum Tode verurteilen
capitis absolvere	von der Todesstrafe freisprechen

(capitis bezeichnet das Strafmaß)

Athēniēnsēs Sōcratem capitis damnāvērunt.

Miltiadēs prōditiōnis absolūtus pecūniā multātus est.

Thrasybūlus lēgem tulit, nē quis ante āctārum rērum accūsārētur.

3. Bei den unpersönlichen Ausdrücken

pudet mē	(es beschämt mich), ich schäme mich
paenitet mē	es reut mich, ich bereue, bin unzufrieden
piget mē	es verdrießt mich, ich ärgere mich
taedet mē	es ekelt mich, ich empfinde Überdruß, ich habe es satt

steht der Gegenstand der Empfindung im Genetiv.

Pudeat tē pigritiae tuae!	Schäme dich deiner Trägheit!
Suae quemque fortūnae vidētur paenitēre	Jeder scheint mit seiner Lage unzufrieden zu sein
Mē piget meae stultitiae	Ich ärgere mich über meine eigene Dummheit
Vītae mē taedet	Ich bin des Lebens überdrüssig, lebensmüde

4. Bei interest (es ist von Interesse, wichtig für jemanden, es ist jdem daran gelegen) steht die Person im Genetiv, gelegentlich auch der Grad des Interesses als Gen. pretiī: Parentum **magnī** (magnopere, multum) interest līberōs bene ēducārī.

Aber: **meā,** tuā, nostrā, vestrā interest es ist **mir,** dir, uns, euch daran gelegen (eig. es macht in meiner Sache einen Unterschied); *vgl.* causā § 87, Zus. 2.

DER ABLATIV § 95

Der Ablativ ist im wesentlichen der Kasus der adverbialen Bestimmung. Er ist der lateinischen Sprache eigentümlich und vereinigt in sich drei ältere, ursprünglich selbständige Kasus:

A. den Woher-Fall (Sēparātīvus *oder eigentlichen* Ablātīvus[1])) auf die Fragen: woher? wovon? woraus? (Herkunft)

B. den Womit-Fall (Sociātīvus *und* Īnstrūmentālis) auf die Fragen: womit? wodurch? wie? (Mittel)

C. den Wo- und Wann-Fall (Locātīvus) auf die Fragen: wo und wann? (Lage)

Zur Unterscheidung und Verdeutlichung der in den drei Kasus ausgedrückten adverbialen Bestimmungen sind im Laufe der Entwicklung, namentlich seit ihrer Vereinigung, vielfach Präpositionen zum Ablativ hinzugetreten:

zu A: **ā, dē, ex;** zu B: **cum;** zu C: **in.**

A. Der Woher-Fall § 96

I. Der Separativ

bezeichnet

1. den Ausgangspunkt der Bewegung auf die Frage woher!
   a) bei domō „von Hause" und rūre „vom Lande"
   b) bei den Namen von Städten und kleineren Inseln:

Rōmā, Corinthō, Carthāgine, Athēnīs redīre	von Rom, Korinth, Karthago, Athen zurückkehren
Dēlō, Salamīne, Ithacā proficīscī	von Delos, Salamis, Ithaka aufbrechen

2. Herkunft und Stand bei nātus *und* ortus:

amplissimō genere nātus	aus angesehenem Geschlecht
homō equestrī locō ortus	ein Mann aus dem Ritterstande
Catilīna nōbilī genere ortus (nātus) erat	Katilina stammte aus vornehmer Familie

3. die Trennung bei folgenden Verben und Adjektiven:

prīvāre aliquem vītā	jemanden des Lebens berauben
prīvārī vītā	das Leben verlieren
orbāre parentēs līberīs	die Eltern der Kinder berauben

[1]) Von auferre = wegtragen, entfernen, also Entfernungs- oder Trennungskasus

nūdāre, spoliāre, exuere hostem armīs	den Feind der Rüstung berauben, dem Feind die Rüstung wegnehmen
egēre, indigēre pecūniā	des Geldes bedürfen, Geld brauchen
carēre dolōribus	frei sein von Schmerzen, keine Schmerzen haben
carēre lībertāte	die Freiheit entbehren, auf die Freiheit verzichten müssen
cēdere locō	vom Platze weichen, die Stellung räumen
prohibēre hostēs trānsitū	den Feind am Übergang hindern
dēsistere obsidiōne	die Belagerung aufgeben

Häufige Verbindungen:

movēre senātū	aus dem Senate stoßen
magistrātū sē abdicāre	ein Amt niederlegen, abdanken
interclūdere incolās commeātū	den Einwohnern die Zufuhr sperren
interdīcere Rōmānīs Galliā	den Römern den (Gebrauch von G.) Aufenthalt in Gallien untersagen
interdīcere alicuī aquā et ignī	(jdem den Gebrauch von Wasser und Feuer verbieten), jden in die Acht erklären, ächten
dēfendere amīcōs ab iniūriīs	die Freunde vor Beleidigung schützen
sē dēfendere ab iniūriā	sich gegen Unrecht wehren
tūtus ab īnsidiīs	sicher vor Nachstellungen

4. Mit abweichender räumlicher Auffassung fragt man im Latein. woher? im Deutschen wo? bei:

ā dextrā, ā sinistrā (parte)	zur Rechten, zur Linken
adorīrī ā tergō, ā fronte, ab utrōque latere	im Rücken, in der Front, auf beiden Flanken angreifen
stāre ab aliquō	auf jemandes Seite stehen, jemandes Partei ergreifen
ā Iove prīncipium	mit Gott fang an!
suspendere ex arboribus	an Bäumen aufhängen

Vgl. die Fragestellung § 82, 1c; 109, 2.

§ 97 II. Der Ablātīvus comparātionis

entwickelt sich aus dem Separativ. Er bezeichnet bei Komparativen den Standpunkt, von dem aus ein Vergleich stattfindet.

Patriā nihil nōbīs cārius est (= quam patria)	Vom Vaterland aus gesehen (im Vergleich zum) ist uns nichts teurer = Nichts ist uns lieber als das Vaterland

Patriam, quā nihil nōbīs cārius est, dēfendere dēbēmus	Das Vaterland, das Teuerste, was wir haben, müssen wir verteidigen

Merke:

Caesar omnium spē (exspectātiōne, opīniōne) celerius rediit	Cäsar kehrte wider alles Erwarten (unerwartet) schnell zurück

Bei plūs, amplius, minus fehlt sehr oft quam, ohne daß der Abl. comp. erscheint: Plūs trēcentī cecidērunt. Amplius trēcentōs nostrī occīdērunt.

III. Der Ablātīvus līmitātiōnis (der Beziehung) § 98

ist ebenfalls ein Separativ auf die Fragen: von welchem Standpunkt aus? in welcher Hinsicht, Beziehung? woran, wonach?

Maecēnās nātiōne Etrūscus erat	M. war der Abstammung nach ein Etr.
Magnōs hominēs virtūte (ex virtūte), nōn fortūnā mētīmur	Gr. Männer beurteilt man nach ihrer Leistung, nicht nach ihrem Glück
Cicerōnī nēmō pār fuit ēloquentiā	C. kam niemand an Beredsamkeit gleich
Catō nōn nōmine, sed rē sapiēns fuit	K. war nicht dem Namen, aber seinem Verhalten nach ein Philosoph
Nerviī maiōrēs nātū ad Caesarem lēgātōs mīsērunt	Die Nervier schickten ältere Leute als Gesandte zu Cäsar

B. Der Womit-Fall

I. Der Ablātīvus sociātīvus (der Gemeinschaft) § 99

bezeichnet

1. die begleitende Person und den begleitenden Umstand, meist in Verbindung mit **cum:**

a)	Caesar cum legiōnibus profectus est	Cäsar brach mit den Legionen auf
	Nerviī omnibus cōpiīs ex silvīs prōvolāvērunt	Die Nervier stürmten mit allen ihren Truppen aus den Wäldern hervor
b)	Dīviciācus multīs cum lacrimīs Caesarem implōrāvīt	Div. flehte unter vielen Tränen Cäsar an
	Catilīna cum summā salūte cīvium urbe exiit	Katilina verließ die Stadt zum Glück für die Mitbürger

§ 100

2. als Ablātīvus modī die Art und Weise (womit = wie?).

Er steht

a) mit cum bei Substantiven ohne Attribut:

Carmina Homērī cum voluptāte legimus.

Cum dignitāte morī melius est quam cum īgnōminiā vīvere	Ein Tod in Ehren ist besser als ein Leben in Schande

b) mit und ohne cum bei Substantiven mit Attribut:

Carmina Homērī magnā (cum) voluptāte legimus.

Post clādem Cannēnsem magnā (cum) celeritāte Rōmānī exercitūs suōs supplēvērunt.

c) stets ohne cum

1. bei Substantiven, die an sich schon eine Art und Weise bezeichnen:

hōc (eōdem, aliō, nūllō) modō; similī (tālī) ratiōne auf diese Weise usw.;

quā ratiōne (quā) auf welche Weise, wie;

mōre, cōnsuētūdine maiōrum nach Sitte, Brauch der Vorfahren;

iūre mit Recht, iniūriā mit Unrecht; ōrdine der Reihe nach;

2. überall, wo der Abl. sich auch als Abl. īnstrūmentī auffassen läßt:

vī et armīs aliquid cōnsequī	mit (durch) Waffengewalt
vī, summā vī	gewaltsam, mit aller Gewalt
silentiō	mit Schweigen, in der Stille
aequō animō	mit Gleichmut
fraude, dolō	mit Betrug, mit List
magnīs itineribus	in Eilmärschen
eō cōnsiliō, ut	in der Absicht, daß
eā condiciōne (lēge), ut	unter der Bedingung, daß

Duōbus modīs, aut vī aut fraude, fit iniūria.

Aequō animō rēs adversās ferre sapientis est.

Germānī Rhēnum trānsiērunt eō cōnsiliō, ut novās sibi sēdēs quaererent.

Hierher gehören auch Ablative wie:

nūdō capite barhäuptig, meō perīculō auf meine Gefahr, nūllō negōtiō, nūllīs difficultātibus ohne Schwierigkeiten, nūllō meō meritō ohne mein Verdienst.

§ 101

3. als Ablātīvus quālitātis die Eigenschaft:

Wie der Ablativ beim Verb die Art und Weise, so bezeichnet er beim Substantiv mit Attribut die Eigenschaft, die mit etwas verbunden ist.

Er wird wie der Genetīvus quālitātis (§ 88) attributiv und prädikativ gebraucht.

vir summō ingeniō	ein Mann von Geist, geistvoll
Cicerō erat (vir) eximiā ēloquentiā	C. war ein Mann von ganz außergewöhnlicher Beredsamkeit, war ein ganz hervorragender Redner
Catō magnā auctōritāte erat	Kato besaß großes Ansehen
Bonō animō este!	Seid guten Mutes!

Catilīna fuit magnā vī et animī et corporis, sed ingeniō malō.

II. Der Instrūmentālis

§ 102

Die Begleitung wird zum Mittel: womit? = wodurch?

1. Der Ablātīvus īnstrūmentī (des Mittels):

a) Cornibus taurī, aprī dentibus sē dēfendunt	Die Stiere wehren sich mit den Hörnern, die Eber mit den Zähnen
Caesar castra vallō fossāque mūnīvit	C. ließ das Lager mit Wall und Graben befestigen
Caesar tertiā legiōne fossam dūxit	C. ließ von der dritten Legion einen Graben ziehen

Zusatz:

Das Heer und seine Teile sind in der Hand des Feldherrn nur Mittel. Im übrigen wird eine Person nie als Mittel aufgefaßt:

Caesar ā Labiēnō **per** nūntium certior factus est Cottam lēgātum **tēlō** vulnerātum esse.

(Labienus ist die handelnde, der Bote die vermittelnde Person, tēlum das Mittel.)

§ 103

b) In folgenden Verbindungen ist der Ablativ als Instrumentalis zu deuten:

fugā salūtem petere	sein Heil in der Flucht suchen
proeliō vincere, vincī	in einer Schlacht siegen, unterliegen
silvīs sē occultāre	sich in den Wäldern verbergen
tēcto, oppidō recipere	ins Haus, in die Stadt aufnehmen
manū, memoriā tenēre	in der Hand, im Gedächtnis behalten
castrīs mīlitēs continēre	die S. im Lager zusammenhalten
litterīs ērudīre, īnstruere	in den Wissenschaften unterrichten

armīs exercērī	sich in den Waffen üben
pilā lūdere — tībiīs canere	Ball spielen — Flöte blasen
assuēscere, cōnsuēscere labōribus	sich an Anstrengungen gewöhnen
assuēfacere puerōs labōribus	die Jugend an Strapazen gewöhnen
frētus, cōnfīsus vīribus	im Vertrauen auf seine Kräfte

Besonders zahlreich sind Verbindungen mit

afficere aliquem aliquā rē	jden mit etwas versehen:
afficere aliquem beneficiō	jdem eine Wohltat erweisen
clāde, iniūriā	jdem eine Niederlage bereiten, eine Beleidigung zufügen
praemiō, honōre	jden belohnen, ehren
dolōre, laetitiā	jden betrüben, erfreuen
poenā, suppliciō	jden bestrafen, hinrichten

§ 104

c) Der Instrūmentālis steht zur Ergänzung

1. bei den Verben **ūtī, fruī, fungī** und **potīrī**:

vīribus ūtī (Gebrauch machen von)	seine Kräfte gebrauchen
amīcō ūtī aliquō	jden zum Freunde haben
patientiā alicuius abūtī	jdes Geduld mißbrauchen
ōtiō fruī (Genuß haben von)	seine Muße genießen
mūnere fungī (sich betätigen durch)	ein Amt verwalten
officiō fungī	seine Pflicht erfüllen
urbe potīrī (Herr werden von, über)	sich der Stadt bemächtigen
aber: rērum potīrī	sich der Herrschaft bemächtigen

2. bei den Adjektiven **dignus** und **indignus** = würdig, unwürdig:

laude dignus	(geschmückt mit Lob) lobenswert
homine līberō indignum	eines freien Mannes unwürdig

3. bei **opus est** es ist nötig (eigtl. es ist gedient mit):

mihi pecūniā opus est	ich habe Geld nötig, brauche Geld

Das Neutr. eines Pronom. oder Adj. steht im Nominativ (persönl. Konstruktion): id (hoc) mihi opus est; ea (haec, multa) mihi opus sunt ich brauche dies (vieles).

§ 105

2. Der Ablātīvus pretiī (des Preises)

bezeichnet den Kaufwert oder Preis (als Mittel) bei den Verben

emere, redimere	kaufen	magnō (pretiō)	teuer
vēndere	verkaufen	parvō	billig

vēnīre	verkauft werden	maximō	sehr teuer
condūcere	mieten	minimō	sehr billig
locāre	vermieten	tribus talentīs	für 3 Talente
stāre, cōnstare	(bestehen), kosten	aber nur: plūris, minōris, tantī,	
aestimāre	abschätzen	quantī, tantīdem (§ 89)	

Victōria Cannēnsis Poenīs multō sanguine cōnstitit	Der Sieg bei Kannä kostete die Punier viel Blut

§ 106

3. Der Ablātīvus mēnsūrae (des Maßes):

Bei Komparativen und Komparativbegriffen ist der Ablativ das Mittel, mit dem der Unterschied gemessen wird (Frage: um wieviel? im Deutschen auch wieviel?)

Hibernia dīmidiō minor est quam Britannia	Irland ist um die Hälfte kleiner als Britannien
paulō, aliquantō melior	etwas, bedeutend besser
nihilō minus	um nichts weniger, nichtsdestoweniger
Quō (Quantō) plūra habēmus, eō (tantō) plūra cupimus	Je mehr man hat, desto mehr begehrt man (je mehr man will)
tribus annīs ante	drei Jahre vorher (früher)
nōn ita multō post	nicht gar lange nachher
paulō (brevī) post	bald darauf

§ 107

4. Der Ablātīvus causae (des Grundes):

a) Das Mittel wird zum Grund: wodurch = infolge wovon?
Concordiā parvae rēs crēscunt. Nāvēs tempestāte afflīctae sunt. Ōdērúnt peccáre boní virtútis amóre (aus Liebe).

Eine Gemütsbestimmung als Beweggrund drückt das Lateinische in der Regel durch einen Abl. instr. mit einem Part. Perf. Pass. aus, das aber im Deutschen unübersetzt bleibt, z.B.

amōre, odiō, invidiā impulsus	aus Liebe, Haß, Neid
timōre perterritus	aus Furcht

Orgetorīx rēgnī cupiditāte inductus coniūrātiōnem fēcit aus Herrschsucht
Hannibal īrā commōtus (incēnsus, impulsus) Rōmānīs bellum intulit

b) Der bloße Ablativ bezeichnet den Grund eines seelischen oder körperlichen Zustands bei folgenden Verben und Adjektiven:

gaudēre (laetārī), laetus victōriā	sich freuen, froh über den Sieg
dolēre (maerēre), maestus morte	betrübt sein, betrübt über den Tod
glōriārī victōriā	sich des Sieges rühmen
gaudiō lacrimāre	vor Freude weinen

labōrāre vulneribus	an Wunden leiden
aeger oculīs	augenkrank

Der Abl. causae kann auch als Separativ erklärt werden: als Ausgangspunkt eines Geschehens oder Zustands; die Grenzen zwischen den Grundfunktionen des Ablativs sind fließend.

C. Der Wo- und Wann-Fall (Lokativ)

§ 108 Der eigentliche Lokativ

findet sich nur noch in einzelnen Formen und Wendungen auf **-ī**, wie

domī zu Hause, rūrī auf dem Lande, humī auf dem Boden;
herī gestern, vesperī am Abend;
domī bellīque (mīlitiaeque) in Krieg und Frieden

(vgl. auch ubī wo, ibī dort).

Lokative sind ferner die scheinbaren Genetive bei den Orts- und Inselnamen der ā- und o-Deklination im Singular:

Rōmae (*aus* *Rōma-ī) in Rom; Corinthī in Korinth; Cyprī auf Cypern.
Im übrigen hat der Ablativ die Funktion des Lokativs übernommen.

§ 109 I. Ortsbestimmungen

1. Auf die Frage wo? steht der Ablātīvus locī (des Ortes)

a) bei den Ortsnamen im Plural und denen der konsonantischen Deklination:

Athēnīs, Delphīs, Carthāgine versārī	sich in Athen, Delphi, Karthago aufhalten

b) in Verbindungen mit locus und tōtus:

aequō locō pūgnāre	in günstiger Stellung kämpfen
obsidum locō	an Stelle von (statt) Geiseln
suō locō (suō tempore)	an rechter Stelle, zur rechten Zeit, im geeigneten Augenblick
tōtō orbe terrārum	auf dem ganzen Erdkreis
tōtā urbe	in der ganzen Stadt

c) zur Bezeichnung des Weges, auf dem eine Bewegung vor sich geht:

viā Appiā iter facere	auf der Appischen Straße marschieren
rēctā (*erg.* viā)	in gerader Richtung, geradewegs
quā viā, quā?	auf welchem Wege? wo?
eōdem itinere	auf demselben Wege
terrā marīque	zu Wasser und zu Lande

2. Mit abweichender Ortsauffassung (vgl. § 82, 1c) fragt man im Latein. nur wo?, im Deutschen meist wohin? bei:

pōnō, locō, collocō, statuō, cōnstituō	stelle, setze, lege
cōnsistō und cōnsīdō	stelle mich, setze mich
spem in virtūte pōnere	seine Hoffnung auf die T. setzen
exercitum in hībernīs collocāre	das Heer in das Winterquartier legen
aliquem in amīcīs numerāre, habēre, dūcere	jden unter die Freunde rechnen
Rōmānī praesidia in oppidīs cōnstitu**ērunt**	Die Römer legten Besatzungen in die Städte
Oppidānī in mūrō cōnstit**ērunt**	Die Städter stellten sich auf die Mauer

II. Zeitbestimmungen **§ 110**

Auf die Frage wann? und innerhalb welcher Zeit? steht der Ablātīvus temporis (der Zeit)

a) bei eigentlichen Zeitbegriffen:

hōc diē	an diesem Tage
diē cōnstitūtā	zum festgesetzten Termin
quīntō quōque annō	alle vier Jahre
annō p. Chr. n. nōnō	im Jahre 9 n. Chr. Geburt
Augustī temporibus (aetāte)	zur Zeit des Augustus
vēre, aestāte, hieme	im Frühling, Sommer, Winter
patrum memoriā	zur Zeit unserer Vorfahren
prīmā lūce	bei Tagesanbruch
mediā nocte	um Mitternacht
decem annīs	innerhalb eines Zeitraumes von 10 Jahren (in 10 Jahren)[1]

b) bei uneigentlichen Zeitbegriffen (d.h. Substantiven, die an sich nicht die Zeit bezeichnen, aber zur Zeitangabe dienen) nur in Verbindung mit einem Attribut:

comitiīs cōnsulāribus	zur Zeit der Konsulwahlen
prīmō bellō Pūnicō	im ersten punischen Kriege
sōlis ortū, occāsū	bei Sonnenaufgang, -untergang
Caesaris adventū, discessū	bei Cäsars Ankunft, Weggang

Zu unterscheiden sind:

hōc tempore	zu dieser Zeit
in hōc tempore	in dieser (mißlichen) Lage
in tempore / suō tempore	zur rechten Zeit

[1]) Dagegen: decem annōs 10 Jahre **lang** (Frage: wie lange?) § 82, 2; **in** decem annōs **auf (für)** 10 Jahre (Frage: auf, für welche Zeit?) § 113, 1b.

Die Präpositionen (Verhältniswörter)

Die Präpositionen waren ursprünglich, wie im Deutschen, größtenteils Adverbien. Einige werden noch so gebraucht, z.B.

ante	vorn, vorher	contrā	gegenüber, dagegen
post	hinten, nachher	circum, circā	ringsum

Später traten sie mehr und mehr zu einem Kasus, um dessen Bedeutung zu verstärken, und zwar in der Regel **vor** den Kasus[1]). So wurde das Adverb zur Präposition.

Aus der ursprünglich räumlichen (a) Bedeutung entwickelten sich die zeitliche (b) und die übertragene (c) Bedeutung der Präpositionen.

§ 111 A. Präpositionen beim Ablativ

Merkvers: **ā, ab (abs), ē (ex) und dē,**
cum und sine, prō und prae

1. ā, ab von, von — her

a) örtlich:

ab urbe Rōmā venīre	von der Stadt Rom herkommen
ab urbe abesse	von der Stadt entfernt sein
ā fronte, ā tergō stāre	in der Front, im Rücken stehen
ab alterā parte	auf der anderen Seite

b) zeitlich: **von . . . an, seit**

ā pueritiā (puerīs)	von Jugend an, von klein auf
ab urbe conditā	seit Gründung der Stadt
ab excessū dīvī Augustī	seit dem Tode des Augustus

c) übertragen:

differre ā	verschieden sein von
dēfendere ab hostibus	gegen die Feinde verteidigen
tuērī amīcōs ab iniūriīs	die Freunde vor Beleidigungen schützen
tūtus ab īnsidiīs	sicher vor Nachstellungen
petere auxilium ā Caesare	Cäsar um Hilfe bitten

2. dē von — herab, von — her, über

a) dē mūrō dēsilīre	von der Mauer herabspringen
b) dē tertiā vigiliā	noch während der 3. Nachtwache
dē mediā nocte	gleich nach Mitternacht
multā dē nocte	noch tief in der Nacht

[1]) Die (ursprüngliche) Stellung nach dem Kasus zeigen noch mēcum, tēcum, quōcum und causā (grātiā) „wegen", s. § 87 Zus. 2.

c) eā dē causā	aus diesem Grunde
agere dē pāce	über den Frieden verhandeln
admonēre dē beneficiīs	jden an die Wohltaten erinnern
recordārī dē maiōribus	sich an die Vorfahren erinnern
dēspērāre dē salūte	an der Rettung verzweifeln
bene merērī dē patriā	sich um das Vat. verdient machen
certiōrem facere dē	benachrichtigen von
dē industriā	mit Fleiß, absichtlich

3. ē (vor Konsonanten), **ex aus, von — an, seit**

a) ex urbe exīre	aus der Stadt gehen, die St. verlassen
ex equō dēlābī	vom Pferde sinken
ex itinere	(unmittelbar) vom Marsche aus
b) ex eō tempore, ex quō diē	seit dieser Zeit, seitdem
ex diē	einen Tag um den anderen
c) ex senātūs cōnsultō	auf Senatsbeschluß
ē rē pūblicā fit	es geschieht zum Besten des Staates

4. **cum mit** bezeichnet

a. die Begleitung:

ūnā cum amīcō	zusammen mit dem Freunde
cum gladiō esse	ein Schwert bei sich führen
cum imperiō esse	den Oberbefehl führen

b. einen begleitenden Umstand:

multīs cum lacrimīs loquī	unter vielen Tränen sprechen

c. die Weise:

cum īgnōminiā vīvere	in Schmach leben
cum dignitāte morī	in Ehren sterben[1])

5. **sine ohne**

sine ūllō perīculō	ohne jede Gefahr

6. **prō vor; für, anstatt, im Verhältnis zu**

a) aciem īnstruere prō castrīs	das Heer vor dem Lager zur Schlacht aufstellen
c) prō lībertāte morī	für die Freiheit sterben
ūnus prō cūnctīs	einer für alle
prō hoste esse	als Feind gelten
prō nihilō putāre (dūcere)	für nichts achten
prō beneficiīs grātiās agere	für Wohltaten Dank sagen, danken
prō suā quisque facultāte	jeder nach seinen Fähigkeiten
prō multitūdine hominum	entsprechend der Bevölkerungszahl

[1]) Vgl. §§ 99. 100.

7. prae vor

a) prae sē agere	vor sich hertreiben
c) prae sē ferre, gerere	zur Schau tragen, deutlich zeigen
prae lacrimīs loquī nōn posse	vor Tränen nicht sprechen können
prae virtūte omnia contemnere	im Vergleich zu (neben) der Tugend alles geringschätzen

§ 112 B. Präpositionen beim Akkusativ

1. ad zu, bei, an, vor, bis zu, hin — zu, gegen

a) lēgātōs ad Caesarem mittere	Gesandte zu Cäsar schicken
pūgna ad Cannās commissa	die Schlacht bei Kannä
castra ad flūmen sita	das Lager am Fluß
ad iānuam stāre	vor der Tür stehen
b) ad multam noctem	bis tief in die Nacht
ad vesperum, ad lūcem	gegen Abend, gegen Morgen
c) ad ducentōs	gegen, ungefähr 200
ad ūnum omnēs	alle bis auf den letzten Mann
ad extrēmum	bis zum äußersten

2. apud bei, vor (nur örtlich)

apud exercitum esse	bei dem Heere sein
apud mīlitēs contiōnārī	vor (zu) den Soldaten sprechen

3. ante vor

a) ante portās	vor den Toren
b) ante pūgnam	vor der Schlacht

4. post hinter, nach, seit

a) post montēs	hinter den Bergen
b) post urbem conditam	nach Gründung der Stadt
post hominum memoriam	seit Menschengedenken

5. adversus gegen — hin, gegenüber, gegen

a) adversus collēs	gegen die Hügel hin
adversus īnsulam	der Insel gegenüber
c) adversus hostēs dīmicāre	gegen die Feinde kämpfen
fidēs adversus amīcum	Treue gegen den Freund

6. contrā gegenüber, wider, gegen (feindlich)

a) contrā portum	dem Hafen gegenüber
c) contrā legem facere	wider, gegen das Gesetz handeln

7. **ergā gegen** (freundlich):

grātus ergā amīcōs	dankbar gegen die Freunde

8. **circum, circā**[1]) **um — herum**

a) cōpiās circum montem dūcere	die Tr. um den Berg herumführen
b) circā merīdiem	um die Mittagszeit, gegen Mittag

9. **cis, citrā diesseits**

cis Alpēs	diesseits der Alpen

10. **trāns jenseits**

trāns flūmen, montēs	jenseits des Flusses, der Berge

11. **ultrā jenseits, über — hinaus**

a) ultrā montēs	jenseits der Berge
c) ultrā modum prōgredī	das Maß überschreiten

12. **extrā außerhalb, außer**

a) extrā mūnītiōnēs	außerhalb der Schanzen
c) extrā ōrdinem	außer der Reihe und Ordnung

13. **intrā innerhalb**

a) intrā urbem, mūrōs	innerhalb der Stadt, der Mauern
b) intrā vīgintī annōs	innerhalb von 20 Jahren

14. **īnfrā unterhalb, unter**

a) īnfrā oppidum	unterhalb der Stadt
c) Ūrī magnitūdine īnfrā elephantōs sunt	Die Ure sind an Größe unter den Elefanten, sind kleiner als die E.

15. **suprā oberhalb, über**

a) suprā oppidum	oberhalb, über der Stadt
b) suprā hanc memoriam	vor unserer Zeit
c) suprā modum	über das Maß (hinaus)

16. **iuxtā neben, dicht bei**

iuxtā mūrum castra pōnere	dicht bei der Mauer das L. aufschlagen

17. **penes bei** (im Besitz, in den Händen)

omnis potestās penes rēgem est	die ganze Macht liegt in der Hand des Königs

---

[1]) Die Präpositionen auf **-ā** sind ursprünglich adverbiale Ablative, die auf **-um** Akkusative.

18. prope nahe an, bei

prope (propius, proximē) urbem	nahe (näher, sehr nahe) bei der Stadt

19. propter nahe bei; wegen

a) propter castra	nahe bei dem Lager
c) propter frīgora	wegen der Kälte
propter metum	aus Furcht

20. ob gegenüber, vor; wegen

a) ob oculōs versārī	vor Augen schweben
c) ob eam rem, quam ob rem	deswegen, deshalb
ob metum	aus Furcht

21. inter zwischen, unter, während

a) inter urbem et Tiberim	zwischen Rom und dem Tiber
inter mediōs hostēs sē conicere	sich mitten unter (zwischen) die Feinde stürzen
b) inter cēnam	während des Essens
c) obsidēs inter sē dare	Geiseln (unter)einander geben (austauschen)

22. praeter an — vorbei; wider, außer, vor

a) cōpiās praeter castra trādūcere	die Truppen an dem Lager vorbeiführen
c) praeter opīniōnem (exspectātiōnem)	wider (gegen) Erwarten
nēmō praeter mē adfuit	niemand außer mir war da
praeter cēterōs flōrēre	sich vor allen anderen auszeichnen

23. secundum (*von* sequī, *eigtl.* folgend) **längs, nächst, gemäß**

a) cōpiās secundum flūmen dūcere	die Tr. den Fl. entlang führen
c) secundum rēgem plūrimum valēre	nächst dem K. am mächtigsten sein
secundum nātūram vīvere	nach der Natur, naturgemäß leben

24. per durch, hindurch, vermittelst

a) per prōvinciam iter facere	durch die Provinz marschieren
per urbēs ēdīcere	in den Städten bekanntmachen
b) per multōs annōs vīvere	viele Jahre (hindurch) leben
c) per lēgātōs	durch Gesandte
per litterās	brieflich, auf schriftlichem Wege
per fraudem (per īnsidiās)	auf betrügerische (hinterlistige) Weise

per iocum, per īram	im Scherz, im Zorn
per fidem	unter dem Vorwand des Treuversprechens = treulos (perfidē)
per deōs iūrāre	bei den Göttern schwören
per mē licet	meinetwegen

C. Präpositionen beim Akkusativ und Ablativ § 113

1 A. in beim **Akk.** (auf die Frage wohin?) **in, nach, auf**

a) in Galliam prōficīscī	nach Gallien ziehen
in potestātem Rōmānōrum venīre	in die Gewalt der R. kommen
in septentriōnēs spectāre	gegen Norden liegen
in deōs referre	unter die (Zahl der) Götter aufnehmen
b) in decem annōs	auf (für) 10 Jahre
in perpetuum	für immer
in posterum diem differre	auf den folgenden Tag verschieben
in diēs crēscere	von Tag zu Tag (immer) größer werden
c) odium in tyrannōs	Haß gegen die Tyrannen
studium in Rōmānōs	Neigung, Sympathie für die Römer
mīrum in modum	auf wunderbare Weise

1 B. in beim **Abl.** (auf die Frage wo?) **in, an, auf**

a) in urbe versārī	sich in der Stadt aufhalten
in potestāte Rōmānōrum esse	in der Gewalt der R. sein
in armīs esse	unter Waffen stehen
in cōnspectū omnium	vor aller Augen
in amīcīs numerāre	unter die Freunde rechnen
b) in pāce, in bellō	im Frieden, im Kriege
c) in summā inopiā	bei (trotz) der größten Not

2. sub unter

a) sub iugum mittere	unter das Joch schicken (wohin?)
sub iugō esse	sich unter dem Joch (in Kriegsgefangenschaft) befinden (wo?)
sub monte	am Fuße des Berges
b) sub lūcem	gegen Morgen
sub noctem	bei Anbruch der Nacht

IV. Das Verbum īnfīnītum

An **Nominalformen** des Verbs unterscheiden wir:

Verbalsubstantive: Infinitiv, Supinum, Gerundium und

Verbaladjektive: Gerundiv und Partizip.

Sie bilden den Übergang vom Nomen zum Verb, vom Satzteil zum Nebensatz.

§ 114 Der Infinitiv (Grundform)

1. Die verbale Natur des Infinitivs zeigt sich darin, daß er den Kasus seines Verbs regiert und nur durch Adverbien näher bestimmt werden kann. Im Deutschen wird er durch Vorsetzung des Artikels zu einem wirklichen Substantiv und kann als solches durch Attribute bestimmt werden:

Dīligenter legere bonōs librōs ūtile est	**Das** fleißige **Lesen** **guter** Bücher ist nützlich

2. Im Lateinischen steht der Infinitiv nur als Subjekt und Objekt.

a) Als Subjekt steht der Infinitiv bei vielen unpersönlichen Ausdrücken:

Errāre hūmānum est. Turpe est aliōs mendāciō fallere

Praestat morī cum dignitāte quam vīvere cum īgnōminiā

Übersetze: 1. mit Infinitiv, 2. mit Substantiv, 3. mit „wenn“- oder „daß“-Satz!

b) als Objekt steht der Infinitiv bei ergänzungsbedürftigen Verben, wie

velle, nōlle, mālle, cupere[1]), studēre suchen, sich bemühen

verērī sich scheuen, (nōn) dubitāre (kein) Bedenken tragen

Vincere scīs, Hannibal, victōriā ūtī nescīs

Vereor (Dubitō) tē laudāre praesentem

Gallī flūmen trānsīre nōn dubitāvērunt (ohne Bedenken, unbedenklich)

Flūmen vadō trānsīrī solet (gewöhnlich)

Incolae mūrōs exstruere coepērunt (dēsiērunt); *aber im Passiv:*

Mūrī exstruī coeptī (dēsitī) sunt man begann (hörte auf) Mauern zu bauen

3. Prädikatsnomina beim Infinitiv richten sich nach ihrem Beziehungswort (vgl. § 72).

---

[1]) Bei ungleichem Subjekt steht der A c.I., vgl. § 153b.

Fehlt ein solches, so stehen sie beim Subjektsinfinitiv im Akk. Sing. Mask.:

Omnēs hominēs beātī esse student (volunt, cupiunt)
Discite modestī esse, *aber:* Vōs doceō modestōs esse
Nēminī licet ingrātō esse, *aber:* Nōn licet ingrātum esse

4. Über den Infinitiv als Prädikat (Inf. hist.) s. § 135, 2.

Der Akkusativ mit Infinitiv (A. c. I.) § 115

Im Deutschen findet sich der A.c.I. (Akt. Präs.!) heute nur noch vereinzelt, und zwar bei Verben der unmittelbaren Sinneswahrnehmung (sehen, hören, fühlen) sowie bei heißen und lassen:

Ich sehe den Knaben laufen — ich höre den Knaben singen
ich fühle den Tod herannahen — ich heiße (lasse) dich hinausgehen
Ähnlich im Lateinischen: Mortem imminēre sentiō — Iubeō (sinō) tē exīre

Im Lateinischen ist der — zunächst als Satzteil empfundene — A.c.I. die Hauptform des abhängigen Urteils, entspricht also einem Nebensatz (Subjekts- oder Objektssatz) und wird deshalb im Zusammenhang mit den abhängigen Sätzen behandelt (s. § 151).

Der Nominativ mit Infinitiv (N. c. I.) § 116

Der **N.c.I.** (persönliche Konstruktion) steht bei folgenden Passiven:

1. videor ich scheine[1])

Oblītī (esse) vidēminī	Ihr scheint vergessen zu haben Es scheint, als hättet ihr vergessen Wie es scheint, habt ihr vergessen Anscheinend habt ihr vergessen Allem Anschein nach habt ihr vergessen Ihr habt wohl (vielleicht) vergessen

2. dīcor ich soll, man sagt von mir, es heißt von mir
   putor, iūdicor, exīstimor u. ä. man glaubt von mir, daß ich ...
   Rōmulus urbem Rōmam condidisse dīcitur (nārrātur, trāditur, fertur)

   Romulus soll die Stadt Rom gegründet haben
   Man sagt (es heißt), Romulus habe die Stadt Rom gegründet
   Wie man erzählt, hat Romulus die Stadt Rom gegründet
   Der Überlieferung nach hat Romulus die Stadt Rom gegründet

   Aber nur: Rōmulum Rōmam condidisse memoriae trāditum est

[1]) mihi videor ich komme mir vor, glaube; mihi vidētur es scheint mir gut, ich beschließe = placet mihi. — vīsum est = placuit man beschloß.

Ebenso: Rōma ā Rōmulō condita esse dīcitur (trāditur, fertur)
Rōmam ā Rōmulō conditam esse trāditum est.

3. iubeor, vetor man befiehlt, verbietet mir (ich werde geheißen, gehindert)
Mīlitēs ā Caesare pontem facere iussī (vetitī) sunt
Den Soldaten wurde von C. befohlen (verboten), eine Brücke zu schlagen

§ 117 Das Supinum

1. Das Supinum auf **-um** ist der erstarrte Akkusativ des Verbalsubstantivs auf **-us** und bezeichnet Ziel oder Zweck bei Verben der Bewegung (s. § 82, 1c), aber nur in gewissen Verbindungen:

vēnātum īre (zum Jagen), auf die Jagd gehen (vgl. domum)
pābulātum mittere zum Futterholen ausschicken

Tōtius ferē Galliae lēgātī ad Caesarem convēnērunt grātulātum	(zum Glückwünschen, um Glück zu wünschen)
Gallī lēgātōs ad Caesarem mittunt pācem petītum	(um ihn zu bitten)

Anmerkung: Das Supinum auf **-um** dient auch zur Bildung des Pass. Fut. Inf.: Putō vōs **laudātum īrī** ich gl., daß man euch loben geht — daß man euch l. wird.

2. Das Supinum auf **-ū** ist der alte Dativ des Verbalsubstantivs und dient zur näheren Bestimmung von einigen Adjektiven auf die Frage: wofür? wozu?

Horribile vīsū (schrecklich für das Sehen) schrecklich zu sehen, ein schrecklicher Anblick; incrēdibile dictū; facile factū; difficile perfectū.

§ 118 Das Gerundivum

ist ein passivisches Verbaladjektiv mit der Bedeutung, daß etwas erst getan werden soll oder muß (verneint: nicht getan werden darf[1])).

Es steht

1. persönlich nur von Transitiven:

a) attributiv: epistula scrībenda ein zu schreibender Brief = ein Brief, der erst noch geschrieben werden muß oder soll

b) prädikativ: Epistula scrībenda est der Brief ist zu schreiben = der Brief muß geschrieben werden
Epistula **nōn** est mittenda ... darf nicht abgeschickt werden

[1]) gerundum altertümliche Form für gerendum: etwas, das ausgeführt werden soll oder muß (Kennzeichen **-nd-**).

2. nur unpersönlich von Intransitiven:

Eundum est	Es ist zu gehen, man muß gehen
Victīs parce**ndum** est	Man muß die Besiegten schonen
Occāsiōne **ūtendum** est	Man muß die Gelegenheit benutzen

3. Der **Dativ** beim Gerundivum bezeichnet die Person, für die es gilt, etwas zu tun, die etwas tun soll oder nicht tun darf (vgl. § 85, 6):

Nōbīs eundum est	Wir müssen gehen
Omnibus hominibus moriendum est	Alle Menschen müssen sterben
Epistula mihi scrībenda est	Ich muß einen Brief schreiben
Iniūria mihi ulcīscenda est	Ich muß das Unrecht rächen
Nunquam nōbīs dēspērandum est	Niemals dürfen wir verzweifeln
Caesarī erant omnia ūnō tempore agenda	Cäsar hätte alles in einem Augenblick tun müssen

Anmerkung: Um Zweideutigkeit zu vermeiden, steht statt des Dativs auch ā, besonders wenn ein Dativobjekt vorhanden ist: Ā līberīs parentibus pārendum est.

§ 119

Bei den Verben des Überlassens und Übernehmens (dare, trādere, cūrāre, relinquere, concēdere, suscipere) steht das Gerundivum prädikativ zum Ausdruck des Zwecks:

Caesar exercitum Labiēnō in hīberna dūcendum dedit	C. gab das Heer dem L. (als ein zu führendes), um es ... zu führen
Rōmulus et Remus servō necandī trāditī sunt	Romulus und Remus wurden einem Sklaven zum Töten übergeben
Caesar pontem in flūmine faciendum cūrāvit	C. ließ eine Brücke über den Fluß schlagen
Urbs mīlitibus dīripienda permissa (concessa) est	Die Stadt wurde den Soldaten zur Plünderung überlassen

Das Gerundium § 120

vertritt die abhängigen Kasus des substantivierten aktiven Präsensinfinitivs. Es hat wie dieser (vgl. § 114, 1) den Kasus seines Verbs bei sich und kann nur durch ein Adverb näher bestimmt werden.

Es wird übersetzt durch den Infinitiv mit „zu" oder durch ein Substantiv, oft auf -ung (doch vgl. § 199 Anm.).

discere, discendī, discendō, (ad) discendum, discendō
ars scrībendī die Schreibkunst; parātus ad scrībendum
scrībendō sē exercēre sich im Schreiben üben

spēs vincendī = victōriae; occāsiō fugiendī = fugae
facultās dīcendī die Redegabe; cupidus discendī lernbegierig
ars vēra et falsa diiūdicandī; ars rēctē scrībendī

Nox fīnem pūgnandī fēcit	Die N. machte dem Kampfe ein Ende
Dīligenter legendō bonōs librōs mēns alitur	Durch fleißiges Lesen guter Bücher entwickelt sich der Geist

§ 121 Gerundivum und Gerundium

Statt des substantivischen Gerundiums mit Objekt findet sich häufig, in Verbindung mit Präpositionen immer, das adjektivische Gerundivum in gleicher Bedeutung wie das Gerundium, also aktivisch.

Statt ars scrībendī epistulam *in der Regel:* **ars epistulae scrībendae**
(Der Römer erwartet nach dem Substantiv gleich einen Genetiv.)

ars reī pūblicae administrandae (ars administrandī rem pūblicam)	die Kunst der Staatsführung (Staatsverwaltung)

Germānīs neque cōnsiliī habendī neque arma capiendī spatium datur.

In Verbindung mit Präpositionen steht nur das Gerundivum:

Cicerō in rē pūblicā administrandā dīligentissimum sē praebuit
Gallī mōbilēs sunt in cōnsiliīs capiendīs in ihren Entschlüssen
Cicerōnis salūtandī causā tōta Italia convēnit zur Begrüßung Ciceros

Zusätze:

1. ūtor, fruor, fungor, potior haben als ursprüngliche Transitive in den abhängigen Kasus ein persönliches Gerundivum.

   Ūtendum est vīribus — aber in vīribus ūtendīs
   Hostibus spēs potiundī oppidī discessit

2. Bei den Genetiven meī, tuī, suī, nostrī, vestrī, suī steht scheinbar ohne Rücksicht auf Genus und Numerus immer die Form auf -ī (= meines, deines usw. Wesens, vgl. § 28, 2):

   Germānī suī excūsandī causā lēgātōs mīsērunt . . . um sich zu entschuldigen
   Mulierēs suī servandī causā dē mūrō dēsiluērunt . . . um sich zu retten

3. Der Dativ des Gerundivums beschränkt sich zur Angabe des Zwecks auf nachstehende und ähnliche Verbindungen:

decemvirī lēgibus scrībundīs	zur Abfassung von Gesetzen
triumvirī reī pūblicae cōnstituendae	für die Neuordnung des Staates
comitia magistrātibus creandīs	für die Wahl von Beamten
locum capere castrīs mūniendīs	für die Anlage eines festen Lagers
Omnibus hībernīs oppūgnandīs dictus est diēs	Für den Sturm auf alle Winterlager wurde der Tag festgesetzt

Gerundivum und Pass. Perf. Part. § 122

Das Gerundivum bezeichnet die noch bevorstehende, das Pass. Perf. Part. die bereits vollendete Handlung.

Beide werden ohne Rücksicht auf den Zeitunterschied oft durch Substantive übersetzt, in denen dieses zeitliche Verhältnis nicht zum Ausdruck kommt:

Scīpiō ad Āfricam domandam (Āfricae domandae causā) missus est	... zur Unterwerfung Afrikas (Afr. soll erst erobert werden: Zweck)
Scīpiō propter Āfricam **domitam** Āfricānus appellātus est	... wegen der Unterwerfung Afr. (Afr. ist bereits unterworfen: Grund)
Themistoclēs prō Graeciā **līberandā** pūgnāvit	Themistokles kämpfte für die Befreiung Griechenlands
Athēniēnsēs Themistoclī prō Graeciā **līberātā** grātiam nōn rettulērunt	Die Ath. haben Th. für die Befreiung Griechenlands nicht gedankt
Ab urbe oppūgnandā Poenum absterruēre cōnspecta moenia	Vom Sturm auf die St. schreckte den P. der Anblick der Mauern ab

Das Partizipium § 123

Das Partizip ist ein Verbaladjektiv und nimmt teil (particeps) an der Natur des Adjektivs und des Verbs („Mittelwort").

a) Partizipien bildet nur das Präsens und Futur im Aktiv sowie das Perfekt im Passiv (§§ 49 B und 51):

laudāns, hortāns	(lobend, ermahnend), einer der lobt, ermahnt
laudātūrus, hortātūrus	einer der loben, ermahnen wird (selten)
laudātus, hortātus	(gelobt), einer der gelobt worden ist, ermahnt hat

Es fehlt also im Aktiv das Part. Perf., im Passiv das Part. Präs. Einige Perfektpartizipien von Deponentien haben passive Bedeutung (s. § 51 Anm.), einige bezeichnen scheinbar die Gleichzeitigkeit, s. § 137 Anm.

b) Wie der Infinitiv bezeichnet auch das Partizip nicht die Zeitstufe, sondern nur das Zeitverhältnis der Nebenhandlung zur Haupthandlung (vgl. § 137b).

Besonders Vor- und Gleichzeitigkeit sind scharf zu trennen, z.B.

Cicerō ex exiliō rediēns ā senātū salūtātur, salūtātus est	als C. zurückkehrte, bei seiner Rückkehr Gleichzeitigkeit

Cicerō Rōmam reversus statum reī pūblicae commūtātum invēnit	als C. zurückgekehrt war, nach seiner Rückkehr Vorzeitigkeit
Cicerō domum reditūrus dīs sacrificat, sacrificāvit	als C. zurückkehren wollte, ehe er zurückkehrte, vor seiner Rückkehr Nachzeitigkeit

§ 124 Das Partizip wird wie das Adjektiv attributiv und prädikativ gebraucht

Das **attributive** Partizip wird wörtlich übersetzt oder durch Relativsatz aufgelöst:

leō mortuus	der tote Löwe
tempus futūrum	die Zukunft (die kommende Zeit)
virī dē rē pūblicā bene meritī	verdiente Staatsmänner; Männer, die sich um den Staat verdient gemacht haben
Perāctī labōrēs iūcundī sunt	Getane Arbeit ist angenehm
Caesar nāvibus iūnctīs flūmen trānsiit	Cäsar überschritt auf einer Pontonbrücke den Fluß

Beim präpositionalen Attribut (s. § 74, 5) bleibt das Partizip oft unübersetzt:

pūgna ad Cannās commissa	die Schlacht bei Kannä
bellum cum Gallīs gestum	der Krieg mit den Galliern
oppida in īnsulā sita	die Städte auf der Insel
litterae ā senātū missae	ein Schreiben vom Senat
Germānī trāns Rhēnum incolentēs	die rechtsrheinischen Germanen

§ 125 Participium coniūnctum und Ablātīvus absolūtus

1. Das **prädikative** Partizip kommt im Lateinischen in Verbindung mit einem Nomen häufig vor und kann sich wie die prädikativ gebrauchten Substantive und Adjektive (§§ 75. 77) an alle Kasus anschließen:

Cicerō ex exiliō rediēns ā senātū salūtātus est Cicerōnem redeuntem senātus salūtāvit Cicerōnī redeuntī senātus obviam iit	als C. zurückkehrte, bei seiner Rückkehr
Cicerōnis reditū instante senātus gaudēbat (Abl. causae)	über die Rückkehr, die bevorstand
Cicerō aestāte exeunte Rōmam rediit (Abl. temporis)	bei Ende des Sommers

In den beiden letzten Sätzen ist der Ablativ auch ohne Partizip deutlich als adverbiale Bestimmung (des Grundes und der Zeit) mit dem übrigen Satze „verbunden“ und wird durch das Partizip nur näher bestimmt. Dieses durch sein Beziehungswort auch mit dem Satz verbundene Partizip nennt man **Participium coniūnctum.**

2. Etwas anders ist es in den Sätzen:

Cicerōne Rōmam redeunte status reī pūblicae commūtātus erat	Bei Ciceros Rückkehr nach Rom war der Zustand des Staates verändert
Senātū adiuvante Cicerō Rōmam rediit	Mit Hilfe des Senats kehrte Cicero nach Rom zurück

Hier steht der Ablativ an sich in keinem so sichtbaren Zusammenhang mit dem Verbum finitum, wenn auch der temporale bzw. instrumentale Charakter des Ablativs noch spürbar ist. Er ist aber keine notwendige Ergänzung, sondern der Ablativ bildet hier mit dem Partizip einen geschlossenen Ausdruck, der als adverbiale Bestimmung scheinbar vom übrigen Satz „losgelöst“[1]) ist. Dieser „absolute“ Gebrauch ist im Laufe der Entwicklung herrschend geworden und verleiht der lateinischen Sprache eine besondere Kürze im Ausdruck. Man nennt diese Konstruktion **Ablātīvus absolūtus.** Seine Häufigkeit erklärt sich aus dem Fehlen des Part. Perf. Akt.

Dieser Mangel bewirkt im Lateinischen

a) die bevorzugte Wahl von Deponentien, die das Part. Perf. besitzen,

b) die Umwandlung ins Part. Perf. Pass. (Abl. absol.) Beispiele:

Caesar mīlitēs adhortātus (mīlitibus admonitīs) signum proeliī dedit	Nachdem C. seine Soldaten angefeuert hatte, gab er das Zeichen...
Caesar hostium fīnēs populātus (fīnibus vāstātīs) exercitum redūxit	Nachdem C. verwüstet hatte, führte er sein Heer zurück

Zusatz:

Auch beim Abl. absol. ist auf das Zeitverhältnis zu achten (vgl. § 123b), z.B.
sōle oriente bei Sonnenaufgang (Gegenwart: Gleichzeitigkeit)
sōle ortō nach Sonnenaufgang (Vergangenheit: Vorzeitigkeit)

3. Die römischen Autoren verwenden das Partizip gerne, um die sich aus der bisherigen Schilderung ergebende Gesamtlage am Satzanfang nochmal kurz zu umreißen:

Quō proeliō sublātī Helvētiī . . .	Die Helv. waren durch dies Gefecht ermutigt und . . .

[1]) Ähnlich absolut gebrauchte Kasus kennt auch das Deutsche, vgl. „stehenden Fußes, gesenkten Hauptes, unverrichteter Sache“.

Quibus rēbus cognitīs ...	Auf Grund dieser Berichte, Erfahrungen, Kenntnisse ...
Eōdem diē ab explōrātōribus certior factus ...	Auf Grund der am gleichen Tag durch Späher eingegangenen Meldung ...

Besonders beliebt ist dabei das Part. Perf. von Deponentien (s. § 125, 2):

Helvētiī cum omnibus suīs carrīs secūtī ...	Die Helv., die gefolgt waren ...
Caesar ab decimae legiōnis cohortātiōne ad dextrum cornū profectus	Als Caesar vom Appell der 10. Legion zum rechten Flügel kam, ...

4. Außerdem ist das Partizip für die antiken Autoren ein Stilmittel, um (durch Verteilung der Gewichte in der Darstellung vieler Begleitumstände) die Spannung vom vorangestellten Subjekt bis zu dem die Hauptaussage tragenden Prädikat zu steigern:

Helvētiī cum omnibus suīs carrīs secūtī impedīmenta in ūnum locum contulērunt; ipsī cōnfertissimā aciē, reiectō nostrō equitātū, phalange factā sub prīmam nostram aciem successērunt.	Die Helv. hatten mit allen ihren Wagen Cäsar verfolgt / und ließen den gesamten (con-) Troß bis zu einem Punkt auffahren, / schlossen dann zur Schlachtordnung dicht auf, / warfen die römische Reiterei / und rückten in Kampflinie gegen die römische Front an.
Caesar prīmum suō, deinde omnium ex cōnspectū remōtīs equīs, ut aequātō omnium perīculō spem fugae tolleret, cohortātus suōs proelium commīsit.	Cäsar ließ erst sein, / dann die Pferde sämtlicher Offiziere hinter die Front bringen, / um so bei gleicher Gefahr für alle die Hoffnung auf Flucht zu beseitigen, / feuerte seine Soldaten durch kurzen Zuruf an und / eröffnete das Gefecht.

5. Statt eines Partizips tritt oft auch ein Prädikativum (Subst. oder Adj.) zum Ablativ:

Gallī Vercingetorīge duce sēditiōnem fēcērunt	Die G. machten unter Verc. als ihrem Führer, unter der Führung des Verc. einen Aufstand
Cicerōne cōnsule Catilīna coniūrātiōnem fēcit	Unter Cicero als Konsul, in Ciceros Konsulatsjahr zettelte K. eine Verschwörung an
Turpe est hoste auctōre (suādente) cōnsilia capere	Es ist schimpflich, auf Veranlassung (Rat) eines Feindes Entschlüsse zu fassen
Patre invītō (īnsciō, īgnārō) hoc fēcī (§ 75!)	Wider den Willen (ohne Wissen) des Vaters habe ich dies getan

Augustō imperātōre (imperante) artēs litteraeque flōruērunt	Unter der Regierung des Aug. blühten Künste und Wissenschaften

Vergleiche: Gallī Vercingetorīge ūsī sunt duce: § 77,1
Cicerō cōnsul coniūrātiōnem Catilīnae dētēxit: § 75,1
Invītus tē offendī: § 75,2a

§ 126

Bei der **Übersetzung** lateinischer Partizipialkonstruktionen ins Deutsche ist außer dem Zeitverhältnis (§ 123) die gedankliche Verknüpfung des Partizips mit dem Hauptverb zu beachten, entsprechend der Bedeutung des Ablativs im Satzzusammenhang (Fragen: wann, warum, wie, wodurch? usw.).

Für die Übersetzung ergeben sich folgende Möglichkeiten:

1. Partizip (wörtlich)
2. Relativsatz, beides für Abl. absol. selten
3. Konjunktionaler Nebensatz

a) der Zeit (temporal)	als, während, nachdem, wenn
b) des Grundes (kausal)	da, weil
c) der Art und Weise (modal)	indem; dadurch, daß
d) der Einräumung (konzessiv)	obgleich, wenn auch; während
e) der Bedingung (kondizional)	wenn, falls

4. Substantiv mit Präposition

a) temporal	während ..., nach ...
b) kausal	wegen ..., infolge ...
c) modal	in ..., unter ...
d) konzessiv	trotz ...

5. beigeordneter Satz

Dabei muß das gedankliche Verhältnis der Sätze entsprechend der Funktion des Partizips meist durch beiordnende Konjunktionen ausgedrückt werden:

a) das temporale Verhältnis durch	und, und dann
b) das kausale „ „	und daher, deshalb
c) das modale „ „	und so, und dadurch
d) das konzessive „ „	aber, trotzdem

Zusatz zu 5:

Den Abl. absol. übertrage man zunächst wörtlich im Nominativ als vollständigen Satz und bringe ihn dann mit dem Hauptsatz in die entsprechende gedankliche Verbindung:

Nāve frāctā plērīque periērunt (servātī sunt)	Das Schiff war gescheitert — die Mehrzahl ging unter (wurde gerettet)

Grund:	Da ... gescheitert war, Infolge des Schiffbruchs	ging ... unter
Einräumung:	Obwohl ... gescheitert war, Trotz Scheiterns ...	wurde ... gerettet
Beiordnung:	Das Schiff war gescheitert,	deshalb gingen ... unter trotzdem wurden ... gerettet

Beispiele:

1. **Persae Athēnīs appropinquantēs dēditiōnem urbis postulāvērunt**
   Die Perser, sich Athen nähernd, verlangten die Übergabe der Stadt
   Die Perser, die sich Athen näherten, verlangten ...
   Als sich die Perser Athen näherten, verlangten sie ...
   Beim Herannahen verlangten die Perser ...
   Die Perser näherten sich Athen und verlangten ...

2a) **Persīs appropinquantibus Athēniēnsēs urbem relīquērunt**
   Als die Perser sich näherten, verließen die Athener die Stadt
   Beim Nahen der Perser verließen die Athener die Stadt
   Die Perser näherten sich Athen; da (deshalb) verließen die Athener ...

2b) **Athēnīs captīs Persae Salamīnem nāvigāvērunt**
   Als die P. Athen eingenommen hatten (aktivisch!)[1]), fuhren sie nach Salamis
   Nach der Einnahme Athens fuhren die Perser nach Salamis
   Die Perser hatten Athen eingenommen; darauf fuhren sie nach Salamis.

Verneinte Partizipien werden oft durch **„ohne zu, ohne daß"** übersetzt:

Persae nōn lacessītī Graeciam aggressī sunt	Ohne gereizt zu sein, griffen die Perser Griechenland an
Itinere nōn intermissō Persae Athēnās petīvērunt	Ohne den Marsch zu unterbrechen, gingen die P. auf Athen los
Persae Athēnās nūllō resistente (ā nūllō dēfēnsās) occupāvērunt	Die P. besetzten Athen, ohne Widerstand zu finden — ohne daß es verteidigt wurde

Zusätze:

1. Das Pass. Perf. Part., im Lateinischen infolge des Fehlens des aktiven Perfektpartizips besonders häufig verwendet, ist meist aktivisch wiederzugeben (s. Beisp. 2b und § 211, 1).
2. Über das unterschiedliche Zeitverhältnis von Pass. Perf. Part. und Gerundivum s. § 122.

[1]) Wir bevorzugen das Aktiv, s. § 211.

3. Über die häufige Verwendung des Partizips im Lateinischen s. § 125,3 f. und seine Beiordnung im Deutschen 195—197.
4. Zur Übersetzung des attribut. Partizips durch Substantiv s. § 214c.

§ 127

Das prädikative Partizip steht abweichend vom Deutschen bei unmittelbaren Sinneswahrnehmungen:

videō puerum currentem	ich sehe den Knaben laufen
audiō puerum cantantem	ich höre den Knaben singen
Dīc, hospés, Spartǽ nōs tē híc vīdísse iacéntēs	Fremdling, verkünde in Sparta, du habest uns hier liegen gesehen!

II. DER SATZ

A. Die Modi (Aussageweisen)

Indikativ und Konjunktiv[1]) **§ 128**

Der Indikativ (als Modus der Wirklichkeit) **bezeichnet Tatsachen, der Konjunktiv Vorstellungen.**

Athēniēnsēs Sōcratem capitis damnāvērunt,	die A. verurteilten S. . . .,
quod iuvenēs corrumpēbat	weil er verdarb (Tatsache)
quod iuvenēs corrumperet	weil er verderbe (Vorstellung der Athener)
Gallī ā Caesare auxilium petēbant,	die Gallier baten um Hilfe,
quod ā Suēbīs premēbantur	weil sie bedrängt wurden (tatsächlich)
quod ā Suēbīs premerentur	weil sie bedrängt würden (nach ihrer Angabe)

Vorstellung ist

1. alles Gewollte, Begehrte, Beabsichtigte,
2. alles nur als möglich oder als nicht wirklich Gedachte
3. alles als jemandes Meinung, Empfindung, Behauptung Hingestellte.

Hauptsätze:

Īmus wir gehen — Eāmus laßt uns gehen! wir wollen gehen!
Pater meus valet ist gesund — Valeat! — möchte (möge) er doch g. sein!

---

[1]) **Wirklichkeitsform** und **Vorstellungsform.** Konjunktiv bedeutet in abhängigen Sätzen die enge Verbindung zwischen dem übergeordneten und untergeordneten Satz. Die **Befehlsform** (Imperativ) kommt als besonderer Modus nur für einzelne Fälle des Begehrens in Betracht (§ 143c).

Pater mortuus est — Utinam pater nē moriātur! wenn doch der V. nicht stürbe!

Nēmō hoc dīxit — Forsitan dīcat aliquis (bloß als möglich gedacht): vielleicht könnte (möchte, dürfte) einer sagen.

Quid facis? — Quid faciāmus? was sollen wir tun?

Hoc vērum est — Sit hoc vērum! mag dies wahr sein! (als möglich eingeräumt).

Nebensätze:

Edimus, ut vīvāmus (Absicht kann nur Vorstellung sein).

Hoc repetō, nē oblīvīscāminī.

Rōmānī lēgātōs mīsērunt, quī ōrāculum cōnsulerent befragen sollten.

Exspectāvimus, dum amīcī domum rediērunt (Tatsache)

Exspectābāmus, dum amīcī domum redīrent (nur erwarteter, also vorgestellter Vorgang).

Ōderint, dum metuant (das Hassen wird als erlaubt eingeräumt, das Fürchten gefordert) — Ausspruch des Kaisers Kaligula, vgl. § 145.

Cīvēs fūgerant, priusquam hostēs invāsērunt (beides Tatsachen); *aber:*

Cīvēs portās clausērunt, priusquam hostēs invāderent bevor die Feinde eindringen konnten: damit die F. nicht erst eindringen sollten (das Eindringen bleibt bloße Vorstellung) § 168.

Sī hoc dīxissēs, errāssēs (beides nicht wirklich).

§ 129 Innerliche Abhängigkeit

a) Alle Nebensätze, die nur das Begehren, die Meinung oder Behauptung eines anderen enthalten, heißen innerlich abhängig und stehen im Konjunktiv (im allgemeinen wie im Deutschen).

Athēniēnsēs Sōcratem capitis damnāvērunt, quod iuvenēs corrumperet.

Caesar ab hostibus servōs, quī ad eōs perfūgissent, poposcit: ... übergelaufen seien, nach Cäsars Meinung; dagegen würde perfūgerant die Tatsache bezeichnen.

Caesar iīs, quī prīmī mūrum ascendissent, praemia prōposuit	C. setzte denen eine Belohnung aus, die als erste ... erklimmen (erklommen haben) würden.

b) Das Lateinische faßt auch alle abhängigen Fragen als bloße Meinung des Fragenden, also als innerlich abhängig auf, das Deutsche nicht alle:

Caesar quaesīvit, ubi Labiēnus esset — wo L. sei

Quaerō ex tē, ubi fueris — wo du gewesen bist

Nescīmus, quis adsit — Wir wissen nicht, wer da ist

(ursprünglich Beiordnung: Wer mag wohl da sein?)

c) Die (innerlich) abhängigen Urteilssätze (Subjekt- und Objektsätze) werden im Lateinischen nicht durch Nebensätze, sondern durch den A. c. I. ausgedrückt, siehe § 151.

§ 130

d) In innerlich abhängigen Sätzen bezieht sich das Reflexivpronomen (suī, sibi, sē, suus) auch auf das Subjekt des übergeordneten Satzes. Man nennt es **indirektes** Reflexivum zum Unterschied von dem direkten, das sich nur auf das Subjekt des eigenen Satzes bezieht (wie im Deutschen). Athēniēnsēs Sōcratem capitis damnāvērunt, quod fīliōs suōs corrumperet kann heißen „weil er seine (eigenen) Söhne" (direkt) *und* „ihre Söhne" (indirekt) verderbe; *dagegen* quod fīliōs suōs corrumpēbat *nur* „weil er seine Söhne", quod fīliōs eōrum corrumpēbat *nur* „ihre Söhne verdarb".

Dux mīlitēs obtestātus est, ut sibi cōnsulerent	Der Feldherr beschwor seine Soldaten, für ihn (für sich) zu sorgen
Perfuga Fabrīciō prōmīsit, sī sibi praemium darētur, sē in Pyrrhī castra reditūrum et eum venēnō necātūrum esse	Ein Überläufer versprach dem Fabr., wenn man ihm eine Belohnung gebe, werde er in das Lager des P. zurückkehren und ihn vergiften
Rōmānī lēgātōs mīsērunt, quī ā Prūsiā rēge peterent, nē Hannibalem, inimīcissimum suum, sēcum habēret sibique dēderet	Die R. schickten Gesandte, die vom König Pr. fordern sollten, ihren Todfeind H. nicht bei sich zu behalten, sondern ihnen auszuliefern

§ 131

Im Lateinischen steht der Konjunktiv auch wenn der Satz nach unserem Empfinden eine Tatsache enthält (also ohne inneren Grund),

a) in allen **Folgesätzen** (§ 164):

Omnēs ita perterritī erant, ut nēmō resistere audēret

Flūmen adeō crēverat, ut trānsīrī nōn posset

Germānī subitō ā Caesare oppressī sunt, ut iīs spatium cōnsiliī habendī nōn darētur (*nicht* sibi!)

b) in allen Nebensätzen mit dem **kausalen, konzessiven und erzählenden cum** (= da, obgleich, während, als):

Haeduī, cum (da) sē ab Helvētiīs dēfendere nōn possent, lēgātōs ad Caesarem mittunt

Rōmānī castrīs sē tenēbant, cum (obgleich, während) hostēs cottīdiē pūgnandī potestātem facerent

Caesar, cum (als) Rubicōnem trānsīsset, hostis iūdicātus est

c) in **Relativsätzen,** die Folge, Grund und Einräumung enthalten (s. §175, 2—4):

Ea est Rōmāna gēns, quae victa quiēscere nesciat (derart, daß)
Ō fortūnāte Achillēs, quī Homērum praecōnem virtūtis invēneris! (der, da du)
Rōmānī quī Gallīs numerō īnferiōrēs essent, tamen victōriam cōnsecūtī sunt (die, obgleich sie)

Im **Deutschen** steht in allen diesen Fällen der **Indikativ.**

B. Tempora

Der Gebrauch der Tempora stimmt im allgemeinen mit dem Deutschen überein; doch beachtet die lateinische Sprache die Tempora genauer und bezeichnet auch die Aktionsart genauer.

§ 132

1. Die Zeitstufen

a) Präsens und Futurum

Gegenwart und Zukunft werden scharf unterschieden. Besonders wird im Gegensatz zum Deutschen alles, was der Zukunft angehört, auch durch das Futur bezeichnet:

Crās Rōmam proficīscar	Morgen reise ich nach Rom (will ich, habe ich vor zu reisen)
Quamdiū manēbis?	Wie lange bleibst du (gedenkst, beabsichtigst du zu bleiben)?
Quandō redībis?	Wann kommst du wieder?

b) Perfekt und Imperfekt

Die Zeiten der Vergangenheit bezeichnen nicht bloß, wann etwas geschieht (Zeitstufe), sondern auch, wie es geschieht, ob die Handlung als bereits abgeschlossen, fertig („perfectum“) oder als noch im Gange befindlich, nicht fertig („imperfectum“) vorgestellt wird (Aktionsart).

§ 133

I. Das Perfekt

bezeichnet im Lateinischen, abweichend vom Deutschen, in der Regel einmalige Geschehnisse der Vergangenheit als Einzelhandlungen in der Kette der Erzählung — **erzählendes Perfekt** (im Deutschen nur Präteritum).

Frage: Was geschah? Was trat ein? (Aktionsart: Eintritt, Abschluß)

Paulō post Hasdrubalis mortem Hannibal imperātor factus est. Quī	Bald nach Hasdrubals Tode wurde Hannibal Oberbefehlshaber. Er un-

omnēs gentēs Hispāniae subēgit et Saguntum vī expūgnāvit. Deinde trēs exercitūs parāvit, ex quibus ūnum in Āfricam mīsit, alterum in Hispāniā relīquit, tertium sēcum in Italiam dūxit.

terwarf alle Volksstämme Spaniens und eroberte Sagunt mit Gewalt. Dann rüstete er drei Heere aus, von denen er eins nach Afrika schickte, das zweite in Spanien zurückließ und das dritte mit nach Italien nahm.

Zusätze:

1. Gelegentlich bezeichnet das Perfekt auch Einzelvorgänge der Vergangenheit als Urteile vom Standpunkt der Gegenwart — urteilendes oder **konstatierendes (feststellendes) Perfekt;** im Deutschen steht ebenfalls meist das Perfekt:

   Imperātor Augustus annō p. Chr. n. quārtō decimō mortuus est — ist gestorben (geschichtliche Tatsache). Rōmānī ab Hannibale victī, nōn superātī sunt — sind besiegt, nicht überwunden **worden** (Urteil vom Standpunkt der Gegenwart). Magnā pūgnā victī sumus (Feststellung des Prätors M. Pomponius nach der Schlacht am Trasimener See) — wir sind besiegt **worden** (dieses „worden“ ist beim feststellenden Perfekt nötig!).

2. Nur selten bezeichnet das Perfekt im Lateinischen den aus der vollendeten Handlung hervorgegangenen Zustand in der Gegenwart — **präsentisches Perfekt;** im Deutschen steht ebenfalls Perfekt, aber im Passiv stets ohne **„worden“** und es ist oft geradezu durch ein **Präsens** wiederzugeben:

   imperātor **mortuus est (ist tot)** — vīvat imperātor!
   vīcimus wir haben gesiegt (**sind** Sieger)
   victī sumus wir **sind** besiegt (die Besiegten)
   mihi **persuāsī (persuāsum est)** ich **bin** überzeugt
   cōnsuēvī ich (habe mich gewöhnt und) **pflege** (jetzt)
   nōvī ich (habe kennengelernt und) **kenne** (jetzt)
   audīvī ich **weiß** (vom Hörensagen) = nōvī
   cōnstitī ich habe mich gestellt = ich **stehe**
   meminī ich erinnere mich, **bin** eingedenk
   ōdī ich **hasse**

II. Das Imperfekt § 134

stellt Vorgänge der Vergangenheit als noch nicht abgeschlossen („unvollendet“) dar, d.h. als noch im Gange befindlich, noch andauernd oder sich immer wiederholend; es **schildert** und **beschreibt** also auch vergangene Zustände und Gewohnheiten.

Es wird immer durch das **Präteritum** übersetzt und oft durch Adverbien („gerade, wiederholt, gewöhnlich, allmählich, immer“) oder durch Hilfsverben („dabei sein, sich anschicken, pflegen“) verdeutlicht (Aktionsart: Art, Weise, Dauer).

Frage: Was war damals? Was geschah gerade oder regelmäßig?

Gallī flūmen trānsībant	Die G. überschritten gerade den Fluß, waren dabei ... zu überschreiten
Vēr appetēbat, cum Hannibal castra mōvit	Der Frühling nahte gerade (war im Nahen), da brach Hannibal auf
Cum Caesar in Galliam vēnit, ibi duae factiōnēs erant	Als Cäsar nach G. kam, bestanden dort zwei Parteien — Zustand
Rōmae quotannīs bīnī cōnsulēs creābantur	In Rom pflegte man jährlich zwei Konsuln zu wählen — Sitte

Ergibt sich aus dem Zusammenhang, daß der durch das Imperfekt bezeichnete Vorgang tatsächlich nicht zum Abschluß gekommen ist, so wählt man die Umschreibung mit „wollen, versuchen" (Imperf. **dē cōnātū**). In diesem Falle heißt also:

Gallī flūmen trānsībant	Die G. versuchten den Fluß zu überschreiten

§ 134a Vergleichende Beispiele zum Gebrauch von Perfekt und Imperfekt

1. Classis ōrnāta est die Flotte liegt (jetzt) gerüstet (präsent. Perfekt)
2. Iam ā Phoenīcibus magnae classēs ōrnātae sunt sind ausgerüstet worden — einzelne geschichtliche Tatsache (urteilendes Perfekt)
3. Tum classis ōrnāta est darauf wurde eine Flotte gerüstet — ein Glied aus der Kette einer Erzählung (erzählendes Perfekt)
4. Iam classis ōrnābātur, cum hostēs sē dēdidērunt — wurde gerade gerüstet — Zustand, Lage (Schilderung)

§ 135 c) Besonderheiten

1. In lebhafter Erzählung vergangener Handlungen wird häufig (mehr als im Deutschen) statt des erzählenden Perfekts auch das Präsens gebraucht (**Praesēns historicum**):

   Caesar loquendī fīnem facit sēque ad suōs recēpit.

2. Auch der Infinitiv des Präsens steht in lebhafter Darstellung einer vergangenen Handlung schildernd und erzählend (**Inf. dēscrīptīvus** oder **historicus**):

Cottīdiē Caesar Haeduōs frūmentum flāgitāre	Täglich forderte C. von den H. das Getr.

   Nīl Sēquanī respondēre, sed in eādem trīstitiā permanēre.[1])

3. Im Briefstil versetzt sich der Schreibende in die Zeit des Empfängers. Daher steht statt des Präsens das Imperfekt oder Perfekt, statt des Perfekts das Plusquamperfekt:

Nihil habēbam, quod scrīberem; neque enim novī quidquam audieram	Ich habe nichts zu schreiben; denn ich habe nichts Neues gehört

---

[1]) Nicht zu verwechseln mit der alten Form Perf. Ind. 3. Plur. permānsēre! Der Infinitiv ist auch im Deutschen in lebhafter Schilderung üblich: „ich ihn fassen ...".

2. Das Zeitverhältnis § 136

In Nebensätzen bezeichnen die Tempora meist nicht die Zeit an sich, sondern nur das Zeitverhältnis der Nebenhandlung zur übergeordneten Haupthandlung:

Vorzeitigkeit, Gleichzeitigkeit, Nachzeitigkeit.

Auch dieses Verhältnis, besonders die Vorzeitigkeit, wird im Lateinischen genau ausgedrückt, abweichend vom Deutschen, das die schwerfälligen zusammengesetzten Verbformen vermeidet:

Cum cecidī, surgō Cum ceciderō, surgam	Wenn ich falle, stehe ich wieder auf
Cum cecideram, surgēbam	Wenn ich fiel, stand ich wieder auf
Cum cecidissem, surrēxī	Als ich (einmal) fiel, stand ich wieder auf

Caesar, quōs labōrantēs cōnspēxerat (sah), hīs subsidia submittēbat
Nātūram sī sequēmur (folgen), nunquam aberrābimus
Dṓnec erís (bist) fēlíx, multṓs numerábis amícōs, témpora sí fuerínt nū́bila (wenn sich bewölken), sṓlus erís (bist)
Dē Carthāgine nōn ante verērī dēsinam, quam illam dēlētam esse cognōverō (bis ich weiß)

Ut sementem fēceris, ita metēs	Wie man säet, so wird man ernten

§ 137

Auch Infinitive und Partizipien bezeichnen nur das Zeitverhältnis zur Haupthandlung; die Zeitstufe wird durch das übergeordnete Verb bestimmt:

a) Iūrat, iūrāvit, iūrābit

sē id nōn fēcisse	er habe es nicht getan:	Vorzeitigkeit
sē id nescīre	er wisse es nicht:	Gleichzeitigkeit
sē ventūrum esse	er werde kommen:	Nachzeitigkeit

Brevī sē reditūrum (esse) spērat, pollicētur, minātur	Er hofft, verspricht, droht, bald wiederzukommen
Hannibal puer iūrāvit sē numquam in amīcitiā cum Rōmānīs fore (futūrum esse)	H. schwor als Junge, nie Freundschaft mit den Römern zu halten
Caesar in spem veniēbat, fore, ut Ariovistus pertināciā dēsisteret	C. begann zu hoffen, Ariovist werde seinen Starrsinn aufgeben

(**fore, ut** umschreibt den **Fut. Inf.** besonders bei fehlendem Perfektpartizip)

b) Pater moriēns fīliōs adhortātus est, adhortātur, adhortābitur	im Sterben, auf dem Sterbebett: Gleichzeitigkeit

Pater mortuus sepultus est, sepelītur, sepeliētur	nach seinem Tode: Vorzeitigkeit
Gladiātōrēs moritūrī imperātōrem salūtābant, salūtant, salūtābunt	im Angesicht des Todes: Nachzeitigkeit (vgl. § 123)

Anmerkung: Einige Perf. Partizipien von Deponentien und Halbdeponentien bezeichnen auch scheinbar die Gleichzeitigkeit: **ratus, arbitrātus** im Glauben (glaubend), **veritus** aus Furcht (fürchtend), **(cōn)fīsus** im Vertrauen (vertrauend).

Hannibal Carthāgine fūgit veritus (= quod timēbat), nē Rōmānīs trāderētur.

§ 138 Cōnsecūtiō temporum (Zeitenfolge)

In **innerlich abhängigen Sätzen** bezeichnen

a) **nach Zeiten der Gegenwart und Zukunft** der **Präs. Konj.** die Gleichzeitigkeit, der **Perf. Konj.** die Vorzeitigkeit;

b) **nach Zeiten der Vergangenheit** der **Impf. Konj.** die Gleichzeitigkeit, der **Plusqpf. Konj.** die Vorzeitigkeit;

c) die umschreibenden Formen auf **-ūrus sim** bzw. **-ūrus essem** die Nachzeitigkeit, s. § 50

Gegenwart u. Zukunft: (Haupttempus)	interrogō, interrogābō amīcum,	quid faciat was er tut, tue quid fēcerit was er getan hat, habe quid factūrus sit was er tun will, wolle
Vergangenheit: (Nebentempus)	interrogābam, interrogāvī, interrogāveram amīcum,	quid faceret was er tat, tue quid fēcisset was er getan hat, habe quid factūrus esset was er tun will, wollte, wolle

Im Deutschen steht abweichend vom Lateinischen ohne Rücksicht auf die Zeitstufe des übergeordneten Verbs der Konjunktiv des Präsens; der Konjunktiv des Präteritums steht nur, wenn die Präsensform nicht als Konjunktiv erkennbar ist, z.B.

ich fragte den Freund, was er tue — getan habe — tun wolle

ich fragte die Freunde, was sie täten — getan hätten — tun wollten

Zusätze:

1. Das **konstatierende Perfekt** (§ 133 Zus. 1) wird als Tempus der Vergangenheit betrachtet, auch in Sätzen, deren Inhalt noch für die Gegenwart gilt:

   Sicilia prīma docuit maiōrēs nostrōs, quam praeclārum esset exterīs nātiōnibus imperāre (wie herrlich es ist).

2. Das **präsentische Perfekt** (§ 133 Zus. 2) gilt naturgemäß als Tempus der Gegenwart:

   Oblītus es (du weißt nicht mehr), quid initiō dīxerim. Ita vīxī (= mein hinter mir liegendes Leben ist derart), ut nōn frūstrā mē nātum esse exīstimem.

3. Das **Praesēns historicum** (§ 135, 1) gilt als Tempus der Gegenwart und Vergangenheit:

   Ubiī lēgātōs ad Caesarem mittunt, quī doceant und docērent.

4. Beispiele für **mehrfache Abhängigkeit** (Nebensätze 1. und 2. Grades):

Nesciō, quae causa fuerit, cūr ad mē litterās nōn darēs (welches war der Grund — fuit —, daß du nicht schriebst?). *Dagegen*

Nōn dubitō, quīn oblītus sīs (präs. Perf.), quid initiō dīxerim

Amīcus negat sē scīvisse (= nescīvit), cūr ad mē litterās nōn darēs

Amīcus negāvit sē scīre, cūr ad mē litterās nōn darēs

Diviciācus ūnum sē esse dīcit, quī addūcī nōn potuerit, ut līberōs suōs obsidēs daret.

5. Sätze, die nur im Konj. Imperf. und Plusqpf. stehen können — Irrealis und Deliberativus der Vergangenheit —, sind der Cōnsecūtiō nicht unterworfen:

Nōn dubitō, quīn, sī hoc dīcerēs, errārēs (irren würdest)
Nesciō, quid facerem (hätte tun sollen).

C. Die Satzarten

Wir unterscheiden Hauptsätze und Nebensätze.

I. Hauptsätze § 139

sind nach ihrem Inhalt **Urteilssätze** oder **Begehrssätze.** Beide können **Frageform** annehmen:

Labienus ist aufgebrochen. — Ist L. aufgebrochen?

Labienus soll aufbrechen! — Soll L. aufbrechen?

Er kommt. — Kommt er? — Er soll kommen! — Soll er kommen?

A. Urteilssätze § 140

Verneinung nōn, fortgesetzt **neque**

1. **Das reale Urteil bezeichnet das Ausgesagte als Tatsache und steht in beiden Sprachen im Indikativ aller Zeiten:**

Arbor flōret. Aliquis dīxit. Nēmō negābit. *Fragend:* Quis negābit?

2. **Das irreale Urteil bezeichnet das Ausgesagte als nicht wirklich, weil von einer irrealen** (nicht erfüllten) **Bedingung abhängig oder abhängig gedacht** (vgl. § 170c). **Es steht im Konjunktiv des Imperfekts für die Gegenwart, im Konjunktiv des Plusquamperfekts für die Vergangenheit.**

Sī hoc dīcerēs, errārēs (du sagst es aber nicht, also irrst du auch nicht)
Sī hoc dīxissēs, errāssēs

Frage: Quis id crēdidisset, nisi tū dīxissēs?

3. **Das potentiale Urteil steht im Konjunktiv des Präsens oder Perfekt und bezeichnet das Ausgesagte**

a) **als möglich:**

Dīcat (dīxerit) aliquis (quis)	Vielleicht könnte einer sagen (Man mag s.)
Quis hoc dīcat (dīxerit)?	Wer wollte das behaupten? (Wer mag ...)

Beachte die Präsensbedeutung des Perf. Konj.!

b) **als gemilderte Behauptung:**

Hoc nēmō dīcat (dīxerit)	Dies möchte (wird) wohl niemand behaupten; *mildere Form für:* Dies behauptet niemand
Quīn hoc vērum sit?	Warum soll(te) das nicht wahr sein?
Quis dubitet (dubitāverit)?	Wer möchte (könnte, wollte) das bezweifeln?
Quis dubitet (dubitāverit), quīn hoc vērum sit?	Wer kann (wird) zweifeln, daß das wahr ist?

Zusatz:

Ein **Potentialis der Vergangenheit** kommt nur in einzelnen Wendungen vor:

crēderēs, dīcerēs, vidērēs	man hätte glauben, sagen, sehen können
quis putāret, arbitrārētur?	wer hätte (wohl) geglaubt?

§ 141 Abweichungen in der Urteilsform

Statt der **realen** Urteilsform im Lateinischen gebraucht der Deutsche oft die **irreale**

1. bei **können, sollen** und **müssen:**

Multa exempla afferre possum	ich könnte viele B. anführen (will aber nicht)
Tōtus hostium exercitus dēlērī potuit	hätte ... können
Ad mortem tē, Catilina, dūcī iam prīdem oportēbat	du hättest ... müssen
Optandum est	es wäre zu wünschen
Tuum erat dē hāc rē mē admonēre	es wäre deine Pflicht gewesen.

Das Lateinische betont die tatsächliche Möglichkeit und Notwendigkeit, das Deutsche die Nichtwirklichkeit.

2. bei **aequum, ūtile, difficile, longum est** und ähnlichen
es wäre billig, nützlich, zu schwierig, zu weitläufig:

Longum est omnia ēnumerāre	es wäre zu weitläufig, aufzuzählen, wenn ich alles aufzählen wollte
Difficile est omnēs Rōmānōs ēnumerāre, quī prō patriā mortem obiērunt	Es wäre schwierig ...

3. bei **paene** (prope), **nōn multum abest, quīn = beinahe, fast:**

Prope oblītus sum	beinahe hätte ich es vergessen (wenn es mir nicht noch eingefallen wäre)
Paene cecidī	beinahe wäre ich gefallen
Nōn multum āfuit, quīn caderem	es hätte nicht viel gefehlt, so wäre ich gefallen (beinahe wäre ich gefallen).

Im letzten Falle wird die Irrealität im Deutschen sogar doppelt ausgedrückt.

4. Numquam putāvī (putāram)	ich hätte nie geglaubt
Quis nōn audīvit?	wer hätte nicht gehört?

B. Begehrssätze § 142

Verneinung nē, fortgesetzt **nēve** und nicht, aber nicht[1])

Begehrssätze sind

1. **Gebote und Aufforderungen:** geh, er soll gehen, laßt uns gehen!
2. **Wünsche:** möchte er doch gehen! mögest du gesund sein!
3. **Einräumungen:** mag er (immerhin) gehen!
4. **deliberative Fragen:** soll ich gehen?

1. Gebote (Verbote) und Aufforderungen § 143

a) **an die 1. und 3. Person stehen im Coniūnctīvus hortātīvus:**

Eāmus!	Gehen wir! Laßt uns gehen! Wir wollen gehen!
Audiātur et altera pars!	Man höre auch die Gegenseite!
Videant cōnsulēs, nē quid dētrīmentī rēs pūblica capiat!	Die Konsuln sollen sehen, daß der Staat keinen Schaden nimmt!

Perīculum nē timeāmus nēve fugiāmus!

Magnōs hominēs virtūte, nōn fortūnā mētiāmur! (Begriffsverneinung)

b) **an die 2. Person im Coniūnctīvus iussīvus und im Imperativ:**

Quídquid agís, prūdénter agás et réspice fínem!
Aequam mementō rēbus in arduīs servāre mentem!
Caelestia semper spectātō, hūmāna contemnitō!
Hominem mortuum in urbe nē sepelītō nēve ūritō!

c) **Verbote an die 2. Person werden durch nē mit dem Perf. Konj. ausgedrückt** (Coni. prohibitīvus), **öfter durch nōlī** (nōlīte) **umschrieben:**
Nē mentītus sīs! = Nōlī mentīrī! Nē fūgeris nēve perīculum timueris! Nōlī mē tangere! — *Seltener:* Cavē, nē eās! Gehe nicht!

[1]) **nōn** verneint einen Teil des Satzes oder einen einzelnen Begriff (Teil- oder Begriffsverneinung).

§ 144 **2. Der Wunsch**

wird oft durch **utinam** eingeleitet. Er kann erfüllbar oder unerfüllbar sein.

a) Der **erfüllbare** Wunsch erscheint im **Konjunktiv des Präs. und Perf.,**

b) der **unerfüllbare** im **Konjunktiv des Imperf. und Plusqpf. — (Coniūnctīvus optātīvus).**

Utinam (Velim) pater convalēscat!	Wenn doch der Vater wieder gesund würde! (hoffentlich wird ...)
Utinam vērum dīxerit!	Möchte er doch die Wahrheit sagen (gesagt haben)!
Utinam (Vellem) pater revīvīsceret!	Möchte doch der Vater wieder lebendig werden! (Wenn doch ... würde!)
Utinam nē (Nōllem) tibi pāruissem!	Hätte ich doch nicht auf dich gehört!
Invītus hoc fēcī; quod utinam nōn fēcissem!	Ich habe das nur ungern getan; hätte ich es doch nicht getan (= unterlassen, Begriffsverneinung)!

Sít tibi térra levís!
Sīs fēlīcior Augustō, melior Trāiānō!
Hoc dī bene vertant (altertümlich vortant)!
Quod bonum, fēlīx, faustum fortūnātumque sit! (Q.B.F.F.F.S.)

§ 145 **3. Die Einräumung**

wird durch den **Coniūnctīvus concessīvus** ausgedrückt.

Sit hoc vērum!	Mag dies (immerhin) wahr sein!
Oderint, dum metuant!	Mögen sie mich hassen, wenn sie mich nur fürchten, vgl. § 128.
Fuerit doctus, iūstus nōn fuit	Er mag gelehrt gewesen sein, gerecht war er nicht

Unterscheide:
„du magst, er mag" (Einräumung); „mögest du, möge, möchte er" (Wunsch); „dies möchte wohl geschehen" (potentiales Urteil).

§ 146 **4. Die Begehrs- oder deliberative Frage** (vgl. § 147)

wird durch den **Coniūnctīvus dēlīberātīvus** ausgedrückt, im Deutschen durch das Hilfsverb **sollen** übersetzt:

Quid faciam? Quō mē vertam? Fugiam an mē dēfendam?	Was soll ich tun? Wohin soll ich mich wenden? Soll ich fliehen oder mich verteidigen?

In der Vergangenheit:

Quid facerem? Quō mē verterem? Fugerem an mē dēfenderem?	Was sollte ich tun? Was hätte ich tun sollen? Wohin (hätte ich) mich wenden (sollen)? (Hätte ich) fliehen oder mich verteidigen (sollen)?

Siehe die Zusammenstellung § 224: Der unabhängige Konjunktiv.

C. Fragesätze **§ 147**

haben die **Modi der Urteilssätze** (§ 139), **die deliberative Frage den Konjunktiv** (§ 146). **Ihrer Form nach** sind sie:

1. **Wortfragen,** in denen nach einem einzelnen Begriff gefragt wird:

   Quem vīdistī? Quid fēcistī? (Person oder Sache). Ubi fuistī? (Ort). Quandō redībis? (Zeit). Cūr id fēcistī? (Grund).
   Sie stimmen in beiden Sprachen überein.

2. **Satzfragen,** bei denen die Frage im ganzen Satze liegt und mit **ja** oder **nein** geantwortet wird. Sie werden im Deutschen durch die Stellung oder Betonung bezeichnet, im Lateinischen durch besondere Fragewörtchen kenntlich gemacht, und zwar bezeichnet

   a) **-ne** die **reine Erkundigungsfrage:** Fuistīne in scholā? Bist du in der Schule gewesen? Fuī = **Ja.** — Nōn fuī = **Nein.**

   b) **nōnne** (= nōn + nĕ) die **auf „ja" gestellte Frage:** Nōnne in scholā fuistī? Bist du **etwa nicht** in der Schule gewesen? = (Nicht wahr,) Du bist **doch wohl** in der Schule gewesen?

   c) **num** die **auf „nein" gestellte Frage:** Num in scholā fuistī? Bist du **etwa** = Du bist **doch wohl nicht** in der Schule gewesen?

   Durch die hinzugefügte Negation **(nōn—ne)** deutet also der Fragende wie im Deutschen an, daß er die Antwort **ja** erwartet, durch **num,** daß er **nein** erwartet; bei **-ne** erkundigt er sich einfach, ohne eine solche Andeutung.

3. Die **Doppelfrage** besteht aus zwei durch **„oder"** verbundenen Gliedern, die sich gegenseitig ausschließen. Sie wird eingeleitet mit:

   a) **utrum — an:** utrum hoc vērum an falsum est?
   b) **-ne — an:** vērumne hoc an falsum est?
   c) **(—) — an:** vērum hoc an falsum est?
   } Ist das wahr **oder** falsch?

   Zusatz:

   Fehlt das erste Glied der Doppelfrage, so heißt **an** nach einer vorausgehenden Frage **„doch wohl** (nur)", nach einem Urteils- oder Begehrssatz **„oder etwa":**

   Ariovistus quaesīvit ex lēgātīs: Cūr ad mē vēnistis? **An** speculandī causā? (*ergänze:* etwa zu einem anderen Zweck oder) doch wohl nur, um zu spionieren?

Necesse est cum Arvernīs nōs coniungere. **An** dubitāmus, quīn Rōmānī iam ad nōs interficiendōs concurrant? Oder zweifeln wir etwa ...

In einer Kette von Fragen ist nicht immer eine Fragepartikel nötig:

Patēre tua cōnsilia nōn sentīs? — Daß deine Pläne aufgedeckt sind, merkst du gar nicht?

§ 148 **Rhetorische Fragen** (Scheinfragen)

werden in lebendiger Rede im Sinne von Urteilen oder Aufforderungen gebraucht:

Cūr nōn (Quidnī) gaudeam? Warum sollte ich mich nicht freuen? = Ich freue mich

Quīn tacēs? Warum schweigst du nicht? = Schweig doch!

Quid est turpius quam hoste auctōre cōnsilium capere? = Nihil est turpius.

Zusatz:

Mit den rhetorischen Fragen verwandt sind die **Ausrufsätze** und die **Fragen des Affekts** (der Verwunderung und des Unwillens):

Quam fuit intrepidus! — Wie unerschrocken war er!

Mēne tibi īrāscī? — Ich dir zürnen? (Ist das denkbar?)

Tū ut umquam tē corrigās? — Du solltest dich jemals bessern? (Kann man das verlangen?)

§ 149 II. Nebensätze

Jeder Hauptsatz kann von einem andern abhängig und als Nebensatz zum Satzteil werden.

A. Der abhängige Satz ist **Subjekt** oder **Objekt,** und zwar das Objekt bei transitiven Verben, das Subjekt bei unpersönlichen Ausdrücken. Diese Subjekt- und Objektsätze werden, den Hauptsätzen entsprechend, nach ihrem Inhalt als **abhängige Urteils-, Begehrs-** und **Fragesätze** bezeichnet und behandelt.

Hauptsätze:

Labienus ist aufgebrochen — L. soll aufbrechen — Ist L. aufgebrochen?

Abhängig:

Cäsar antwortete, L. sei aufgebrochen — L. solle aufbrechen — fragte, ob L. aufgebrochen sei (Objekt).

Es ist sicher, daß er kommt; es wird verlangt, daß er kommt **(kommen** soll); es ist zweifelhaft, ob er kommt (Subjekt).

B. Der abhängige Satz bildet eine adverbiale Bestimmung zum übergeordneten Satz — **adverbiale Nebensätze,** eingeleitet durch Konjunktionen, deshalb auch Konjunktionalsätze genannt:

Er kam, als ich ihn rief (wann?). Er kam, weil ich ihn rief (warum?). Er starb, damit wir leben (wozu?).

C. Der abhängige Satz wird durch ein Relativum eingeleitet und kann beliebige Satzteile vertreten[1]) — **Relativsätze:**

Das Haus, das eingestürzt ist (Attribut).
Was er will, ist geschehen (Subj.) — Er tut, was er will (Obj.) — Er geht, wohin er will (adverbiale Bestimmung).

Zusatz:

Der Nebensatz heißt nach seinem Verhältnis zum übergeordneten oder regierenden Satz untergeordnet. Die Nebensätze selbst können einander bei- oder untergeordnet sein (**Nebensätze 1. und 2. Grades,** vgl. §§ 138 Zus. 4; 194).

A. Abhängige Urteils-, Begehrs- und Fragesätze **§ 150**

(Subjekt- und Objektsätze)

1. Der **Acc. cum Inf. (A.c.I.)** bezeichnet **abhängige Urteile als Gesagtes und Empfundenes (innerlich abhängig),** vgl. § 115
2. **Der Konjunktiv** mit und ohne ut[2]), verneint nē, bezeichnet **das abhängige Begehren**
3. **Die abhängige Frage** steht **im Konjunktiv,** vgl. § 129b

Caesar respondit Labiēnum profectum esse	L. sei aufgebrochen
Caesar dīxit, (ut) Labiēnus proficīscerētur	L. solle aufbrechen
Caesar quaesīvit, num Labiēnus profectus esset	ob L. aufgebrochen sei
Frāter mihi scrīpsit	
sē aegrōtum esse	... er sei krank
(ut) domum venīrem	ich solle kommen
cūr tam diū morārer	warum ich ... säume

Verneinung des abhängigen Begehrssatzes:

Rogō tē, **nē** servum mittās (Satzverneinung)
Rogō tē, **ut nōn** servum mittās, **sed** ipse veniās (Teil-, Wortverneinung)
Rōmae lēx erat, **nē quis** mortuus intrā urbem sepelīrētur **nēve** ūrerētur.

---

[1]) Nicht nur Attribute, so daß die gewöhnliche Bezeichnung „Attributsätze" zu eng ist.
[2]) Neben **ut** findet sich auch die ältere Form **utī.**

Erläuterungen

§ 151 1. **Der A.c.I.** (vgl. § 115)

Der **A.c.I.** hat zwar nicht die Form, aber den Wert eines Nebensatzes und ist im Lateinischen fast der einzige Ausdruck des **innerlich abhängigen Urteils**[1]). Im Gegensatz zum Deutschen faßt der Römer alles Gesagte und Empfundene nur als Vorstellung des redenden oder empfindenden Subjekts, also als innerlich abhängig auf. Der A.c.I. steht also vor allem in Aussagesätzen, abhängig von Ausdrücken des Sagens und Empfindens, aber auch abhängig von unpersönlichen Ausdrücken wie decet, oportet, aequum est. Er wird **zunächst** durch einen daß-Satz übersetzt, in dem der Akkusativ Subjekt, der Infinitiv Prädikat wird.

Errās: Putō tē errāre	Ich glaube, daß du dich irrst
Oblītus es: Appāret tē oblītum esse	Es ist klar, daß du vergessen hast
Veniēs: Spērō tē ventūrum esse	Ich hoffe, daß du kommst
Veniet: Pollicitus est sē ventūrum esse	Er versprach zu kommen (vgl. §137)

Andere Übersetzungsmöglichkeiten s. § 155.

§ 152 2. **Urteil und Begehren**

Der **A.c.I.** gibt an, daß etwas **ist**, war, sein wird; **geschieht**, geschah, geschehen wird; der **Konjunktiv**, daß etwas sein, geschehen **soll**.

Daraus ergibt sich die verschiedene Übersetzung mancher Verben:

	A.c.I.	Konjunktiv
monēre	**erinnern, daß etwas ist**	**ermahnen** (ut), **warnen** (nē)
persuādēre	**überzeugen**	**überreden**
vidēre	**sehen**	**zusehen, sorgen, daß**
concēdere	**einräumen, zugeben**	**gestatten, erlauben**

Urteil:	Begehren:
Caesar mīlitēs monuit victōriam in virtūte cōnstāre (C. erinnerte die S.: der Sieg **beruht** auf)	Caesar mīlitēs monuit, ut prīstinae virtūtis memorēs essent (C. ermahnte die S., sie **sollten** ... sein)

[1]) Ursprünglich wurde von den Römern der A.c.I. mit dem übergeordneten Satze als Satzeinheit empfunden, wie von uns die Sätze: ich sehe den Knaben laufen, ich heiße (lasse) dich gehen (vgl. § 115). Daher schob man auch später noch, als diese Ausdrucksweise sich zur fast alleinigen Form für die innerlich abhängigen Urteilssätze entwickelt hatte, kürzere A.c.I. meist in den übergeordneten Satz (als Satzteile) ein: Caesar sē brevī reditūrum esse spērābat.

Nerviī fīnitimīs persuāsērunt turpe esse populō Rōmānō sē dēdere (überzeugten die Nachbarn: es **ist** schimpflich)	Nerviī fīnitimīs persuāsērunt, ut eandem bellī fortūnam experīrentur (überredeten die Nachbarn, sie **sollten** versuchen)
Caesar locum inīquum esse vīdit (C. sah: der Ort **ist** ungünstig)	Videant cōnsulēs, nē quid rēs pūblica dētrīmentī capiat (sehen = sorgen, der Staat **soll** keinen Schaden nehmen)
Concēdō esse deōs (Ich gebe zu: es **gibt** Götter)	Concēdō, ut exeās Ich erlaube es. **Geh** nur!
Catō cēnsēbat Carthāginem esse dēlendam	Kato war der Ansicht, Karthago müsse zerstört werden
Catō cēnsēbat, ut Carthāgō dēlērētur	Kato beantragte immer wieder, Karthago solle zerstört werden
Assentior tibi mē Rōmae manēre oportēre	Ich stimme dir = deiner Meinung zu, daß ich bleiben müsse
Assentior tibi, ut Rōmae maneam	... deinem Rate, daß ich bl. soll

Beachte die nahe Verwandtschaft der Urteile des Müssens mit dem Begehren!

3. Besonderheiten der Begehrssätze **§ 153**

a) **iubēre, vetāre, sinere** und **patī** haben stets den **A.c.I.:**

Caesar mīlitēs pontem rescindere iussit. (Starker Befehl erscheint in Urteilsform. Der Feldherr sagt [ordnet an]: „Die Soldaten brechen die Brücke ab! Die Brücke wird abgebrochen!").

Caesar pontem **rescindī** iussit (vetuit)	Cäsar befahl (verbot), die Brücke **abzubrechen**
Caesar lēgātōs ab opere discēdere vetuit	C. verbot den Legaten, das Schanzwerk zu verlassen
Nerviī nihil vīnī patiēbantur (sinēbant) ad sē īnferrī	Die Nervier duldeten keine Einfuhr von Wein

Über das persönliche **Passiv** von iubēre und vetāre vgl. N.c.I. § 116, 3.

b) In ähnlicher Weise haben die Verben des **Wollens** und **Wünschens** (velle, nōlle, mālle, cupere) bei Subjektswechsel den A.c.I., aber auch den Konjunktiv mit und ohne ut:

Volō tē hoc facere. Cupiō tē mox redīre.

Volō, ut mihi respondeās. Volō hoc faciās. Velim pater mox redeat!

Hoc fierī (factum) volō	Ich will das getan wissen
Caesar, quid fierī vellet, ostendit	C. gab seine Anweisungen (Befehle)

c) Bei den unpersönlichen Ausdrücken des **Müssens** bezeichnet der Konjunktiv das Begehren, der A.c.I. den allgemeinen Gedanken:

Lēx brevis sit oportet	Ein Gesetz sei kurz; das gehört sich
Lēgem brevem esse oportet	Daß ein Gesetz kurz ist, gehört sich
Morī (Moriantur) hominēs necesse est	Die Menschen müssen sterben

§ 154

d) Bei den **Ausdrücken der Furcht** (timēre, verērī, perīculum est) steht ein Begehrssatz, eingeleitet mit **nē daß, nē nōn** (seltener **ut**) **daß nicht.**

Timeō, nē sērō veniat Möge er nicht zu spät kommen; aber ich befürchte es = ich fürchte, daß er zu spät kommt; ich fürchte, er wird zu spät kommen.

Timeō, nē nōn in tempore veniat Möge er doch zur rechten Zeit kommen (die beiden Negationen heben sich auf); aber ich bin besorgt = ich fürchte, daß er nicht zur rechten Zeit kommt; ich fürchte, er kommt nicht rechtzeitig.

Timeō, ut in tempore veniat Wie sollte er zur rechten Zeit kommen? Ich bin in Furcht = ich fürchte, er kommt nicht rechtzeitig.

Perīculum est = timendum est, nē ... es steht zu fürchten, daß ...

Der abhängige Satz enthält den Wunsch, daß das Gefürchtete nicht geschehen möge. In diesen Sätzen ist die Entstehung des Nebensatzes aus der ursprünglichen Beiordnung besonders deutlich.

Über verērī *mit Inf.* = sich scheuen siehe § 114.

e) Bei den Verben des **Hinderns** und **Widerstrebens** steht ebenfalls ein Begehrssatz mit nē = **daß.**

Nē hoc fīat! Impediō Dies soll nicht geschehen, ich (ver)hindere es = ich verhindere, daß dies geschieht.

Impediō, nē id faciās	Ich hindere dich, dies zu tun
Ariovistus, nē ad colloquium venīret, recūsāvit	Ariovist weigerte sich, zu einer Besprechung zu kommen

Statt **nē** findet sich auch **quōminus,** nach **verneintem** Satz **quōminus** und **quīn** (§ 157).

§ 155 4. Übersetzung der Urteils- und Begehrssätze

Der Deutsche meidet in vielen Fällen die **daß-Sätze.** Er setzt dafür

1. **verkappte Nebensätze** (scheinbare Hauptsätze, oft mit Konj. oder „sollen")

Negat sē id fēcisse	Er behauptet, er habe das nicht getan
Frāter mihi scrīpsit, ut domum venīrem	Mein Bruder schrieb mir, ich solle nach Hause kommen

Metuō, nē sērō veniat	Ich fürchte, er kommt zu spät
Putāsne mē mentīrī?	Glaubst du, ich lüge (ich sei ein Lügner)?

2. einen **Nebensatz** mit **„wenn“:**

Victōrem victīs parcere magnum est	Es ist etwas Großes, wenn ein Sieger die Besiegten schont

3. den **Infinitiv** mit **zu,** wenn sich das Subjekt aus dem Zusammenhang ergibt:

Negat sē id fēcisse	Er behauptet, das nicht getan zu haben (er habe ...)
Spērō mē mox reditūrum esse	Ich hoffe, bald wiederzukommen (ich komme ...)
Ōrāvit mē, ut mox redīrem	Er bat mich, bald wiederzukommen (ich solle ...)

Bei abhängigen Begehrssätzen ist der **Infinitiv mit zu** jedoch nur dann zulässig, wenn das Verbum des übergeordneten Satzes das Begehren schon ausdrückt, also nur:

Scrīpsit mihi, ut mox redīrem	Er schrieb mir, ich solle bald wiederkommen

4. gelegentlich auch **substantivische Wendungen:**

Crēdō animum immortālem esse	Ich glaube an die Unsterblichkeit der Seele
Spērō tē mox reditūrum esse	Ich rechne mit deiner baldigen Rückkehr
Arminius ōrāvit, ut sibi cum frātre colloquī licēret	A. bat um die Erlaubnis zu einer Unterredung mit s. Bruder
Hannibal verēbātur, nē Rōmānīs dēderētur	H. befürchtete seine Auslieferung an die Römer

5. Oft erscheint im Deutschen das regierende Verb nachgestellt oder zwischengestellt:

Crēdō vōs mīrārī	Ihr wundert euch, glaube ich
Timeō, nē sērō veniās	Du kommst, fürchte ich (wie ich fürchte), zu spät

6. Oft übersetzt man den übergeordneten Satz mit **Adverb oder adverbialem Ausdruck:**

Vērīsimile est / Perspicuum est / Appāret } eum errāvisse	Er hat sich wahrscheinlich, augenscheinlich, offenbar geirrt
Putō tē errāre	Du bist meiner Meinung nach (wohl) im Irrtum
Rōmulum Rōmam condidisse dīcunt (ferunt, trādunt)	Der Sage nach, angeblich hat R. Rom gegründet

7. Wenn das Subjekt des A.c.I. hervorgehoben werden soll, nimmt es der Deutsche mit „von" oder „was ... betrifft" voraus:

   Von Romulus erzählt man, er habe Rom gegründet.

8. Diese Übersetzungsarten (vor allem Zwischensätze mit „wie") sind besonders bei der Wiedergabe des A.c.I. in Relativsätzen wichtig, § 179.

§ 156 5. Die abhängige Frage

Abhängige Fragen werden eingeleitet wie die **unabhängigen** (s. § 147), die **reine Erkundigungsfrage** jedoch auch durch **num = ob.**

Sie stehen stets im Konjunktiv (s. §§ 129b und 150,3).

Nescīmus, quis adsit	Wir wissen nicht, wer da **ist**

ursprüngl. Beiordnung: Wer mag wohl da sein? Wir wissen es nicht.

Medicus quaesīvit,	Der Arzt fragte,
fuissemne in scholā	**ob** ich in der Schule gewesen sei
nōnne in scholā fuissem	**ob** ich **nicht** in der Sch. gewesen sei
num in scholā fuissem	**ob** ich **etwa** in der Schule gewesen sei
Nesciō, **num** ventūrus sit	Ich weiß nicht, **ob** er kommen wird
Nōvī, **ut** omnēs tē circumsteterint	Ich weiß, **wie** alle dich umringt haben
Scīpiō Agrigentīnīs dīxisse dīcitur aequum esse illōs cōgitāre, **utrum** esset ūtilius suīsne servīrent **anne** populō Rōmānō obtemperāre	Scipio soll den Agrigentinern gesagt haben, es sei angebracht für sie zu überlegen, was besser sei: ihren eigenen Tyrannen zu dienen oder dem röm. Volk zu gehorchen
Nec rēfert, dominōs illīc famulōs**ne** requīrās	Es ist einerlei, ob du dort nach Herren oder Dienern fragst

In der abhängigen **Doppelfrage** heißt **necne „oder nicht":**

Dīc mihi, **(utrum)** hoc vērum sit **necne**	Sage mir, **ob** das wahr ist **oder nicht**

Nach den Ausdrücken des Nichtwissens und Zweifelns heißt **an** ob nicht, **an nōn** ob:

Dubitō, nesciō (haud sciō), an hoc vērum sit	Ich zweifle (weiß nicht), ob dies nicht wahr ist = **vielleicht** ist es doch wahr
Haud sciō, an hoc vērum **nōn** sit	Ich weiß nicht, ob das wahr ist = das ist **schwerlich** wahr
Contigit tibi, quod **haud sciō an nēmini**	Es geschah dir, was **vielleicht keinem (schwerlich einem)**

Dagegen:

Nesciō, vērum**ne** hoc sit	Ich weiß (wirklich) nicht, ob das wahr ist
Dubium erat, dīcerent**ne** testēs vērum	Es war zweifelhaft, ob die Zeugen die Wahrheit sagten

quīn und quōminus § 157

Auch die mit quīn[1]) und quōminus[2]) (= wie nicht? warum nicht?) eingeleiteten Sätze sind ursprünglich Fragesätze.

1. Nach **verneinten Ausdrücken des Zweifelns** heißt **quīn daß:**

Nōn dubitō, quīn hoc vērum sit	Ich zweifle nicht, daß dies wahr ist. Das ist zweifellos wahr.

(*Entstanden aus ursprüngl. Beiordnung:* Quīn hoc vērum sit? Nōn dubitō = Warum sollte das nicht wahr sein? Ich bezweifle es nicht.) Vgl. § 164, 2.

Dubium nōn erat, quīn testēs vērum dīcerent	Zweifellos sagten die Zeugen die Wahrheit

Diese Sätze entsprechen einem innerlich abhängigen **Urteil,** daher findet sich auch öfter der **A.c.I.** Quis dubitet hostēs agmen nostrum aggressūrōs?

Nōn dubitāre mit Inf. kein Bedenken tragen siehe § 114.

2. Nach **Ausdrücken des Hinderns und Widerstrebens** folgt **quōminus** statt **nē** (§ 154e); wenn sie verneint sind, auch **quīn** (abh. Begehren). Im Deutschen steht meist der Infinitiv mit „zu":

Impediō, quōminus id faciās	Ich hindere dich, dies zu tun

eigentlich:
Warum solltest du das nicht tun? = Du kannst das wohl tun. Aber ich verhindere es.

Dolōre impedior, quōminus plūra dīcam	Der Schmerz hindert mich, mehr zu sagen
Timor mortis nōn dēterret sapientem, quōminus (quīn) reī pūblicae cōnsulat	Die Furcht vor dem Tod schreckt den Weisen nicht ab, für das Gemeinwohl zu sorgen
Nōn recūsō, quīn tibi oboediam	Ich weigere mich nicht, dir zu gehorchen
Germānī retinērī (sibi temperāre) nōn poterant, quīn tēla in Rōmānōs conicerent (vgl. § 164, 2)	Die Germanen ließen sich nicht zurückhalten (konnten sich nicht enthalten), die Römer zu beschießen

Anmerkung: **Fierī nōn potest, quīn** fallāris (*wörtl.* „wie solltest du dich nicht irren?") Es ist unmöglich, daß du dich nicht irrst = Du irrst dich **unbedingt** (auf jeden Fall)

Davon ist zu unterscheiden:

Fierī nōn potest, ut fallar (*wörtl.* „wie sollte ich mich irren?") Es ist unmöglich, daß ich mich irre — Ich irre mich **unmöglich.**

Über **quīn = quī nōn,** quod nōn zur Einleitung eines Relativsatzes s. § 176.

Über **quīn** zur Einleitung eines Folgesatzes nach verneintem Verb s. § 164, 2.

Im übrigen ist die Grenze zu den Relativ- und adverbialen Nebensätzen nicht scharf zu ziehen.

Siehe auch die Zusammenstellung der verschiedenen **quīn** § 224, 5.

---

[1]) **quīn** aus *quī-ne = wie nicht, warum nicht? vgl. § 33.

[2]) **minus** ist ein abgeschwächtes **nōn,** vgl. sī minus wenn nicht § 171, 2.

§ 158 6. Subjekt- und Objektsätze mit quod — daß

1. **quod** war ursprünglich der adverbiale Akkusativ des Relativpronomens = **in bezug darauf, daß;** es hat sich (ähnlich wie das deutsche **das** zu **daß**) zur Konjunktion entwickelt:

Quod mē valēre putās, errās (Was du meinst) **Was das anbetrifft, daß** du meinst = **Wenn** du meinst, es gehe mir gut, so irrst du.

Hier zeigt sich der Übergang vom Relativpronomen zur Konjunktion noch deutlich.

2. **quod daß;** die Tatsache, daß; der Umstand, daß **(faktisches quod)** leitet Nebensätze ein, die eine Tatsache enthalten, die im übergeordneten Satz erläutert oder beurteilt wird:

Hōc (Hāc rē) hominēs maximē bēstiīs praestant, quod loquī possunt
Quod Gallī novīs rēbus studēbant, Caesarem perterruit
Quod Labiēnus profectus erat, Caesarī iūcundum erat
Quod lēgāti in castra vēnērunt, Caesarī opportūnē accidit
Das Erscheinen der Gesandten im Lager kam Cäsar gelegen; aber:

Sērō **accidit, ut** lēgātī in castra venīrent = Spät kamen die Ges. ins Lager (bloße nachdrückliche Umschreibung für Sērō lēgātī vēnērunt)

Quod victor victīs pepercit, magnum est	Die Tatsache, daß der Sieger (ein ganz bestimmter) die Besiegten geschont hat, ist etwas Großes
dagegen:	
Victōrem victīs parcere magnum est	Wenn ein Sieger die Besiegten schont (Ausdruck des bloßen Gedankens), so ist es etwas Großes
Stultum est, quod dīcis	Es ist töricht, (was =) daß du behauptest
Stultum est dīcere	Es wäre töricht, wenn einer behaupten wollte (zu behaupten)

3. Bei den Verben der **Gemütsbewegung** (gaudēre, laetarī; dolēre; queri; aegrē, molestē, graviter ferre; mīrārī, admīrārī; indignārī) betont der **quod-Satz** die Tatsache als **Grund** der Gemütsbewegung, der **A.c.I.** den Inhalt der **Empfindung:**

Gaudeō, quod valēs	Ich freue mich (über die Tatsache), daß es dir gut geht
Gaudeō tē valēre	Ich freue mich (bei dem Gedanken), daß es dir gut geht

4. Bei den Verben **laudāre** loben, **vituperāre** tadeln, **grātiās agere, grātiam habēre, referre** danken, **grātulārī** Glück wünschen, **īgnōscere** verzeihen u. a.

enthält der Satz mit quod die Tatsache, auf die sich das im übergeordneten Satz ausgesprochene Urteil gründet:

Laudō tē, quod in tempore vēnistī	Ich lobe dich, daß (= „weil") du rechtzeitig gekommen bist
Caesar graviter Haeduōs accūsāvit, quod ab iīs non sublevābātur (sublevārētur)	..., daß er nicht unterstützt wurde (werde), vgl. § 128.

Das **faktische quod** wird zum **kausalen quod** (§ 165).

Die abhängige Rede (ōrātiō oblīqua) § 159

Die **ōrātiō rēcta** (direkte Rede) gibt das, was jemand sagt, **wörtlich,** also **unabhängig** wieder, die **ōrātio oblīqua** (indirekte Rede) **innerlich abhängig:**

Unabhängig: Er sagte: „Ich komme bald wieder"

Abhängig: Er sagte, er werde bald wiederkommen

Daher erscheinen in der **ōrātiō oblīqua** (da sie nur innerlich abhängige Sätze enthält) alle **Urteilssätze im A.c.I., alle übrigen Sätze im Konjunktiv.**

Caesar ab Ariovistō postulāvit, nē quam multitūdinem hominum amplius trāns Rhēnum in Galliam trādūceret; obsidēs, quōs habēret ab Haeduīs, redderet; nēve Haeduōs iniūriā lacesseret nēve hīs sociīsque eōrum bellum īnferret.

Ad haec Ariovistus respondit:

abhängig (indirekt):	unabhängig (direkt):
Trānsīsse Rhēnum **sēsē** nōn **suā** sponte, sed rogātum et arcessītum ā Gallīs.	„Trānsiī Rhēnum", inquit Ariovistus, „nōn meā sponte, sed rogātus et arcessītus ā Gallīs.
Nōn sēsē Gallīs, sed Gallōs **sibi** bellum intulisse.	Nōn ego Gallīs, sed Gallī mihi bellum intulērunt.
Sē prius in Galliam vēnisse quam populum Rōmānum.	Ego prius in Galliam vēnī quam populus Rōmānus.
Quid sibi vellet, cūr in **suās** possessiōnēs venīret?	Quid tibi vīs? Cūr in meās possessiōnēs venīs?"

Caesar Ariovistō respondit:

Nē Haeduīs aut eōrum sociīs bellum īnferret; obsidēs redderet; si nūllam partem Germānōrum domum remittere posset, at nē quōs amplius Rhēnum trānsīre paterētur (solle er wenigstens nicht dulden ...).	„Nōlī", inquit, „Haeduīs bellum īnferre; obsidēs redde; si nūllam partem Germānōrum domum remittere poteris, at nē quōs amplius Rhēnum trānsīre passus sīs!"

Im Deutschen gibt man die abhängige Rede oft durch unabhängige Rede wieder.

§ 160

Bei den **Fragesätzen** entscheidet nicht die **Form,** sondern der **Inhalt:** wirkliche Fragen stehen im Konjunktiv; **rhetorische Fragen** (§ 148), wenn sie Urteile enthalten, im **A.c.I.**

Caesar Helvētiīs respondit: Sī veteris contumēliae oblīvīscī vellet, num etiam recentium iniūriārum memoriam dēpōnere posse? (= sē dēpōnere nōn posse ... ob er etwa könne = er könne doch die neuen Übergriffe nicht vergessen).

Trībūnī et centuriōnēs in cōnsiliō dicēbant: Quid esse levius aut turpius quam auctōre hoste dē summīs rēbus capere cōnsilium? (= nihil esse levius).

§ 161 Prōnōmina in der ōrātiō oblīqua

Das **Reflexivpronomen** (auch **ipse**) bezeichnet die **sprechende (1.) Person** (direkt: **„ich, mein, wir, unser“**), **is** und **ille** bezeichnen die **angeredete (2.) und besprochene (3.) Person** der direkten Rede. — **suus** kann **(als indirektes oder direktes Reflexivpronomen) alle Personen bezeichnen,** vgl. § 130.

Ariovistus Caesarī respondit: Sī ipse illī nōn praescrīberet, quemadmodum suō iūre ūterētur, nōn oportēre sēsē ab illō in suō iūre impedīrī. Sī quid ille sē velit, illum ad sē venīre oportēre.	Wenn **er** ihm nicht vorschreibe, wie er von seinem Recht Gebrauch machen solle, so dürfe **er** von ihm nicht in der Ausübung seines Rechtes gehindert werden. Wenn er etwas von **ihm** wolle, müsse er zu **ihm** kommen.
Caesar mīlitēs rogāvit: Quid tandem verērentur? Cūr dē suā virtūte aut dē **ipsīus** dīligentiā dēspērārent?	Was sie in aller Welt denn fürchteten? Warum sie an ihrer Tapferkeit oder an **seiner** (Cäsars) Umsicht verzweifelten?

Bei der Übersetzung abhängiger Reden beachte die Abweichung in der Zeitenfolge (§ 138)!

§ 162 B. Adverbiale Nebensätze

Adverbiale Nebensätze werden durch unterordnende Konjunktionen eingeleitet und enthalten:

1. **Absicht — Finalsätze:** damit er reich werde (um reich zu werden), arbeitet und spart er;
2. **Folge — Konsekutivsätze:** er hat gearbeitet und gespart, so daß er **jetzt** reich ist;
3. **Grund — Kausalsätze:** da, weil er reich ist, kann er viel Gutes tun;

4. **Zeit** — **Temporalsätze:** als er reich war, war er nicht glücklich;
5. **Bedingung** — **Kondizionalsätze:** wenn (falls) er arbeitet und spart, wird er reich werden;
6. **Einräumung** — **Konzessivsätze:** obgleich er reich ist, ist er nicht glücklich.

Mit der Einräumung verwandt ist die **Gegenüberstellung:**

6a. **Adversativsätze:** während er reich sein könnte, ist er arm;

7. **Vergleichungen** — **Komparativsätze:** er ist ebenso geizig, wie er reich ist.

Die meisten dieser Verhältnisse können auch durch **Hauptsätze** ausgedrückt werden, die durch die entsprechenden **beiordnenden Konjunktionen** verbunden werden (§ 191).

1. **Absicht:** er will reich werden, **zu diesem Zwecke (dazu)** spart er;
2. **Folge:** er hat gearbeitet und gespart, **daher (deshalb, und so)** ist er jetzt reich;
3. **Grund:** er kann viel Gutes tun, **denn** er ist reich;
4. **Bedingung:** arbeite und spare, **dann** wirst du reich werden;
5. **Einräumung:** reich mag er sein, **doch** glücklich ist er nicht;

5a. **Gegenüberstellung:** reich ist er, **aber** glücklich ist er nicht.

Diese **Beiordnung** ist im Deutschen häufig angebracht, vgl. § 198!

1. Finalsätze (Absichtssätze) § 163

werden stets eingeleitet durch **ut damit** (bei gleichem Subjekt **um . . . zu**), fortgeführt durch **neque**; verneint **nē damit nicht,** fortgeführt durch **nēve.** Finale Relativsätze s. § 175, 1.

Sie gehören ihrem Inhalt nach zu den Begehrssätzen, sind aber nach ihrer Stellung im Satz Adverbialsätze, während die Begehrssätze im engeren Sinn (nach „bitten, fordern" usw. §§ 150/154) Objekt- oder Subjektsätze sind.

Postulō, ut hoc memoriā teneātis	Ich fordere, **daß** ihr das behaltet (Begehrssatz); *dagegen:*
Hoc **repetō, ut** memoriā teneātis	Ich wiederhole dies, **damit** ihr es behaltet (Absichtssatz)
Hoc **repetō, nē** oblīvīscāminī	Ich wiederhole dies, **damit** ihr es **nicht** vergeßt

Hoc repetō, ut memoriā teneātis neque oblīvīscāminī
Hoc dīcō, nē perīculum timeātis nēve fugiātis
Cōnfer tē ad Mānlium, Catilīna, ut nōn ēiectus ā mē, sed invītātus ad tuōs videāris (Begriffsverneinung)

Lēgem brevem esse oportet, quō facilius memoriā teneātur (quō wodurch es, damit es desto leichter beh. wird, werden soll)

Merke folgende Verbindungen:

ut . . . neque	damit . . . und nicht
nē . . . nēve	damit nicht . . . und nicht
nē aut . . . aut	damit weder . . . noch
nē quis (quid)	damit niemand (nichts)
nē quisquam	damit überhaupt niemand
nē umquam (quandō)	damit niemals
nē usquam	damit nirgends
nēcubi	damit nicht irgendwo

§ 164 2. Konsekutivsätze (Folgesätze)

werden eingeleitet durch:

1. **ut daß, so daß; ut nōn (so) daß nicht:**

Nēmō tam prūdēns est, ut omnia sciat (Modus s. § 131 a)	Niemand ist so klug, daß er alles weiß, wüßte (wörtl.: **Wie soll(te)** einer **wohl** alles wissen? ursprüngl. Beiordnung!)
Omnēs ita perterritī erant, ut nēmō resistere audēret	Alle waren so erschreckt, daß niemand Widerstand zu leisten wagte
Ita vīxī, ut non frūstrā mē nātum esse exīstimem (§ 138, Zus. 2)	Ich habe so gelebt, daß ich nicht vergebens geboren zu sein glaube
Maius erat imperium Rōmānum, quam ut externīs vīribus opprimī posset	Das röm. Reich war zu groß, als daß es durch auswärtige Mächte hätte vernichtet werden können

2. **quīn daß nicht, ohne daß, ohne zu, aber nur nach Sätzen mit verneinendem Sinn** (§ 157):

Nēmō tam fortis erat, quīn animō perturbārētur	Niemand war so mutig, daß er nicht die Fassung verloren hätte
Numquam ad tē accēdō, quīn abeam doctior	. . . ohne gebildeter fortzugehen (wörtl.: wie sollte ich wohl nicht gebildeter fortgehen?) vgl. § 157, 2
Nūllum diem praetermittō, quīn litterās ad tē dem	Ich lasse keinen Tag vergehen, ohne dir zu schreiben, (wo ich nicht schr.)
Nōn multum āfuit, quīn caderem	Es hätte nicht viel gefehlt, so wäre ich gef. (die Lage war fast so, daß)

Über **quīn** im konsekutiven Relativsatz s. § 176 1.

3. Kausalsätze (Begründungssätze) § 165

werden eingeleitet mit

a) **quod**[1]), **quia**[2]) **„weil“, quoniam**[3]) **„weil ja, da ja“**

b) **cum**[4]) **„da“** (Modus § 131b), **praesertim cum „zumal da“:**

Gallī ā Caesare auxilium petēbant, quod ā Suēbīs premēbantur (bedrängt wurden) — premerentur (bedrängt würden), vgl. § 128
Athēniēnsēs Sōcratem capitis damnāvērunt, quod iuvenēs corrumperet.
Themistoclēs noctū ambulābat, quod somnum capere nōn posset (könne).
Haeduī, cum sē ab Helvētiīs dēfendere nōn possent, lēgātōs ad Caesarem mittunt Da die H. sich nicht schützen konnten ...

Oft wird das kausale **cum** relativisch übersetzt:

Haeduī, cum suīs vīribus diffīderent, ā Caesare auxilium petīvērunt	Die H., **die** sich nicht schützen konnten ... Die H., welche ihren Kräften mißtrauten, baten Cäsar um Hilfe

gelegentlich auch als substantivisches Prädikativum:

Haeduī, cum sociī Rōmānōrum essent, auxilia mīsērunt	Die H. schickten **als** Bundesgenossen der Römer Hilfstruppen

Zusatz:

nōn quod nicht weil; **nōn quō** nicht als ob, **nōn quīn** nicht als ob nicht bezeichnen in der Regel den abgelehnten, nicht wirklichen Grund:

Pecūniam servō nōn dedī, nōn quō eī diffīderem (mißtraut hätte), sed quod ipse mox veniam. *Dagegen:* Hoc vērum esse crēdō, nōn quod (nicht weil) tū affirmās, sed quod ipse intellegō. (Hier der Indikativ, weil das affirmāre Tatsache ist und nur als Grund des Glaubens zurückgewiesen wird.)

Anmerkung: Den Übergang aus dem **faktischen quod** siehe § 158, 4; **habeō quod, est quod** siehe beim Relativsatz § 176, 1.

4. Temporalsätze (Zeitsätze) § 166

a) cum

1. **cum nārrātīvum „als“.** Es bezeichnet Zeit und oft auch Grund zugleich; es hat, wie das kausale cum, immer den **Konjunktiv,** zur Bezeichnung des inneren Zusammenhangs der Begebenheiten.

   Caesar, cum Rubicōnem trānsīsset (überschritten hatte), hostis iūdicātus est

   Der Nebensatz bezeichnet nicht bloß die Zeit (= damals, als), sondern zugleich den Grund, weshalb C. zum Staatsfeind erklärt wurde. (Daher auch „gemischtes“ cum genannt.)

---

[1]) **quod** urspr. Neutr. des Relativpronomens, s. § 158.
[2]) **quia** eigentlich Neutr. Plur. von quid (warum)?
[3]) **quoniam** aus altlatein. quom (= cum) und iam „wenn nunmehr“.
[4]) **cum** urspr. temporal, wie auch das deutsche „da“, vgl. „weil“ = „dieweil, während“.

Der Konjunktiv ist aber durch Angleichung (Analogiebildung) auch bei reiner Zeitangabe in die geschichtliche Erzählung eingedrungen:

Vercingetorīx, cum ad suōs redīsset, prōditiōnis īnsimulātus est.

Oft wird das cum nārrātīvum, wie das cum causāle (§ 165), auch relativisch oder als Prädikativum wiedergegeben:

Thrasybūlus, cum trīgintā tyrannōs vīcisset, lēgem tulit, nē quis ante āctārum rērum multārētur	Thr., der die 30 Tyrannen besiegt hatte ... Als Sieger über die 30 Tyrannen erließ Thr. eine Amnestie (ein Gesetz, daß keiner wegen früherer Taten bestraft werden solle) ...

2. **cum relātīvum (cum temporāle) = tum, cum** (eō tempore, quō) **„damals, als; zu der Zeit, wo; (dann), wenn"**, also rein zeitlich: beim **Indikativ.**

Es bezieht sich stets auf ein im übergeordneten Satz stehendes oder zu ergänzendes **tum** und ist deshalb als Relativum[1]) zu betrachten.

Cum Caesar in Galliam vēnit, ibi duae factiōnēs erant

Sex dē rē pūblicā librōs tum scrīpsimus, cum gubernācula reī pūblicae tenēbāmus (Cicero)

Cum (prīmum) poterō, veniam wenn ich kann ...

3. **cum iterātīvum „so oft, (jedesmal) wenn":**

Cum cecidī (falle), surgō; cum ceciderō, surgam, vgl. § 136
Cum hostēs flūmen trānsierant, pūgnābātur
Dēfendō iniūriam, cum possum Ich wehre ein Unrecht ab, wenn ich kann

4. **cum inversīvum** (umkehrendes **cum**) **„als" = „da"** mit **Hauptsatz.**

Es kehrt das Verhältnis von Haupt- und Nebensatz um.

Iam vēr appetēbat, cum Hannibal castra mōvit

Schon nahte der Frühling, **als** H. aufbrach = **da** brach H. auf

Vix agmen novissimum extrā mūnītiōnēs prōcesserat, cum Gallī flūmen trānsīre nōn dubitāvērunt (dubitant)

5. **cum coincidēns** (identisches cum) **„indem, dadurch daß, wenn".**

Es bezeichnet das zeitliche **und** sachliche „Zusammenfallen" zweier Handlungen.

Cum tacent, clāmant (Das Schweigen der Senatoren ist eine laute Anklage).

Siehe die Zusammenstellung der verschiedenen **cum** § 225, 1.

---

[1]) Diese Bedeutung ist die ursprüngliche: cum = quum, entstanden aus quom, einem adverbialen Akk. des Relativpronomens, entsprechend dem demonstrativen tum.

b) dum, dōnec, quoad, quamdiū **§ 167**

1. **dum** in Verbindung mit dem **Praesēns historicum** bezeichnet die Gleichzeitigkeit zweier Zustände oder Handlungen = **„während"**:

Dum haec Rōmae geruntur (geschah), Saguntum iam summā vī oppūgnābātur
Dum mīlitēs castra mūniunt, impetus in eōs factus est

2. **dum, dōnec, quoad, quamdiū** bezeichnen die gleiche Dauer zweier Vorgänge = **„solange als"**:

Dum spīrō, spērō. Dum vīxit, spērāvit. Dum vīvet, spērābit.
Dṓnec erís (bist) fēlíx, multṓs numerábis amícōs, vgl. § 136

3. **dum, dōnec, quoad** bezeichnen den Zeitpunkt **„bis, bis daß"**:

Expectāvimus, dum (dōnec) vēnit. Domī mānsimus, dum rediit
Domī manēbimus, dum redierit (Fut. II). — *Aber:*
Domī manēbimus, dum redeat bis er zurückkommt (Wunsch: möchte er „derweilen" zurückkommen *bzw.* finaler Nebensinn: damit er „derweilen" zurückkomme).
Exspectābāmus, dum redīret (finaler Nebensinn). Siehe § 225, 3.
Hier ist die zeitliche Bedeutung mit dem Begehren verbunden.

Zusatz:

Das Begehren überwiegt ganz in den mit **dum, dummodo, modo „wenn nur, wofern, nur", modo nē „wenn nur nicht"** eingeleiteten Einschränkungssätzen:

Ōderint, dum metuant	Mag man mich hassen, wenn man mich nur fürchtet (sie sollen „derweilen" fürchten), vgl. § 128.

c) priusquam und antequam „ehe, bevor" **§ 168**

Suēbī nōn prius fugere dēstitērunt, quam ad Rhēnum flūmen pervēnērunt	nicht eher, als (bevor) sie gelangten (Tatsache, Indikativ)
Caesar Suēbōs, priusquam ad flūmen pervenīrent, aggressus est	..., bevor sie gelangen konnten, sollten (Vorstellung, Konjunktiv)

Cīvēs fūgerant, priusquam hostēs invāserant.
Cīvēs portās clausērunt, priusquam hostēs invāderent, vgl. § 128.

Doch steht der Konjunktiv gelegentlich (später sogar allgemein) auch dann, wenn der abhängige Satz eine Tatsache enthält:

Germānī equitēs nōn prius sunt vīsī, quam castrīs appropinquārent.	nicht eher, als bis ... sich näherten

§ 169 **d) postquam „nachdem, als“**

ut, ubi (prīmum), cum prīmum, simulac „sobald (als)“

bezeichnen in Verbindung mit dem **Ind. Perf.** bei einmaligen Handlungen der Vergangenheit die Vorzeitigkeit:

Hostēs, postquam flūmen trānsiērunt (ü. hatten), iterum restitērunt. Hōstēs, ubi (ut, simulac) sē ex fugā recēpērunt (sich erholt hatten), lēgātōs dē pāce mīsērunt[1]).

Das Lateinische vergleicht das Eintreten zweier Handlungen, wir betonen im Nebensatz die Vorzeitigkeit (Plusqpf.).

Bei **wiederholten** Handlungen dagegen bezeichnet auch im Lat. das **Plusqpf.** die Vorzeitigkeit (§ 136): Ubi (cum) hostēs flūmen trānsierant, proelium committēbātur Wenn (sooft) die Feinde den Fluß überschritten, kam es (jedesmal) zum Kampf. Mit Indik. Präs. und Imperf. heißt postquam **„seitdem“**.

§ 170 **5. Die Kondizionalsätze (Bedingungssätze)**

schließen sich an die drei Formen der Urteilssätze (§ 140) an:

a) Der **Indikativ** bezeichnet die Bedingung ohne Rücksicht auf ihr Verhältnis zur Wirklichkeit — **Reine Fallsetzung** (sog. **Realis**)[2])

Sī hoc dīcis, errās Behauptest du das (ob du es tust, lasse ich dahingestellt), so irrst du = Deine Behauptung **ist** ein Irrtum

Sī diī sunt, etiam opera sunt deōrum: Götter ohne Götterwerke **sind** nicht denkbar (ob es aber Götter gibt oder nicht, bleibt ganz dahingestellt)

Sī hostēs flūmen trānsībunt, pūgnābimus: Die unvermeidliche Folge des Überschreitens wird der Kampf sein.

b) Der **Konjunktiv Impf.** und **Plusqpf.** stellt (wie im Deutschen) die Bedingung ausdrücklich als **nicht wirklich** hin **(Irrealis)**

Sī hoc dīcerēs, errārēs Wenn du das sagtest (du sagst es aber nicht), würdest du irren. Sī tacuissēs, philosophus mānsissēs.

Im Deutschen werden Potentialis und Irrealis im allgemeinen nicht geschieden.

c) Der **Konjunktiv Präs.** und **Perf.** stellt die Bedingung als **möglich** hin, deutsch: **„wenn etwa, sollte etwa, falls“ — bloße Annahme (Potentialis)**

Sī hoc dīcās (dīxeris), errēs (errāveris) Solltest du das etwa behaupten — (und das könnte ich mir wohl denken), so würdest du wohl irren

[1]) Der adverbiale Charakter der temporalen Konjunktionen ist meist noch zu erkennen: **dum** heißt als Adverb eine Weile, vgl. interdum zuweilen; **ubi** (an dem Punkte) wo; **priusquam,** antequam früher als; **postquam** später als; **simulac** zugleich — und: Hostēs simul sē recēpērunt atque lēgātōs mīsērunt.

[2]) Wirklich (real) im eigentlichen Sinne (§ 140) ist weder die Bedingung noch das Bedingte, sondern nur das ganze Satzgefüge (rein logisches Urteil).

Sī omnia ēnumerāre velim, diēs mē dēficiat	Wenn ich alles aufzählen wollte (Gesetzt, ich wollte alles aufzählen), so würde es mir an Zeit fehlen
Cicerōnem imitārī neque possim, sī velim, nec velim fortāsse, sī possim	Cic. nachahmen könnte ich nicht, wenn ich es wollte, und wollte ich vielleicht nicht, wenn ich es könnte

Der Irrealis in der Abhängigkeit

1. Putō tē, sī hoc dīcerēs, **errātūrum fuisse**	Du würdest, glaube ich, irren, wenn du das sagtest
Putō tē, sī hoc dīxissēs, **errātūrum fuisse**	Du hättest, glaube ich, geirrt, wenn du das gesagt hättest
2. Nōn dubitō, quīn, sī hoc dīcerēs, errārēs	Ich zweifle nicht, du würdest irren, wenn du das sagtest
Nōn dubitō, quīn, sī hoc dīxissēs, **errātūrus fueris**	Ich zweifle nicht, du hättest geirrt wenn du das gesagt hättest

Ergänzende Zusätze § 171

1. **sīn (sīn autem)** wenn aber dient als Fortsetzung eines Bedingungssatzes.

Sī haec rēs vēra est, nōn timeō; sīn falsa, gaudeō . . . wenn aber falsch, . . .

2. **nisi verneint den ganzen Bedingungssatz, sī nōn, sī minus einen einzelnen Begriff.**

Parvī sunt forīs (draußen, im Felde) arma, nisi est cōnsilium domī
Ēdūc, Catilīna, omnēs tuōs; sī minus (= sī nōn wo nicht), quam plūrimōs!
Sī nōn bonam, at certē (so doch wenigstens) aliquam spem habeō

3. **nisi — nōn** oder **nōn — nisi** heißt **„nur“** (nicht — wenn nicht; außer).

Nisi inter bonōs amīcitia esse nōn potest (nur unter guten Menschen)
Labiēnus iūrāvit sē nisi victōrem nōn reversūrum (nur als Sieger)

4. **sīve — sīve** (seu — seu) **sei es, daß . . . oder daß** läßt die Wahl zwischen zwei Möglichkeiten. Im Lateinischen steht der Indikativ.

Sīve vērum est sīve falsum	Mag es wahr oder falsch sein
Moriendum est, sīve contemnimus mortem sīve metuimus	Man muß sterben, mag man den Tod verachten oder fürchten

5. **sī** (beim Konjunktiv) **ob** (vielleicht) bei den Ausdrücken des Erwartens und Versuchens.

Palūdem sī nostrī trānsīrent, hostēs exspectābant
Helvētiī noctū sī perrumpere possent, cōnātī sunt

§ 172 6. Konzessivsätze (Einräumungssätze)

Eine Sache wird **als tatsächlich im Indikativ, als vorgestellt im Konjunktiv** eingeräumt.
Die einleitenden Konjunktionen sind

a) **etsī, tametsī, etiamsī „wenn auch, auch wenn"** } beim Ind. und Konj.
quamquam „obgleich, obwohl"

b) **ut „gesetzt daß"**, verneint **nē**; **licet „mag auch"** } beim Konj. (§ 145)
quamvīs „wie sehr auch, wenn auch noch so sehr" ...

c) **cum concessīvum „da doch, obgleich"** (beim Konj., obwohl die Einräumung als Tatsache erscheint, vgl. § 131b)

Caesar, etsī locum nōn aequum vidēbat, tamen cōnflīgere cōnstituit	Obwohl C. sah, daß das Gelände nicht günstig war, entschloß er sich doch zu kämpfen, *oder:* C. sah zwar, ... trotzdem entschloß er sich zu k.
Sōcratēs, quamquam ē carcere effugere potuit, nōluit	Obwohl S. aus dem Gefängnis entfliehen konnte, wollte er es nicht
Út dēsínt vīrḗs, tamen ést laudánda volúntās	Gesetzt auch, daß (wie, wenn auch) die Kräfte fehlen (mögen), so ist doch der Wille zu loben
Quamvīs (*oder*: Licet) dīves sit, beātus nōn est	Wie reich er auch sein mag, mag er noch so reich sein, bei (trotz) all seinem Reichtum ist er (doch) nicht glücklich
Rōmānī castrīs sē tenēbant, cum hostēs cottīdiē pūgnandī potestātem facerent	obgleich die F. Gelegenheit gaben
Sōcratēs, cum ē carcere effugere posset, nōluit	Obgleich Sokrates ... entfliehen konnte (hätte entfliehen können), wollte er nicht

Mit der Einräumung verwandt ist die **Gegenüberstellung,** eingeleitet durch **cum adversātīvum „während"**:

Hostium erat quīnque mīlium numerus, cum (während) Rōmānī nōn amplius octingentōs equitēs habērent (hatten).

§ 173 7. Komparativsätze (Vergleichssätze)

a) **Vergleiche mit etwas Vorgestelltem, Angenommenem** (Konjunktiv) werden eingeleitet mit **quasi, velut sī, tamquam (sī) „wie wenn, gleich als ob"**:

Sēquanī absentis Ariovistī crūdēlitātem horrēbant, velut sī cōram adesset
Quid ego testibus ūtor, quasi rēs dubia sit? (wäre: im Deutschen irreal)

b) **Vergleiche mit etwas Wirklichem** (Indikativ) werden eingeleitet

1. durch vergleichende **Adverbien, Pronomina und Adjektive** (§ 34). Diese werden im Deutschen in der Regel nur mit **„wie"** wiedergegeben.

Ut sēmentem fēceris, ita metēs Wie die Saat, so die Ernte
Tantum scīmus, quantum (wie) memoriā tenēmus.
Quālis (wie) rēx, tālis (so) grex.
Quō (je) quis est doctior, eō (desto) modestior est.

2. durch **atque (ac) „wie, als"** nach Ausdrücken der **Gleichheit** und **Ähnlichkeit** und ihrem Gegenteil:

Idem faciō ac tū (facis)	Ich tue dasselbe **wie** du
Multī hominēs alia dīcunt ac sentiunt	Viele Menschen reden anders, **als** sie denken
Omnia aliter (secus) ēvēnērunt, ac putāveram	Alles kam anders, **als** ich gedacht hatte

3. durch **quam „als"** nach **Komparativen:**

Frāter celerius rediit, quam exspectāveram.
Decet cāriōrem esse patriam nōbīs quam vītam. Vgl. § 97.

Bei verkürzten Vergleichssätzen tritt im **A. c. I.** das Subj. ebenfalls in den **Akkusativ.**

Besonderheiten der Vergleichssätze § 174

1. Häufig sind beide Sätze in einen zusammengezogen:

Caesar quam maximās (potuit) cōpiās (möglichst viele Tr.) parāvit.
Labiēnus quam celerrimē (wie er am schnellsten konnte = so schnell wie möglich) profectus est.
Hannibal castra quam extentissimā potest valle locat.
Fabius tam fortis quam cautus fuit F. war ebenso tapfer wie vorsichtig
Fabius nōn tam fortis quam cautus fuit weniger t. als vorsichtig
Fabius senex bella gerēbat ut adulēscēns wie ein Jüngling

2. Aus dem vergleichenden **ut „wie"** entsteht

a) das begründende **„wie denn, da"**:

Venetī, ut sunt Gallōrum repentīna cōnsilia, lēgātum retinent	wie denn, da die Entschlüsse der Gallier plötzlich sind
Hoc, ut es prūdēns, facile intellegēs	klug, wie du bist; als kluger Mann; bei deiner Klugheit

b) das einschränkende **„so weit"**:

Ūbiōrum cīvitās ampla atque flōrēns fuit, ut est captus Germānōrum	soweit das Begriffsvermögen der Germanen reicht, nach germanischen Begriffen . . .

c) durch Zusammenziehung der Sätze das ut beim Prädikativum:

Catō ut vir vērē Rōmānūs doctrīnam Graecam neglegēbat	Kato kümmerte sich als echter Römer (begründend) nicht um die griechische Bildung
Scīpiō ut homō Rōmānus doctrīnam Graecam dīligēbat	Scipio schätzte für einen Römer (einschränkend) die griechische Bildung (vgl. § 76)

3. Fortius quam prūdentius rēs gesta est = magis fortiter quam prūdenter ... (tapferer) mehr tapfer als klug

Flūmen lātius quam altius est	Der Fluß ist mehr breit als tief.

§ 175 C. Relativsätze[1])

Die Relativsätze werden eingeleitet durch

a) relative Pronomina: quī, quae, quod; quantus, quālis, quot; verallgemeinernd: quisquis, quīcumque

b) relative Adverbien: ubi, quō, unde, cūr, quārē u. a.

Sie sind nicht, wie die übrigen Nebensätze, **dem Inhalte,** sondern nur **der Form nach** eine besondere Art von Sätzen. Das Relativum knüpft unterordnend Sätze mit dem verschiedenartigsten Sinn an (Urteilssätze in realer, potentialer, irrealer Form; Begehrssätze; Adverbialsätze). **Der Modus wird dann selbstverständlich durch den Inhalt bestimmt.**

So bezeichnet der **Konjunktiv** in adverbialen Relativsätzen (vgl. § 131c)

1. **Absicht:**

Lēgātī missī sunt, quī (= ut damit) ōrāculum cōnsulerent
Gallī diem dīcunt, quā conveniant (sollten)
Lēgem brevem esse oportet, quō (= ut eō) facilius teneātur

2. **Folge:**

Nōn is sum, quī (= ut so daß) mortis perīculō terrear (der sich schrecken ließe). Nōn is erat, quī terrērētur (der sich hätte s. lassen) §§ 73, 5; 176, 1.
Ea est Rōmāna gēns, quae victa quiēscere nesciat (derart, daß)
Máior súm, quam cúi possít fortūna nocḗre (cui = ut mihi — Niobe)

3. **Grund:**

Ō fortūnāte Achillēs, quī Homērum praecōnem factōrum invēneris! (quī = cum da) — Alexander d. Gr. am Grabe Achills
Ō miserōs, quī omnia incendiō āmīserint!

Anmerkung: Ein hinzugefügtes **quippe, utpote, ut** weist auf **kausalen** Sinn hin.

---

[1]) Wie andere Nebensätze haben sich auch die Relativsätze aus Hauptsätzen entwickelt; das unterordnende Relativum war ursprünglich beiordnendes Indefinitum oder Interrogativum. Vgl. § 177 Anm.

§ 176

Zusätze:

1. **Nach allgemeinen Ausdrücken des Vorhandenseins ist der konjunktivische Relativsatz konsekutiv oder potential:**

Sunt, quī dīcant Es gibt Leute (von der Art, daß sie), die behaupten
Quotusquisque est, quī dolōrem patienter ferat Wie wenige gibt es, die ...
Inventī sunt multī, quī vītam prōfundere prō patriā parātī essent
Nēmō est, quī sciat der wüßte; nēmō erat, quī scīret der gewußt hätte
Nēmō est, quī nōn (oder **quīn**) sciat der nicht wüßte = Jeder weiß
Nihil est, quīn (= quod nōn) deus videat, vgl. § 164, 2
Est, quod tibi īrāscar (*wörtlich:* es gibt etwas, worüber ich dir wohl zürnen könnte) = Es ist Grund vorhanden (Ich habe Grund), dir zu zürnen
Nōn est (Nōn habeō), quod tibi diffīdam Ich habe keinen Grund, dir zu mißtrauen.

2. **Nach dignus, indignus, aptus, idōneus folgt ein Relativsatz im Konjunktiv,** weil der Satz seiner Natur nach nur eine Vorstellung (keine Tatsache) enthalten kann. Der Relativsatz wird im Deutschen durch einen **daß-Satz** oder **Infinitiv mit „zu"** wiedergegeben:

Hic liber dignus est, quī legātur	Dies Buch verdient gelesen zu werden, ist lesenswert
Indignus es, cui fidem habeāmus	Du bist nicht wert, daß man dir Vertrauen schenkt
Augustus idōneus vidēbātur esse, quī rem pūblicam administrāret	Augustus schien geeignet, den Staat zu verwalten.

3. Der **Indikativ** steht in Relativsätzen, die durch **verallgemeinernde** relative Pronomina und Adverbien eingeleitet werden. Man übersetzt ihn meist durch **konjunktivische** Wendungen:

Quídquid agís, prūdénter agás et réspice fīnem! Was du auch tun magst ...
Quōcumque fugiēs, deus tē vidēbit! Wohin du auch fliehen magst ...

4. Umgekehrt steht in einigen **einschränkenden** Relativsätzen zum Ausdruck der gemilderten Behauptung der **Konjunktiv:**

Quod sciam soviel ich weiß; quod meminerim soviel ich mich erinnere.

Eigentümlichkeiten des lateinischen Relativsatzes § 177

1. Bei **vorangestelltem Relativsatz** wird im Lateinischen das Demonstrativum oft weggelassen, auch wenn es in einem anderen Kasus steht als das Relativum:

Quem dī dīligunt, adulēscēns moritur	Wen die Götter lieben, der stirbt jung
Quibus opēs nūllae sunt, bonīs invident	Wer keinen Besitz hat, der beneidet die Besitzenden

2. Das **Beziehungswort,** das der Deutsche meist in den übergeordneten Satz zieht, steht im Lateinischen oft im **Relativsatz**

a) wenn der Relativsatz voransteht:

Quam quísque nŏrit ártem, in hác sē exérceát!	Jeder übe sich in der Kunst, die er gelernt hat!
Quae prīma mihi occāsiō oblāta est, (eā) sum ūsus	Ich benutzte die erste Gelegenheit, die sich mir bot

b) wenn das Beziehungswort eine Apposition ist:

Rhēnum, quī fluvius profluit ex Helvētiīs, Caesar bis trānsgressus est	Den Rhein, einen Fluß, der im Lande der Helvetier entspringt, überschritt C. zweimal

c) wenn das Relativ sich auf einen Superlativ bezieht:

Themistoclēs dē servīs suīs, quem habuit fidēlissimum, ad Xerxem mīsit	Th. schickte von seinen Sklaven den treuesten, den er hatte, zu Xerxes

Über den Komparativ in Relativsätzen s. § 179, 1.

3. Im Streben nach Deutlichkeit **wiederholt** das Lateinische zuweilen das **substantivische Beziehungswort** beim Relativum; bei der Übersetzung bleibt es unberücksichtigt:

Erant omnīnō itinera duo, quibus itineribus Helvētiī domō exīre possent	Es gab im ganzen zwei Wege, auf denen die Helvetier aus ihrer Heimat auswandern konnten
Caesar ultrā eum locum, quō in locō Germānī cōnsēderant, castrīs idōneum locum dēlēgit	C. wählte jenseits der Stellung, in der sich die G. festgesetzt hatten, einen geeigneten Lagerplatz

Anmerkung: In diesen Beispielen ist die Entstehung des Relativs aus dem unbestimmten Fürwort (2a) oder aus dem Fragewort (2b, c; 3) noch sichtbar, z.B. „Irgendeine Kunst wird jeder kennen; in der übe er sich!" — „Es gab im ganzen nur zwei Wege. Auf welchen Wegen sonst hätten die Helvetier auswandern können?"

§ 178 Relativischer Anschluß

Nach größeren Satzzeichen dient das Relativ auch oft **zur Anknüpfung beigeordneter Sätze** und wird ganz wie ein Demonstrativ empfunden und übersetzt (quī = et is, is igitur, is autem, is enim).
Wir stellen die Anknüpfung durch den Zusatz von „nun, und, also, aber, doch, denn, nämlich" her, z.B.

Neoclēs Athēniēnsis uxōrem Acarnānam dūxerat, ex quā nātus est Themistoclēs. **Quī** cum (Da dieser nun) minus esset parentibus probātus, ā patre exhērēdātus est. **Quae** contumēlia (Aber dieser Schimpf) nōn frēgit eum, sed ērēxit.

Häufig sind besonders folgende Verbindungen:

Quam ob rem, Quā rē	Deswegen
Quā dē causā	Aus diesem Grunde; deshalb
Quō factō	Darauf
Quibus rēbus cognitīs	Auf die Kunde davon
Quō factum est, ut ...	So kam es, daß; infolgedessen, daher
Quae cum ita sint (essent)	Unter, trotz diesen Umständen
Quae sī ita sunt	In diesem Falle, dann
Quod sī	Wenn nun, wenn also (vgl. § 193)

Dagegen leiten Quī **autem,** Quī **igitur,** Quī **enim** wirkliche **Nebensätze** ein = **is** autem, **quī; is** igitur, **quī; is** enim, **quī.** Siehe § 177, 1.

Der Komparativ in Relativsätzen und die relativische Verflechtung § 179

1. Der **Komparativ in Relativsätzen** verlangt im Deutschen die Übersetzung durch den Superlativ.

Für das Verständnis der Satzform kann man statt des Relativs ein Demonstrativpronomen einsetzen (quā = eā, quō = eō).

Patriam, quā nihil nōbīs cārius est, dēfendere dēbēmus	Das Vaterland, das Teuerste, was wir haben (*wörtl.:* von dem aus gesehen, im Vergleich zu dem wir nichts Teureres haben, vgl. § 97) ...
Bellum Pūnicum secundum, quō Rōmānī numquam memorābilius gessērunt, ā Scīpiōne cōnfectum est	Der zweite punische Krieg, der denkwürdigste, den Rom je geführt hat, ist von Scipio glücklich beendigt worden

2. Verwandt mit dem relativischen Anschluß ist **die sog. relativische Verflechtung** (Verschränkung), bei der das Relativum statt eines Demonstrativums steht (vgl. § 178). Wir verwenden im Deutschen entweder Beiordnung (mit Demonstrativpronomen) oder einen eingeschobenen Satz (bzw. präpositionalen oder adverbialen Ausdruck) oder die Umschreibung mit „von" (vgl. § 155).

Relativsätze werden verflochten

a) mit abhängigen Urteils-, Begehrs- und Fragesätzen:

Patriam, quā nihil nōbīs cārius esse exīstimāmus, dēfendere dēbēmus	Das Vaterland, das Teuerste, was wir nach unserer Überzeugung haben, müssen wir verteidigen
Hannibal, quem virtūte imperātōriā praeter cēterōs excellere negārī nōn potest, Rōmānōs nōn dēvīcit	H., der, wie sich nicht abstreiten läßt, (unstreitig) einer der größten Feldherren war, hat Rom nicht niedergerungen
Errāre mālō cum Platōne, quem tū quantī faciās, sciō	... denn ich weiß, wie du ihn schätzest; von dem ich weiß ...

b) mit adverbialen Nebensätzen und Relativsätzen:

Ea suāsī Pompēiō, quibus ille sī pāruisset, Caesar tantās opēs nōn habēret	Ich habe P. Ratschläge gegeben; hätte er diese befolgt, besäße C. jetzt nicht solche Macht, oder freier: die er nur zu befolgen brauchte, und C. hätte jetzt keine solche Macht
Magna est vīs cōnscientiae, quam quī neglegunt, sē ipsī indicābunt	Groß ist die Macht des Gewissens, und die, die es außer acht lassen, werden sich selbst verraten

c) mit einem Partizipium, das — wie bei a) der A.c.I. — statt eines Nebensatzes steht:

Grave cōnscientiae pondus est, quā sublātā (quae ubi sublāta est) iacent omnia	..., nach dessen Schwinden alles zusammenbricht

§ 180 Zur Wiedergabe lateinischer Relativsätze

Attributive Relativsätze werden im Deutschen oft **nominal verkürzt** wiedergegeben:

Iī, quī adsunt	die Anwesenden
Iī, quī praesunt aliīs	die Vorgesetzten, Befehlshaber
Ea, quae suprā dīximus	das oben (früher) Erwähnte
Omnēs, quī arma ferre possunt	alle Waffenfähigen
Hostēs, quī ceciderant	die gefallenen Feinde
Sociī, quī dēfēcerant	die abtrünnigen Bundesgenossen
Bellum, quod cum Gallīs est	der Krieg mit den Galliern
Pōns, quī erat ad Genavam	die Brücke bei Genf
Eā, quae secūta est, hieme	im folgenden Winter
Urbs, quae obsidētur (obsidēbātur)	die belagerte Stadt
Germānī, quī trāns Rhēnum incolunt	die Germanen jenseits des Rheins, die rechtsrheinischen Germanen
Tacitī liber, quī Agricola īnscrībitur	das „Agrikola" betitelte Buch des Tacitus des Tacitus „Agrikola"

EINFÜHRUNG IN DIE TECHNIK DES ÜBERSETZENS

Einleitung

Verstehen und Übersetzen § 181

Das Übersetzen aus dem Lateinischen ruht auf dem Sinnverständnis lateinischer Wörter und Sätze; das Sinnverständnis ruht auf der Kenntnis der lateinischen Formen und ihrer Bildung, der lateinischen Wörter und ihrer Bedeutung, der Gesetze der lateinischen Wortstellung und der Besonderheiten des lateinischen Satzbaus. Das Sinnverständnis führt aber nur zum sinnrichtigen Übersetzen (Übertragen); zum guten Übersetzen gehört auch die Kenntnis der stilistischen Verwendung der einzelnen Wortarten und die Beachtung des deutschen Sprachgebrauchs.

In der folgenden Anleitung zum Übersetzen sind die Hauptunterschiede zwischen der lateinischen und deutschen Sprache aufgezeigt, aus denen sich die Wege zum Sinnverständnis und zum Verdeutschen d.h. zum richtigen und guten Übersetzen ergeben.

A. Die Grundlagen und Grundformen des Übersetzens

1. Verschiedenheit der Formenbildung (Flexion — Umschreibung) § 182

Die Formenlehre zeigt die Bildung der lateinischen Formen, ihren Gebrauch zeigt die Satzlehre. Ein Hauptunterschied in der Formenbildung, der die Wiedergabe im Deutschen von Anfang an bestimmt, ist:

Das Lateinische bevorzugt die geschlossene, zusammenfassende (synthetische) Formenbildung durch Suffixe (Ablativ: dōnō, Futur: laudābō, Perfekt: laudāvī, Passiv: laudor), das Deutsche bildet die Mehrzahl der Formen zerlegend, auflösend (analytisch) mit Hilfswörtern (mit einem Geschenk, ich werde loben, ich habe gelobt, ich werde gelobt).

2. Die Wörter: Bedeutung und Bezeichnung § 183

Die Wörter sind Bezeichnungen für Vorstellungen von Sachen, Vorgängen, Zuständen. Für fast jede Vorstellung haben die verschiedenen Sprachen eine kleinere oder größere Anzahl von Wörtern (Bezeichnungen) geschaffen oder entwickelt. Die Bedeutung kaum eines einzigen Wortes einer Sprache läßt sich in einer anderen Sprache mit nur einem Wort wiedergeben. Was man als „Bedeutung" eines Wortes lernt, ist meist nur eine vereinfachende Wiedergabe des mit dem fremden Wort Gemeinten oder die sog. Grundbedeutung, die sich im Umfang erweitert oder verengt, im Wert veredelt oder verschlechtert oder auch bildlich übertragen wird, und mit dem alten Wort werden dann neue Sachen (Sachverhalte) bezeichnet, z.B.

iūdicium Urteil = Richterspruch, Gerichtsverhandlung, Gerichtshof; Urteil = Meinung, Ansicht, Einsicht, Geschmack; lingua Zunge, Sprache; caput Haupt, Hauptsache, Hauptstadt, Mensch; ōs Mund, Gesicht; hostis Gast, Fremder, Feind; emere nehmen, kaufen; hūmānus menschlich, menschenfreundlich, feingebildet; rūsticus ländlich, bäurisch, ungebildet; simplex einfach, einfältig; sordidus schmutzig, geizig; clārus hell, klar, berühmt.

§ 184 3. Die rechte Wortwahl

Deshalb lautet die Grundfrage beim Übersetzen: wie bezeichnen wir die mit dem lateinischen Wort gemeinte Sache?, und die Hauptaufgabe ist, unter den vorhandenen deutschen Wörtern die treffende Bezeichnung zu wählen (1. Grundform des Übersetzens: Wortwahl).
Hierbei kann das Wörterbuch wohl Hilfe geben, aber vor allem verlangt diese Aufgabe klare Anschauung und klares Denken.

Beispiele:

laetus froh, fröhlich, freudig, lustig, vergnügt, heiter (animus, vultus, frōns, diēs); froh = erfreulich, angenehm (nūntius, somnium, rēs); anmutig, wohlgefällig (virtūs), froh gedeihend = reich, lachend (ager, frūgēs, segetēs);

lātus breit (via, flūmen), weit, groß, ausgedehnt (rēgnum, aequor, glōria, fīnēs, agrī), weitläufig, (breit), ausführlich (ōrātiō);

magnus groß (terror), heftig (impetus), laut (vōx), schwer (morbus, clādēs), reich (mūnera), wichtig (officium), tief (dolor), zahlreich, viel (cōpiae, pecūnia), dringend (suspiciō);

facere machen, tun: machen, zurücklegen (iter), schlagen (pontem), schließen (pācem, amīcitiam), ausführen (imperāta), leisten (stipendia), bahnen (viam sibi), bestellen (sēmentem), fällen (iūdicium), errichten (turrēs), erregen (rebelliōnem), anstiften, anzetteln (coniūrātiōnem), liefern (proelium), gewähren, geben (potestātem die Möglichkeit), zufügen (iniūriam).

§ 185 4. Wortveränderung

a) Quantitative Veränderung liegt vor,

1. wenn man ein einfaches lateinisches Wort durch ein zusammengesetztes Wort oder mehrere Wörter übersetzt (2. Grundform: Erweiterung):

   audāx wagemutig, rēgnum Königreich, socius Bundesgenosse, angustiae Engpaß; flōrēre in Blüte stehen, bellāre Krieg führen, parāre Vorbereitungen treffen, cūstōdīrī in Haft gehalten werden, nostrī unsere Angehörigen, unsere Leute, (bei Cäsar „die Römer"); omnia mea alle meine Habe; rēgis est es ist Aufgabe, Pflicht des Königs;

2. wenn man eine lateinische Wortgruppe mit einem deutschen Wort wiedergibt (3. Grundform: Verkürzung):

amor patriae Vaterlandsliebe, sermō patrius Muttersprache, mōs malus Unsitte; īnsidiās parāre auflauern, incendiō dēlēre einäschern, bellum Graecīs īnferre die Griechen angreifen, castra movēre aufbrechen, urbem obsidiōne līberāre eine Stadt entsetzen; animōs mīlitum cōnfirmāre die Soldaten ermutigen; oppidum ad mare situm die Stadt am Meer; timōre mōtus aus Furcht;

b) Qualitative Veränderung liegt vor,

1. wenn man ein lateinisches Wort verstärkend oder abschwächend übersetzt (4. Grundform: Verstärkung):

esse stehen, liegen, herrschen, sich befinden, sermōnem habēre ein Gespräch führen, aegrōtum simulāre den Kranken spielen; die Übersetzungen von facere siehe § 184.

(5. Grundform: Abschwächung):

studēre linguae Latīnae Latein treiben, sitī vexārī Durst leiden;

2. wenn man die Wortform verändert (6. Grundform: Formveränderung):

pedibus īre zu Fuß gehen, mōrēs lēgēsque contemnere Sitte und Gesetz verachten; cum fēminīs (coniugibus) ac līberīs mit Weib und Kind; eques Rōmānus die römischen Reiter; Corinthus, urbs opulentissima das reiche Korinth; hoc valde doleō das schmerzt mich tief; paene cecidī beinahe wäre ich gefallen; ferner die Wiedergabe des latein. Futurs (§ 132) und Passivs (§ 211);

3. wenn man die Wortart ändert (7. Grundform: Wortschub):

gaudeō tē advēnisse über deine Ankunft; Varrō collēgā resistente signum committendī proeliī dedit trotz des Widerspruchs seines Kollegen gab V. das Zeichen zum Beginn der Schlacht; dolōrēs corporis körperliche Schmerzen; vās aureum ein Gefäß von Gold; altitūdine montium iter impediēbātur hohe Berge behinderten den Marsch; tē convenīre velim ich möchte dich gern treffen; Rōmam ā Rōmulō conditam esse cōnstat Rom ist bekanntlich . . .;

4. wenn man die Konstruktion und den Kasus ändert (8. Grundform: Beziehungsverschiebung):

bonum ēventum spērāre auf einen guten Ausgang hoffen; auxilium deōrum implōrāre die Götter um Beistand anflehen; fugam parāre sich zur Flucht bereit machen, Vorbereitungen für die Flucht treffen; auxilium petere ab aliquō jemand um Hilfe bitten; ex urbe discēdere die Stadt verlassen; lūdō interesse ein Spiel mitmachen, besuchen, sich an einem Spiel beteiligen; iniūriā afficere aliquem jemandem ein Unrecht zufügen; mihi multī librī sunt ich besitze viele Bücher.

Wie die Beispiele zeigen, handelt es sich nicht um starre mechanische Formen. Diese verbinden und vermischen sich vielmehr in der lebendigen Sprache, etwa die Wortwahl mit Erweiterung, Verkürzung, Wortschub, Beziehungsverschiebung. Die Grundformen nicht mechanisch, sondern frei und ohne starres Kleben am einzelnen Wort anzuwenden, muß das Ziel aller Bemühungen um gutes Übersetzen sein. Die Stilistik der Wortarten (§§ 201—215) weist die Wege zur Anwendung im einzelnen.

§ 186 B. Die Wortstellung

Die Wortstellung ist im Lateinischen viel freier und beweglicher als im Deutschen und in den neueren Sprachen, weil der größere Reichtum an Flexionsformen die grammatische Beziehung der Satzteile deutlicher zum Ausdruck bringt. Man könnte im Lateinischen sagen: Caesar Gallōs vīcit. Caesar vīcit Gallōs. Gallōs Caesar vīcit. Gallōs vīcit Caesar. Vīcit Caesar Gallōs. Vīcit Gallōs Caesar.

Im allgemeinen ist die lateinische Wortstellung bestimmt durch Betonung, Deutlichkeit, Klarheit und Schönheit; neben der Sinnbetonung spielen Rhythmus und Klang eine große Rolle, so daß sich nur allgemeinste, aber nicht ausnahmslos geltende Regeln aufstellen lassen.

§ 187 1. Grammatische Wortstellung

Die Haupttonstellen im Satz sind der Anfang und das Ende. Daher stehen die Hauptglieder des Satzes in der Regel an diesen Stellen, das Subjekt (S) am Anfang, das Prädikat (P) am Ende, dazwischen erst die Erweiterung des Subjekts — S-gruppe —, dann die Erweiterungen (Ergänzungen und adverbialen Bestimmungen) des Prädikats — P-gruppe —: Grammatische Wortstellung.

Helvētiī repentīnō Caesaris adventū commōtī / lēgātōs ad eum statim mīsērunt. Xerxēs, Darēī fīlius, pūgnā Salamīniā victus / quam celerrimē in Asiam revertit.

Der lateinische Satz ist durch diese S—P-Verklammerung einheitlicher und geschlossener als der deutsche.

Einfache Konjunktionen (et, at, nam, itaque), satzverbindende Demonstrativa (hic, id, haec, ea, eō, inde), die einen Hinweis auf das Vorhergehende enthalten, oder zum ganzen Satz gehörende adverbielle Bestimmungen (hīs rēbus gestīs, alterō diē) stehen oft vor dem Subjekt oder der Subjektsgruppe.

§ 188 2. Rhetorische Wortstellung

Statt des Subjekts kann auch das Prädikat an die Spitze treten, wie überhaupt jeder andere Satzteil, der besonders hervorgehoben werden soll. Betonte Wörter erscheinen oft auch am Satzende: Rhetorische Wortstellung.

Varia sunt hominum iūdicia	Verschieden sind der Menschen Urteile
Erant omnīnō itinera duo	Vorhanden waren überhaupt nur zwei Wege
Aliud iter habēmus nūllum	Anderen Weg haben wir keinen
Dīcēbat melius quam scrīpsit Hortēnsius	Im Reden war H. besser als im Schreiben

Apud Helvētiōs longē nōbilissimus fuit et dītissimus Orgetorīx.

Die Wortstellung soll man bei der Übersetzung soweit wie möglich beibehalten.

Der Deutsche kann die Wirkung der lateinischen Wortstellung oft nur durch Hinzufügung hervorhebender Partikeln („und wirklich", „tatsächlich") oder durch Umschreibung zum Ausdruck bringen:

Est, ut dīcis	Es ist wirklich so, wie du sagst
Et iūnxisset sibi Hannibal Gallōs, nisi...	Und wirklich, tatsächlich hätte H. die Gallier auf seine Seite gebracht ...
Perīculōsē nāvigātur hieme	Gefährlich ist es, im W. zur See zu fahren

3. Besondere Mittel der rhetorischen Wortstellung § 189

a) Zur starken Hervorhebung werden syntaktisch zusammengehörige Wörter oft durch eingeschobene Wörter voneinander getrennt (Sperrung): Grāta patris dōna, magnō in perīculō, quā dē causā, urbs ad flūmen sita (die am Fluß gelegene Stadt, die Stadt am Fluß), praeclāra Hannibalis ad Cannās victōria, pōculum ex aurō factum.

Nocet empta dolōre voluptās. Nīl sine magnō vīta labōre dedit mortālibus. Brevis ā nātūrā nōbīs vīta data est. Nūlla tamen vōx est audīta populī Rōmānī maiestāte indigna. Meam tuōrum ergā mē meritōrum memoriam nūlla umquam dēlēbit oblīviō. Meine (dankbare) Erinnerung an deine Verdienste um mich wird kein Vergessen jemals auslöschen.

b) Der rhetorischen Hervorhebung dient auch die wiederholende und parallele sowie die kreuzweise Wortstellung: Anapher und Parallelismus; Chiasmus (so genannt nach X = griech. chi).

Testis est Italia, testis est Āfrica, testis est Gallia
Cornibus taurī, aprī dentibus, morsū leōnēs sē tutantur
Multī fāmam, cōnscientiam paucī verentur.

C. Der Satzbau

I. Die Beiordnung (Satzreihe) § 190

In der einfachen Sprache können mehrere Vorgänge oder Handlungen unverbunden oder durch Konjunktionen verbunden aneinandergereiht werden: Satzreihe.

1. Beiordnung ohne Verbindung

Vēnī, vīdī, vīcī (Cäsar). Abiit, excessit, ēvāsit, ērūpit (Catilīna)[1]).
Honōrēs, dīvitiae, voluptātēs, cētera eiusdem generis cadūca sunt.

[1]) Vergleiche im Deutschen: „Alles rennet, rettet, flüchtet!" „Der Mensch denkt, Gott lenkt".

Vincere scīs, Hannibal, victōriā ūtī nēscis ... aber ...
Cōnsulātus ēripī nōn potest, vīta potest ... wohl aber das Leben

Puerī hoc possunt, virī nōn poterunt? und Männer sollten es nicht können?
Starke Gegensätze wirken am schärfsten, wenn die Sätze unverbunden sind.

Anmerkung: Unverbunden stehen auch die Konsulnamen bei Zeitangaben: Cn. Pompēiō M. Crassō cōnsulibus.

§ 191 2. Beiordnende Konjunktionen

a) Einfache Konjunktionen

1. **Anreihende** (kopulative):

et, -que und; atque (ac) und (dazu) verbinden nur Gleichartiges (gleichen Kasus, Modus usw.)

Drei oder mehr Glieder verbindet das Lateinische entweder sämtlich[1]) mit **et** oder gar nicht oder, wie in der Regel im Deutschen, nur das letzte mit **-que.**

Hōrae cēdunt **et** diēs **et** mēnsēs **et** annī Stunden, Tage, Monate **und** Jahre schwinden
Verrēs Siciliam vāstāvit, vexāvit, perdidit
Haec rēs vōbīs pācem, ōtium concordiam**que** afferat!

Beigeordnete Attribute werden meist durch **et (-que)** verbunden; im Deutschen bleibt es unübersetzt:

multī **et** praeclārī virī	viele treffliche Männer
multae **et** gravēs cūrae	viele drückende Sorgen
in tot tantīs**que** perīculīs	in so vielen großen Gefahren

Et am Satzanfang wird mit **„nun"** übersetzt oder weggelassen, wenn es nicht zur Hervorhebung mit **„und wirklich"** wiederzugeben ist (vgl. § 188).

etiam, et auch, sogar (steigernd), **quīn etiam**[2]) **ja sogar;**

quoque auch (nachgestellt, bezieht sich nur auf ein einzelnes Wort):
Etiam tū, et tū, *aber* tū quoque auch du.

2. **Trennende** (disjunktive):

aut oder schließt von zwei Gliedern das eine aus:
Hīc vincendum aut moriendum est.

vel oder bezeichnet beide als möglich, stellt zur Wahl[3]):
ēgregius pietāte vel armīs.

vel potius oder vielmehr, oder besser berichtigt.

-ve (angehängt) **oder (bis)** besonders bei Zahlen: ter quaterve 3 **bis** 4 mal.

---

[1]) Vgl. im Deutschen: „Und es wallet **und** siedet **und** brauset **und** zischt."
[2]) Aus quīn? etiam ... warum nicht? Sogar ...
[3]) Imperativ von velle: wolle das eine, wolle das andere.

sīve (seu) oder erklärt beide Glieder für gleichbedeutend:

Paris sīve Alexander; Ascanius sīve Iūlus.

an oder schließt das erste Glied der Doppelfrage aus (§ 147).

3. **Gegensätzliche** (adversative):

autem (nachgestellt) **aber,** schwach entgegensetzend, mehr anknüpfend und weiterführend.

sed[1]) **aber, doch,** nach Negationen **sondern;**

bei Übergängen abbrechend **indes, doch:**

Sed haec hāctenus! Doch genug davon!

vērō (nachgestellt) eigtl. versicherndes Adverb **in Wahrheit, fürwahr, tatsächlich;** als Konjunktion immer steigernd **aber gar, aber vollends.**

Iam vērō ferner, ferner aber.

cēterum übrigens, aber; at dagegen, anderseits (stark entgegensetzend)

at enim[2]) **freilich, aber freilich, indes**

atquī nun aber, aber doch; tamen dennoch, trotzdem

neque vērō aber ... nicht; neque tamen doch ... nicht

4. **Begründende** (kausale):

nam (*verstärkt* namque) **enim** (nachgestellt) **etenim**	**denn, nämlich, ja**
neque enim	**denn ... nicht**

5. **Folgernde** (konsekutive):

itaque	**(und so) daher**
igitur (nachgestellt)	**also, somit**
ergō	**daher, folglich**
proinde (nur bei Aufforderungen!)	**demnach, also**

b) Doppel-Konjunktionen **§ 192**

sind im Lateinischen viel häufiger als im Deutschen[3]):

et — et	(sowohl — als auch), **teils — teils; ... wie auch**
ut — ita	(wie — so), **zwar — aber**

[1]) Ursprünglich sēd „für sich", „abgesondert", „sondern", vgl. § 52, b.

[2]) Der zu at gehörige Gedanke ist aus dem Zusammenhang zu ergänzen, etwa: aber dem ist doch nicht so, denn usw.

[3]) Die Vorliebe für Doppel-Konjunktionen erklärt sich aus dem rhetorischen Charakter der lat. Sprache. Die durch sie bewirkte enge Verknüpfung und Gliederung erleichtert dem Hörer, für den die Sätze geformt sind, die Aufnahme des Stoffes.

cum — tum	(sowohl — als ganz besonders) **und besonders**
modo — modo	**bald — bald**
neque — neque	**weder — noch, ebensowenig — wie, nicht — und auch nicht**
neque — et	(einerseits) **nicht — anderseits aber**
et — neque (nec)	(einerseits) — **anderseits nicht**
aut — aut **vel — vel**	(entweder) — **oder**
neque aut — aut	**und ... weder — noch**
non tam — quam	nicht sowohl — als vielmehr, **weniger — als**
non magis — quam	nicht mehr — als, **ebensowenig — wie**
non minus — quam	nicht weniger — als, **ebensosehr — wie**
nōn modo (nōn sōlum) — sed etiam	**nicht nur — sondern auch**
nōn modo (nōn) — sed nē — quidem	**nicht nur nicht — sondern nicht einmal**

Erant **et** virtūte **et** studiō pūgnandi parēs	In der Tat waren sie an Tapferkeit **wie an** Kampfeseifer ebenbürtig
Flāminius **nōn modo** lēgēs, **sed nē** deōs **quidem** metuēbat	Fl. fürchtete die Götter nicht, **geschweige denn** die Gesetze

§ 193 II. Die Unterordnung (das Satzgefüge, die Periode)

In der gepflegten Schriftsprache werden zusammenhängende Vorgänge, Handlungen und Gedanken meist in **Satzgefügen (Perioden)** ausgedrückt: einem Hauptgedanken, verkörpert in dem Hauptsatz, mit dem meist an der Spitze stehenden Subjekt und dem abschließenden Prädikat, wird alles andere in Form von Nebensätzen und Partizipien untergeordnet (subordiniert).

Das Lateinische liebt die Unterordnung von Satzteilen und Sätzen in Satzgefügen, **der Deutsche bevorzugt die Beiordnung** in Satzreihen. In der Vorliebe für Subordination, d.h. für Satzgefüge mit Nebensätzen und Partizipialkonstruktionen zum Ausdruck des logischen Verhältnisses der Gedanken, liegt ein unterscheidendes Hauptmerkmal der lateinischen Sprache; das Verständnis größerer Perioden und ihre gute deutsche Wiedergabe stellt dem Denken wie dem Nachgestalten mannigfaltige und reizvolle Aufgaben.

Ein besonderes Gepräge zeigt das lateinische Satzgefüge durch die vielfältigen Nominalformen des Verbs (Partizip, Gerundium, Gerundivum, Supinum), die vieldeutigen Formen des Konjunktivs und die Freiheit der Satzstellung: die Hauptaussage, die oftmals erst am Schluß eines Satzes erscheint, ist gegenüber den Nebengliedern stark herausgehoben, ein spannungsgeladener kunstvoller Satzaufbau führt Schritt für Schritt zu ihr hin, und der moderne Hörer und Leser römischer Texte muß sich sorgfältig in die Vielfalt der den einzelnen Ausdrucksformen innewohnenden Bedeutungsfeinheiten einarbeiten, um dem antiken Autor in seine Vorstellungswelt folgen und das kunstvolle Gebilde seines Gedankenaufbaus nachdenken zu können (vgl. § 125, 3f.). Für diese kunstvolle Satzgliederung sei folgendes Beispiel aus einer Rede Ciceros (Phil. VII, 8) angeführt und ihr Aufbau im Druck angedeutet:

Ego ille,
qui semper pācis auctor fuī,
cuīque pāx, praesertim cīvīlis, quamquam omnibus bonīs,
tamen imprīmīs fuit optābilis —
omne enim curriculum industriae nostrae in forō,
in cūriā,
in amīcōrum perīculīs propulsandīs ēlabōrātum est:
hinc honōrēs amplissimōs,
hinc mediocrēs opēs,
hinc dignitātem, si quam habēmus, cōnsecūtī sumus —
ego igitur pācis, ut ita dīcam, alumnus,
quī, quantusque sum, (nihil enim mihi arrogō,)
sine pāce cīvīlī certē nōn fuissem, —
— perīculōsē dīcō:
quem ad modum acceptūrī, patres cōnscrīptī, sītis, horreō,
sed prō meā perpetuā cupiditāte
vestrae dignitātis retinendae et augendae
quaesō ōrōque vōs, patrēs cōnscrīptī,
ut prīmō,
etsī erit vel acerbum audītū
vel incrēdibile ā M. Cicerōne esse dictum,
accipiātis sine offēnsiōne, quod dīxerō,
nēve id, repudietis —
priusquam, explicārō,
quāle sit,
ego ille, dīcam saepius, pācis semper laudātor, semper auctor,
PACEM cum M. Antōniō esse NŌLŌ.

Diese Fülle von einzelnen Satzgliedern in einem Satze unterzubringen, wäre im Deutschen völlig undenkbar: erst beim dritten Anlauf gelangt Cicero hier zu der aus seinem Munde ungeheuerlichen Ablehnung einer Verständigung mit Antonius. In den zweimal gleichartig gestalteten Zwischengliedern umreißt er gewissermaßen die Gesamtheit seiner politischen Persönlichkeit in ihrem Werdegang und setzt damit geradezu ihr ganzes Gewicht gegen den Mann ein, der ein Jahr später seinen Tod fordern wird:

„**Ich,** der ich immer ein Verfechter des Friedens gewesen bin,
dem — zumal innerhalb der Bürgerschaft, wie zwar allen Konservativen —
der Friede doch immer ganz besonders erwünscht war —
ist doch der Erfolg meiner Laufbahn auf dem Forum,
in der Kurie,
überhaupt mit der Abwehr der Gefahren meiner Freunde erarbeitet,
habe ich doch von da aus die höchsten Ämter,
von da aus mein bescheidenes Vermögen,
überhaupt mein Ansehen, das ich besitze, erworben —,
Ich also, der ich sozusagen ein Kind des Friedens bin,
der ich das, was ich bin — ich maße mir durchaus nichts an —
ohne Frieden unter den Bürgern bestimmt nicht geworden wäre,
ich spreche ein gefährliches Wort:
wie Ihr, Senatoren, es aufnehmen werdet, davor graut mir,

aber auf Grund meines immer wieder bewiesenen Bemühens,
euer Ansehen zu erhalten und zu mehren,
bitte ich euch dringend, Senatoren,
daß Ihr erst einmal,
wenn es auch hart klingen mag
und man kaum glauben mag, daß ein M. Cicero es gesagt habe,
euch anhört, ohne euch beleidigt zu fühlen, was ich zu sagen habe
und nicht, bevor ich, was ich meine, ausgeführt habe, schon ablehnt —
ich also, ich sage es noch einmal,
der ich immer den Frieden gepriesen habe und immer für ihn eingetreten bin,
muß einen Frieden mit M. Antonius ablehnen."

Trotz der manchmal erstaunlichen Länge solcher lateinischen Sätze sind es doch immer wieder kleine Glieder, „Kola", die einzeln nacheinander erfaßt werden wollen. Sie werden daher im folgenden in einer systematischen Gliederung erörtert.

Wir können vor allem zunächst folgende drei Gruppen unterscheiden:

1. Caesari nuntiatum est equites accedere	C. erhielt die Meldung, die Reiter rückten heran
2. Caesar suis imperavit, ne quod omnino telum in hostes reicerent	C. befahl seinen Soldaten, keinen einzigen Speer auf die Feinde zurückzuschleudern
3. Elatum est, qua arrogantia Ariovistus usus esset	Es wurde bekannt, welche Anmaßung Ariovist gezeigt habe (hatte)

In der abhängigen Aussage erscheint der Inhalt (vgl. § 139)

1. als Tatsache
2. als Begehren — Wunsch, Befehl —
3. als Frage

§ 194 1. Anordnung und Aufbau lateinischer Perioden

Im Lateinischen ist auch das Satzgefüge **geschlossener** als im Deutschen.

a) Daher steht das **gemeinsame Subjekt** oder ein dem Haupt- und Nebensatz gemeinsamer Satzteil an der Spitze; Nebensätze erscheinen dann oft in den Hauptsatz eingeschaltet. Der Deutsche meidet die Einschaltung und stellt den **Nebensatz** dem Hauptsatz **voran** oder noch häufiger **nach.**

Haeduī, cum sē dēfendere nōn possent, ā Caesare auxilium petīvērunt	Da die H. . . ., baten sie C. um Hilfe. Die H. baten C. um Hilfe, da sie . . . nicht wehren konnten
Caesar Haeduīs, cum ad eum lēgātōs mīsissent, spem dēditiōnis nōn **adēmit**	Als die H. zu Cäsar Gesandte schickten, nahm er ihnen nicht die Hoffnung auf Begnadigung.

Alterō diē cum (Caesar) ad oppidum Senonum vēnisset, oppūgnāre īnstituit.

Die dem Satzgefüge vorangestellten koordinierenden **Konjunktionen** werden im Deutschen in den vorangestellten Nebensatz gezogen:

Itaque priusquam quidquam cōnārētur, Caesar Dīviciācum ad sē vocat	Bevor C. daher etwas unternahm, ließ er Div. zu sich kommen

Ähnlich:

itaque cum als deshalb, **itaque sī** wenn also,
sed cum da aber, **nam sī** wenn nämlich.

Hierher gehört auch der **relativische Anschluß** (§ 177) und die demonstrative Satzverbindung:

Quārē quoniam Weil also, **Quod sī** Wenn nun, Wenn also

Quae cum ita sint	Da (Obgleich) diese Dinge so liegen
Haec cum dīxisset	Als er dies gesagt hatte
Eō cum vēnisset	Als er dorthin kam

b) **Die Stellung der Nebensätze** wird (wie die Wortstellung) im Satz oft bestimmt durch Deutlichkeit, Betonung, Rhythmus und Klangwirkung und ist sehr mannigfaltig. Oft werden Nebensätze in den Hauptsatz oder Nebensätze 2. Grades in den übergeordneten Nebensatz eingeschaltet oder ihm vorangestellt. In der natürlichen Reihenfolge gehen Nebensätze, die das zeitlich Frühere enthalten (Temporal-, Kausal-, Konzessiv-, Kondizionalsätze), dem Hauptsatz voran, während Konsekutiv-, Final- und indirekte Fragesätze dem Hauptsatz folgen und Relativsätze sich an ihr Beziehungswort anschließen; doch findet sich fast ebenso häufig Voran- und Zwischenstellung mit einer im Deutschen unmöglichen Verschachtelung.

Hī vōs, quoniam līberē loquī nōn licet, tacitē rogant	Diese bitten euch stumm, weil sie nicht offen reden dürfen
Cūr nōlint, etiamsī tacent, dīcunt	Auch wenn sie schweigen, sagen sie deutlich, warum sie nicht wollen; Warum sie nicht wollen, sagen sie, auch wenn sie schweigen
Caesar, quālis esset nātūra montis, quī cognōscerent, mīsit	C. schickte Leute aus, die erkunden sollten, wie ... beschaffen sei
Mercātōribus est aditus ad Suēbōs, ut, quae bellō cēperint, quibus vēndant, habeant	... damit sie Leute haben, an die sie verkaufen können, was sie erbeutet haben (vgl. § 199)

Tū quid sīs āctūrus, pergrātum erit, sī ad mē scrīpseris	Es wird mir hochwillkommen sein, wenn du mir schreibst, was du vorhast

c) Besonders wichtig sind im Aufbau der Perioden die Partizipien, s. § 125, 3f.

§ 195 2. Der Weg zum Sinnverständnis

a) Der natürliche Weg

Zum Sinnverständnis einer lateinischen Periode kommt man oft, wenn man dem Gedankengang des Schriftstellers Schritt für Schritt folgt, um so auch der Spannung (Entfaltung des Gedankens) und ihrer Lösung innezuwerden. Schritt für Schritt heißt aber nicht Wort für Wort; denn fast jedes einzelne Wort weist durch seine Wortart, durch seine Endung und seine Stellung auf andere zu ihm gehörende Wörter hin, auf Wortgruppen oder Wortblöcke, die es zu überschauen und zu kombinieren gilt. Das Teilverständnis von Einzelwörtern verführt zu Fehldeutungen, wenn man von ihnen aus an die noch ungeklärten folgenden Satzglieder mit vorgefaßter Meinung herantritt. Für die deutsche Wiedergabe beachte man die Regel, daß im deutschen Hauptsatz das Prädikat an 2. Stelle steht (oder beginnt) und daß im nachgestellten Hauptsatz Inversion des Verbs eintritt.

Der natürliche Weg ist besonders bei leichteren Stellen anzuraten wie der folgenden aus Liv. 22, 6 (die Wortblöcke sind durch schräge Striche abgeteilt):

Trēs ferme hōrās pūgnātum est / et ubīque atrōciter, / circā cōnsulem tamen / ācrior īnfestiorque pūgna erat. / Eum et rōbora virōrum sequēbantur / et ipse, / quācumque in parte premī ac labōrāre sēnserat suōs, / impigrē ferēbat opem; īnsignemque armīs / et hostēs summā vī petēbant / et tuēbantur cīvēs, / dōnec Īnsuber eques (Ducāriō nōmen erat) / faciē quoque nōscitāns cōnsulem: / „En", inquit, „hic est", populāribus suīs, „quī legiōnēs nostrās cecīdit / agrōsque et urbem est dēpopulātus. Iam ego hanc victimam / Mānibus peremptōrum foedē cīvium / dabō". Subditīsque calcāribus equō / per cōnfertissimam hostium turbam / impetum facit, / obtruncātōque prius armigerō, / quī sē īnfēstō venientī obviam obiēcerat, / cōnsulem lanceā trānsfīxit; / spoliāre cupientem / triāriī obiectīs scūtīs arcuēre.

b) Konstruktion und Analyse lateinischer Perioden

1. Den Bauplan einer Periode erfassen und damit ihren Sinn verstehen lernt man durch Konstruieren und Analysieren.

   a) Man konstruiert (zergliedert) einen Satz, indem man mit Hilfe der Wortendungen die Satzteile (Subjekt und Prädikat mit Ergänzungen und Bestimmungen) und die Beziehung der Wörter feststellt; die Verbindung von S (Subjekt) und P (Prädikat), oft S—P-Verklammerung, gibt die sichere Grundlage.

b) Man analysiert einen Satz, indem man von der S—P-Verklammerung oder vom leichtesten und deshalb ohne weiteres verständlichen Teil des Satzes ausgeht, dann sinngemäße Ergänzungsfragen stellt und sie, ohne zu raten, im engsten Anschluß an die vorliegenden Wörter und ihre Formen aus dem Text heraus beantwortet. Das Konstruieren geht mehr von der äußeren Form aus, das Analysieren mehr vom Gedanken. Häufig sind im Lateinischen ausgelassen: das Demonstrativ vor dem Relativpronomen (§ 177), esse beim Partizip und Gerundivum, est und sunt, das Reflexiv im A.c.I.

2. Man wird also meist so verfahren können: Zuerst liest man den Satz langsam und aufmerksam durch und versucht dem Schriftsteller Schritt für Schritt zu folgen. Oft geben aber auch einen ersten Anhaltspunkt für das allgemeine Verständnis der Situation oder des Gedankens sinnweisende Leitworte z.B. Namen, unmittelbar klare Wörter und Formen; oft ergibt die S—P-Verklammerung den Hauptsatz mit der S- und P-gruppe und damit den Hauptgedanken.
Andernfalls sucht man den Hauptsatz (Hauptgedanken) durch Ausscheiden der Nebensätze (kenntlich an Satzzeichen, vor allem Komma, an Konjunktionen, Relativ- und Fragepronomen, am Modus) und der Partizipialkonstruktionen herauszustellen und möglichst genau zu übertragen. Vom Hauptsatz aus analysiert man durch Sinnfragen die Nebensätze und Partizipien. Ist ein Nebensatz oder Partizip ohne weiteres verständlich und klar, so kann man auch von hier aus die Sinnfragen stellen und allmählich das Verständnis der Periode erarbeiten.
Bei Partizipien, besonders beim sog. Abl. absolutus (§ 126), empfiehlt es sich oft, sie ohne Rücksicht auf die grammatische Einordnung und Stellung zunächst in Hauptsätze aufzulösen mit der bloßen Frage: was geschieht? (was ist geschehen?); damit ersteht ein Neben- und Nacheinander, das dann sinngemäß zu verknüpfen ist. Oft ist es ratsam, das der lateinischen Periode vorangestellte Subjekt im folgenden Nebensatz zu verwerten und Teilsätze für die spätere Wiedergabe zu vervollständigen. Beispiel aus Caes. b. G. IV 12, 1f.:

At hostēs,
  ubi prīmum nostrōs equitēs cōnspēxērunt,
    quōrum erat quīnque mīlium numerus,
    cum ipsī nōn amplius octingentōs equitēs habērent,
      quod iī, quī frūmentandī causā ierant trāns Mosam, nōndum redierant,
nihil timentibus nostrīs,
  quod lēgātī eōrum paulō ante ā Caesare discesserant
  atque is diēs indūtiīs erat ab hīs petītus,
impetū factō celeriter nostrōs perturbāvērunt;
rūrsus hīs resistentibus
cōnsuētūdine suā ad pedēs dēsiluērunt,
suffossīsque equīs

complūribusque nostrīs dēiectīs
reliquōs in fugam coniēcērunt
atque ita perterritōs ēgērunt,
ut nōn prius fugā dēsisterent,
quam in cōnspectum agminis nostrī vēnissent.

„Aber die Feinde hatten die römischen Reiter gesichtet.
Diese waren 5000 Mann stark,
während sie selbst nur 800 hatten,
denn diejenigen, die, um Proviant zu beschaffen,
über die Maas gegangen waren, waren noch nicht zurück.
Die Römer waren völlig unbesorgt,
weil gerade erst Gesandte von Cäsar weggegangen waren
und dieser Tag noch als Waffenstillstand ausbedungen war.
Die Feinde gingen jedoch zum Angriff vor
und richteten unter den Römern erhebliche Verwirrung an.
Als diese sich jedoch wieder sammelten,
sprangen sie wie gewöhnlich von den Pferden
und erstachen die Pferde (der Römer);
dadurch wurde eine Anzahl der Römer abgeworfen,
und die andern wandten sich zur Flucht.
Die Feinde trieben die Fliehenden derart vor sich her,
daß sie nicht eher zu fliehen aufhörten,
als bis die römische Marschkolonne in Sicht kam.“

3. So wichtig das Konstruieren der Einzelsätze und das Analysieren der Perioden von Anfang an ist (weil es daran gewöhnt, Wortblöcke und größere Zusammenhänge zu überschauen), so beweglich kann es gehandhabt werden, und mit der Zeit kann und soll es immer mehr zurücktreten und auf besonders schwierige und verwickelte Perioden beschränkt werden.

§ 196 c) Beispiele für die Behandlung lateinischer Perioden

Die schrägen Striche geben Anhalt für das „Schritt-für-Schritt“-Übersetzen.

1. Vulpēs, / quae numquam leōnem vīderat, / cum eī forte occurreret, / ita perterrita est, / ut paene morerētur.

   Leitworte: vulpēs, leōnem, ohne weiteres verständlich der attributive Relativsatz quae ... vīderat; nach Ausscheiden der Nebensätze löst sich der Hauptsatz vulpēs ita perterrita est heraus, durch die Sinnfragen wann? und wie sehr? werden die beiden Nebensätze eingeordnet.

2. Helvētiī / repentīnō Caesaris adventū commōtī, / cum id, quod ipsī diēbus vīgintī aegerrimē cōnfēcerant, / ut flūmen trānsīrent, / illum ūnō diē fēcisse intellegerent, / lēgātōs ad eum mīsērunt.

   Leitworte: Helvētiī, Caesar, flūmen trānsīre, lēgātōs mīsērunt; die S-P-Verklammerung ergibt den Hauptsatz mit Subjekts- und Objektsgruppe: Helvētiī / Caesaris adventū commōtī / lēgātōs ad eum mīsērunt. Die Nebensätze cum ... intellegerent, quod ... cōnfēcerant, ut ... trānsīrent scheiden wir zunächst aus und stellen die Sinnfragen nach dem Grund ihres Verhaltens (mīsērunt — commōtī): warum, wodurch? cum ... intellegerent: was sahen sie ein? id illum ūnō diē fēcisse

— quod . . . cōnfēcerant; was war das? ut . . . trānsīrent. Die Analyse erfolgt durch diese Sinnfragen und geht dabei immer von den Formen aus (commōtī, id quod, diēbus vīgintī, ūnō diē, illum fēcisse).

3. Helvētiī / eā spē dēiectī / nāvibus iūnctīs ratibusque complūribus factis, aliī vadīs Rhodanī, / quā minima altitūdo flūminis erat, / nōnnumquam interdiū, saepius noctū / sī perrumpere possent cōnātī, / operis mūnītiōne et mīlitum concursū et tēlīs repulsī / hōc cōnātū dēstitērunt.

Die S-P-Verklammerung ergibt den **Hauptsatz** Helvētiī . . . hōc cōnātū dēstitērunt. Die beiden Nebensätze (**quā** minima . . . erat, sī perrumpere possent) lassen wir zunächst beiseite. Die **Partizipien** (eā spē dēiectī, nāvibus iūnctīs, ratibus complūribus factīs, cōnātī, repulsī) ergeben als selbständige Handlungen (Frage: was war vorher geschehen?): „sie hatten sich in dieser Hoffnung getäuscht, Schiffe waren zusammengebunden, mehrere Flöße verfertigt worden, sie (aliī!) hatten versucht, sie waren zurückgeworfen worden.“ Weitere Sinnfragen: was hatten sie versucht? wodurch waren sie zurückgeworfen worden? wann, wo hatten sie den Durchbruch versucht? In welchem Zusammenhang steht nun dēiectī mit cōnātī, cōnātī mit repulsī, repulsī mit dēstitērunt? Also Aufbau und Gedankenfolge: Enttäuschte Hoffnung, **dann** Schiffs- und Floßbau, weitere Versuche durchzubrechen, **aber** alles vergeblich, **deshalb** Aufgabe des Vorhabens.

4. **Caesar** / nōndum hieme cōnfectā / proximīs quattuor coāctīs legiōnibus / dē improvīsō in fīnēs Nerviōrum **contendit** // **et,** / priusquam illī aut convenīre aut prōfugere possent, / magnō pecoris atque hominum numerō captō / atque eā praedā mīlitibus concessā / vāstātīsque agrīs / in dēditiōnem venīre atque obsidēs sibi dare / **coēgit.** (Caesar, b. G. VI 3, 1 u. 2)

Wir schreiben den Satz in grammatischer Gliederung:

Caesar
        nōndum hieme cōnfectā
        proximīs quattuor coāctīs legiōnibus
dē improvīsō in fīnēs Nerviōrum **contendit et,**
    priusquam illī aut convenīre aut prōfugere possent,
        magnō pecoris atque hominum numerō captō
        atque eā praedā mīlitibus concessā
        vāstātīsque agrīs
    in dēditiōnem venīre atque obsidēs sibi dare
coēgit.

Nach Ausscheiden der Partizipien und Nebensätze bleibt der **Hauptsatz:** Caesar contendit et coēgit Sinnfragen:

(Caesar eilte)	**wohin?**	(in fīnēs Nerviōrum)
	wie?	(dē improvīsō)
	wann?	(hieme nōndum cōnfectā — proximīs quattuor coāctīs legiōnibus)
(und zwang)	**wen?**	(wir ergänzen ein Objekt „sie“)
	wozu?	(in dēditiōnem venīre atque obsidēs dare)
	wann?	a) priusquam . . . possent
		b) magnō pecoris atque hominum numerō captō atque eā praedā mīlitibus concessā vāstātīsque agrīs

Der Temporalsatz a (priusquam . . . possent) geht den 3 Abl. absol. in b voraus und enthält neben der Zeitbestimmung (wann?) auch eine Absicht (Konjunktiv). Wir machen alle Abl. absol. zu Hauptsätzen und gewinnen so folgende Übersetzung:

„Cäsar zog — der Winter war noch nicht zu Ende — die vier nächsten Legionen zusammen und eilte mit ihnen überraschend in das Gebiet der Nervier. Bevor diese sich sammeln oder das Weite suchen konnten, erbeutete er eine große Menge Vieh und Menschen, überließ sie seinen Soldaten als Kriegsbeute und verwüstete das Land. So (Dadurch) zwang er die Nervier, sich zu unterwerfen und ihm Geiseln zu stellen."

Wir haben so aus dem geschlossenen lat. Satz (ein Bild und Ausdruck römischer Disziplin!), den wir mit einem Ring vergleichen können, drei Sätze gebildet, die den Gliedern einer Kette vergleichbar sind.

§ 197 3. Die gute deutsche Wiedergabe

Die Regeln über die Wortwahl und Wortveränderung (die Grundformen des Übersetzens), über Wortstellung und Satzbau erlauben meist nicht nur eine, sondern mehrere gute Übersetzungen; um gut zu sein, müssen sie sinngetreu sein, können im Wortlaut aber mehr oder weniger frei sein.

a) Die Vorliebe des Deutschen für Beiordnung (Koordination) führt zu der Regel, die wenigstens für den Anfang Geltung hat:

Übersetze lateinische Partizipien und Nebensätze durch beigeordnete Hauptsätze! Der gedankliche Zusammenhang muß aber durch beiordnende Konjunktionen zum Ausdruck kommen:

1. Partizipien:

Paucōs diēs ibi **morātī** neque flūmen trānsīre **ausī** Haeduī domum revertuntur perfidiam fīnitimōrum veritī	Die H. verweilten und wagten nicht ... dann kehrten sie nach Hause zurück; denn sie fürchteten ...
Marius exercitū coāctō, postquam Alpēs superāvit et in Galliam invāsit, ad Rhodanum flūmen castra **mūnīvit**	M. sammelte ein Heer, ging über die Alpen, drang in Gallien ein und bezog dann an der Rhone ein festes Lager
Caesar neque diurnō neque nocturnō itinere intermissō per fīnēs Haeduōrum in Lingonēs contendit	C. unterbrach weder bei Tage noch bei Nacht den Marsch, sondern eilte durch das Gebiet der H. ...

2. Relativsätze:

Veniet ad tē amīcus meus, **quem** tibi quoque amīcissimum fore spērō	Kommen wird zu dir ein Freund von mir; er wird, hoffe ich, auch dir ein lieber Freund werden

Weitere Beispiele s. § 179, 2.

§ 198

3. Konjunktionalsätze:

Caesar, **cum** urbem expūgnārī nōn posse **intellēxisset,** obsidiōne dēstitit	C. **erkannte** die Unmöglichkeit, die Stadt zu erobern, und gab **deshalb** d. Belagerung auf
Helvētiī cottīdiānīs proeliīs cum Germānīs contendunt, **cum** aut suīs fīnibus eōs **prohibent** aut ipsī in eōrum fīnibus bellum gerunt	Die H. messen sich in täglichen Gefechten mit den Germanen; **dabei** suchen sie diese von ihrem Gebiete fernzuhalten oder führen den Krieg gar in deren Gebiet

Caesar, **etsī** (quamquam) locum nōn aequum vidēbat, **tamen** cōnflīgere cōnstituit	C. sah **zwar,** daß der Platz nicht günstig war, entschloß sich **aber** trotzdem zum Kampfe
Hannibal, **ut** Rōmānōs multīs et atrōcibus proeliīs dēvīcit, **ita** rem pūblicam Rōmānam ēvertere nōn potuit	H. hat **zwar** die R. in vielen blutigen Schlachten besiegt, **aber** den röm. Staat hat er nicht vernichten können
Ita torpentēs gelū mīlitēs in castra rediēre, **ut** vix laetitiam victōriae sentīrent	Starr vor Kälte kehrten die Soldaten ins Lager zurück **und** empfanden **daher (so)** kaum Freude über ihren Sieg
Caesar, **ut** spatium intercēdere posset, lēgātīs respondit diem sē ad dēlīberandum sūmptūrum	C. wollte Zeit gewinnen; **daher** antwortete er den Gesandten, er wolle sich die Sache in Ruhe überlegen
Dux, nē temporī deesset, signum proeliī dat	Der Feldherr wollte den günstigen Augenblick nicht versäumen und gab **daher** das Zeichen zum Angriff

§ 199

b) Nebensätze und Partizipien können auch **mit nominaler Verkürzung** durch Substantive, Adjektive, präpositionale Ausdrücke übersetzt werden.

Is, quī lēgātum interfēcit	der Mörder des Gesandten
Iī, quī reī pūblicae praesunt	Staatsmänner
Quae voluit, assecūtus est	Er hat sein Ziel erreicht
Aristīdēs, unde efferrētur, vix relīquit	Aristides hinterließ kaum die Mittel zu seiner Bestattung
Trānsīre Helvētiī cōnātī sunt, quā minima altitūdō flūminis erat	Die H. versuchten an der seichtesten Stelle den Übergang
Mercātōribus est aditus ad Suēbōs, ut, quae bellō cēperint, quibus vēndant, habeant	Die Sweben gewähren Kaufleuten Zutritt, um Käufer für ihre Kriegsbeute zu haben
Nesciō, quae causa fuerit, cūr nōn adesset	Ich kenne den Grund seiner Abwesenheit nicht
Nōn dubitō, quid respōnsūrus sīs	Ich bin nicht im Zweifel über deine Antwort
Hannibal verēbātur, nē dēderētur	H. fürchtete seine Auslieferung
Sōcratēs, cum ex eō esset quaesītum, quemadmodum sepelīrī vellet, respondit: Sepelīte, ut vōbīs vidēbitur; sed nēmō mē vestrum, cum hinc excesserō, cōnsequētur	Auf die Frage, welche Art von Begräbnis er wünsche, antwortete S.: „Begrabt mich nach eurem Belieben; aber nach meinem Abscheiden von hier wird mich keiner von euch mehr erreichen.“

Weitere Beispiele s. §§ 155 und 179f.

Anmerkung: Vermeide jedoch die Häufung von Substantiven und unschöne Bildungen auf **-ung;** der nominale Ausdruck ist oft weniger anschaulich als der verbale. Auch für die Auflösung von Partizipien und Nebensätzen durch Hauptsätze gilt: keine Übertreibung, kein zerhackter Stil! Was wirklich unbedeutende Nebensache ist, soll nicht zu einem Hauptsatz aufgebläht werden.

§ 200

c) Wie eine Verschiebung der Beziehung (Veränderung der Kasuskonstruktion), so gibt es beim Übersetzen der Sätze eine **„Gewichtsverschiebung“:** Man kann in manchen Fällen den lateinischen Nebensatz und das Partizipium zum Hauptsatz machen; der lateinische Hauptsatz wird dann Nebensatz oder einfache Satzergänzung.

Helvētiī repentīnō Caesaris adventū **commōtī** lēgātōs ad eum mīsērunt	Cäsars plötzliches Erscheinen bewog die H., Gesandte zu schicken
Inopiā **adductī** incolae oppidum trādidērunt	Die Not zwang die Einwohner, die Stadt zu übergeben
Nōn est dubium, quīn ventūrus sit	Zweifellos wird er kommen

Diese Art des Übersetzens ist oft mit Wortschub und Verkürzung verbunden.

D. Zum Gebrauch der einzelnen Wortarten

§ 201

I. Das Substantiv

1. **Abweichungen vom Deutschen,** die z.T. auf größerer Genauigkeit und auf der Vorliebe für Kürze beruhen, zeigt das Lateinische im Gebrauch der **Numeri:**

a) Beispiele für den Gebrauch des **Plurals:**

Ti. et C. Gracchī; septima et octāva legiōnēs; Catōnēs Männer wie Kato
Sínt Maecēnātēs, nōn dēerunt, Flácce, Marōnēs (i. e. Vergiliī = poētae)
imbrēs Regengüsse, nivēs Schneefälle, odia Ausbrüche des Hasses, invidiae Äußerungen der Mißgunst, mōrēs Charakter, mōrēs bonī guter Lebenswandel, lēgēs (īnstitūta) Verfassung

pedibus īre	zu Fuß gehen
manūs afferre	Hand anlegen
aurēs praebēre	sein Ohr leihen
hostēs terga vetērunt	die Feinde kehrten den Rücken
adulēscentēs corpora exerceant	den Körper ...

Im Deutschen haben wir erweiternde Umschreibung oder geringere Genauigkeit.

b) Häufiger als im Deutschen findet sich im Lateinischen der **kollektive Singular,** wobei das Einzelne die Gattung vertritt:

Britannī leporem et gallīnam et ānserem gustāre fās nōn putant	Die Br. halten es für Unrecht, Hasen, Hühner, Gänse zu essen
Pȳthagorēī fabā abstinent	Die Pythagoreer essen keine Bohnen
Affectat ut Rōmānus ita Poenus Siciliam	Römer und Punier streben beide nach dem Besitz Siziliens

§ 202

2. Größere **Genauigkeit** zeigt das Lateinische in der Verwendung von **Substantiven,** die für die deutsche Übersetzung **überflüssig** sind:

a) corpus (corpora) exercēre	sich üben
corpora mīlitum labōre firmāre	die Soldaten durch Anstrengung abhärten
animum alicuius offendere	jemand beleidigen
animōs mīlitum verbīs cōnfirmāre	die Soldaten ermutigen
omnium mentēs convertere	alle umstimmen
cōnsilia commūnicāre	gemeinsame Sache machen
causam alicuius dēfendere	jemand verteidigen (die Sache vertreten)
commūtātiō rērum	Umschwung
ūsus rērum	Erfahrung
in tantō discrīmine rērum	in so gefährlicher Lage
causās rērum vidēre	die Zusammenhänge sehen

b) in **Appositionen:**

Fabricius, vir nōn minus pauper quam probus et fortis	der ebenso arme wie redliche und tapfere Fabricius
Sōcratēs, homō sapientissimus	der weise Sokrates

c) bei **Adiectīva relātīva:**

homō omnium rērum perītus	ein sehr erfahrener Mann
suīs rēbus contentus	zufrieden

§ 203

3. Der klaren Denkweise und der praktischen Art des Römers entspricht ferner seine Vorliebe für **konkreten Ausdruck:**

a) Catō senex litterās Graecās didicit	im Alter
Marius septimum cōnsul mortuus est	in seinem 7. Konsulat
Hannibale duce	unter Führung
Clōdiō auctōre	auf Veranlassung
ā puerō (ā puerīs)	von Kind auf
sapientis est	es ist ein Zeichen von Weisheit

b) Namen der Völker stehen oft für die Namen der Länder:

rēx Persārum	von Persien
Belgae in septentriōnem spectant	Belgien (das Belgerland) liegt nach Norden
Rōmānī cum Carthāginiēnsibus multa bella gessērunt	Rom — Karthago
iter per Haeduōs facere	durch das Land der H.

(Vgl. den Ursprung vieler deutscher Ländernamen: Schwaben, Bayern, Preußen.)

Anmerkung: Doch ist gelegentlich das Verhältnis auch umgekehrt: levis armātūra die Leichtbewaffneten; coniūrātiō die Verschworenen; iuventūs die Jugend. die jungen Menschen; ferner imperātōriā laude (virtūte) flōrēre, laude ēloquentiae, prūdentiā cīvīlī flōrēre sich auszeichnen als Feldherr, Redner, Staatsmann.

c) Personifikationen sind der nüchternen römischen Denkart weniger geläufig als der deutschen; abstrakte Begriffe erscheinen seltener als handelndes Subjekt:

Caesar fortitūdine et prūdentiā Gallōs perdomuit	Cäsars Tapferkeit und Klugheit hat Gallien bezwungen
Armīs Rōmānī Graeciam, Graecī Rōmānōs doctrīnā superāvērunt	Roms Waffen haben Gr., Griechenlands Bildung hat Rom überwunden (übertroffen)
Hōc librō agitur dē agricultūrā	Dieses Buch handelt vom Ackerbau (Beziehungsverschiebung)

4. Der sachlichen Nüchternheit des Lateinischen steht im Deutschen manchmal **größere Anschaulichkeit** und phantasie- und gefühlsbetonter Ausdruck gegenüber, z.B. für rēs:

Extemplō rēs verba sequitur	die Tat
quae rēs effēcit, ut	dieses Ereignis (Vorfall, Entschluß, Maßregel) hatte zur Folge
in omnibus rēbus	in jeder Hinsicht, Beziehung

oft auch: Eigenschaft, Ziel, Zweck, Absicht, Plan, Aufgabe, Wort, Äußerung u. a.

Anmerkung: Neben solcher „verstärkenden" Übersetzung verwenden wir für **rēs** aber auch eine abgeschwächte mit **„es"**:

rēs eō dēducta est	es kam soweit
rēs ad arma vēnit	es kam zum Kampf
iam in eō rēs est	schon ist es soweit
rēs ita sē habet	so steht es

§ 204

5. Manche lateinischen Abstrakta verlangen je nach ihrer **subjektiven** oder **objektiven Bedeutung** eine verschiedene Wiedergabe:

officium	Dienst, Pflicht — Pflichtgefühl
ōrdō	Ordnung — Ordnungssinn
lībertās	Freiheit — Freiheitssinn, -gefühl
metus	Furcht — Gegenstand der Furcht
vēritās	Wahrheit — Wahrheitsliebe

In der Wiedergabe abstrakter Wörter verwenden wir dementsprechend öfter einen bildlichen oder konkreten Ausdruck:

rēgnum appetere	nach der Krone streben
rēgnum occupāre	den Thron besteigen
potestās	der weltliche Arm
operae	Arbeiter
omnibus opibus repūgnāre	sich (mit aller Macht) mit Händen und Füßen wehren
offendere animum alicuius	jemand vor den Kopf stoßen

6. Mit der sachlichen Nüchternheit hängt zusammen eine für uns vielfach unnachahmliche **Kürze** und **Prägnanz:**

a) schon in der Wortbildung:

oppūgnātiō	die Belagerungsweise	bei Deminutiven:	
inventiō	die Erfindungsgabe	muliercula	ein schwaches Weib
cōgitātiō	Denkvermögen	Graeculī	(verächtl.) d. „guten" Griechen
suspiciō	Grund zum Verdacht	nummulī	das elende Geld

b) einfache lateinische Abstrakta werden im Deutschen durch erweiternde Attribute ausgedeutet:

ūsus	praktische Erfahrung	prūdentia	praktische Klugheit
doctrīna	theoretische Bildung	ars	theoretisches Wissen
laetitia	laute Freude	gaudium	innere Freude
dignitās	hohe Stellung	gravitās	würdevolle Haltung
occāsiō	günstige Gelegenheit	tempus	der rechte Augenblick
pretium	der äußere Wert	virtūs	der innere Wert
indignitās	die unwürdige Behandlung		

§ 205

7. Lateinische **Substantive** werden im Deutschen vielfach **durch Adjektive** wiedergegeben (**Wortschub** als Veränderung der Wortklasse):

a) bei substantivischen Attributen:

exercitus hostium	das feindliche Heer
cōnsēnsū omnium	unter allgemeiner Zustimmung
dolōrēs corporis	körperliche Schmerzen
litterārum monumenta	schriftliche Denkmäler
studia litterārum	wissenschaftliche Tätigkeit
coniūrātiō Catilīnae	die katilinarische Verschwörung
scientia reī mīlitāris	militärische Kenntnisse (Erfahrung)

b) das lat. Substantiv entspricht einem betonten deutschen Adjektiv:

novitās reī	der unerhörte Vorfall, das unerwartete Ereignis, das Unerhörte an dem Vorfall
ūsus mīlitiae	der praktische Kriegsdienst
inīquitās locī	ein ungünstiges Gelände
īnfirmitās vōcis	schwache Stimme

c) Eine besondere Eigentümlichkeit des Lateinischen ist die Bezeichnung **eines Begriffs** mit **zwei** beigeordneten Substantiven, von denen wir das eine adjektivisch wiedergeben oder ein zusammengesetztes Wort verwenden können:

litterae monumentaque	schriftliche Denkmäler
cursus ac lassitūdō	der ermüdende Lauf
timor et fuga	ängstliche Flucht
ratiō ōrdōque agminis	die planmäßige Ordnung des Zuges
rūpēs dēiectūsque	stark abfallende Felsen
ratiō et cōnsilium	planmäßige Überlegung
vī et armīs	mit Waffengewalt
fidēs atque amīcitia	treue Freundschaft

(vgl. §§ 207e; 213)

8. Seltener wird man (s. § 214) **lat. Substantive durch Verben** wiedergeben:

odiō esse, invidiae esse, invidiā afficī	gehaßt, beneidet werden
in odium vocāre (vocārī)	(sich) verhaßt machen
ūsuī esse	nützen
magna est admīrātiō ōrātōris	der R. wird sehr bewundert
ēloquentia admīrātiōnem habet	die B. wird bewundert
Hannibal Flāminiī cōnsulis corpus fūneris causā inquīsīvit	um ihn zu bestatten
errōris tuī socius fuī	ich habe deinen Irrtum mitgemacht
lēgātī ad Caesaren cum grātulātiōne convēnērunt	um Glück zu wünschen
sine ūllā molestiā tuā	ohne dich irgendwie zu belästigen

§ 206 II. Das Adjektiv

A. Das attributiv und prädikativ gebrauchte Adjektiv

Das Adjektiv dient wie im Deutschen als Attribut eines Subst. und als Zusatz zum Verb. Bei der Übersetzung ist folgendes zu beachten:

1. a) Manche lateinischen Adjektiva haben **aktive** und **passive** Bedeutung und werden entsprechend übersetzt:

mīles armis gravis	beladen
onus grave	drückend
īnfēstus	feindlich gesinnt — gefährdet (gēns — iter)
angustus	eng, beengt — beengend (domus — paupertās)
trīstis	traurig, betrübt — betrüblich (vultus — respōnsum)

b) Den als Adjektive gebrauchten oder zu Adjektiven gewordenen lateinischen Partizipien (attentus, doctus, incultus, suspectus; Präsenspartizipien von intransitiven Verben ardēns, cōnstāns, ēlegāns, prūdēns, sapiēns, flōrēns) entsprechen im Deutschen Partizipien (gelehrt, blühend), aber auch Volladjektive (aufmerksam, klug, beātus beglückt, glücklich); oft zeigt sich Bedeutungserweiterung (contemptus verachtet, verächtlich, acceptus angenehm, willkommen, cōnspectus sichtbar, invictus unbesiegt, unbesiegbar, inaccessus unerreicht, unzugänglich).

c) Das Lateinische verbindet mit leblosen Dingen nicht gern Eigenschaften lebender Wesen; deshalb werden im Lateinischen nur selten Präsenspartizipien von transitiven Verben adjektivisch gebraucht; das Deutsche geht hierin viel weiter:

nārrātiō iūcunda	eine fesselnde Erzählung
causa necessāria	ein zwingender Grund
gravēs cūrae (bella)	drückende Sorgen (Kriege)
nūntiī trīstēs	betrübende Nachrichten

Auf derselben Nüchternheit beruht der Gebrauch von magnus, das wir so viel anschaulicher wiedergeben, vgl. § 184; ähnlich multus:

multae litterae	große Gelehrsamkeit
multa pāx	tiefer Friede
multā nocte	in tiefer Nacht
in multō sermōne	in einem langen Gespräch

§ 207

2. Mit Wortschub, d.h. mit einer **anderen Wortart,** kann man Adjektiv übersetzen (oft verbunden mit Erweiterung oder Verkürzung):

a) durch Substantive:

domus rēgia	Haus des Königs
favor populāris	Gunst des Volkes
vīta urbāna	Leben in der Stadt
vāsa argentea	Gefäße aus Silber
dignitās cōnsulāris	Rang eines Konsuls
Solō Athēniēnsis	Solon aus Athen

b) durch zusammengesetzte Substantive:

domus rēgia	Königspalast	favor populāris	Volksgunst
bellum cīvīle	Bürgerkrieg	tumultus servīlis	Sklavenaufstand
ars mīlitāris	Kriegskunst	magna itinera	Eilmärsche

c) hierher gehört auch die erweiternde Übersetzung der Adjektive, die Zahl, Menge, Art bezeichnen:

multī librī	eine Menge (Reihe, große Zahl) von Büchern
magna pecūnia	eine Menge (Masse, Summe) Geld
magna ēloquentia	ein hohes Maß von B.
omne supplicium	jede Art von Marter
Gallī permultī (frequentēs) in castra vēnērunt	in großer Zahl

d) ähnlich bei Adjektiven, die Ort, Zeit, Reihenfolge, Grad bezeichnen:

in summō monte	auf dem Gipfel des Berges, oben auf dem Berge (wo er am höchsten ist)
summa aqua	die Oberfläche des Wassers
summus honōs	die höchste Stufe der Ehren
summus dolor	der höchste Grad von Sch.
in extrēmā vītā	am Ende, Schluß des L.
in extrēmīs rēbus	in äußerster Gefahr
in ultimā plānitiē	am Rand der E.
in intimā Italiā	im Herzen Italiens, tief in Italien
prīmō adventū	gleich bei der Ankunft

e) durch Adverbien (bei Verdoppelung s. § 205c):

aequus et pār	vollkommen gleich
vānus et irritus	vollständig erfolglos
grātus et acceptus	hochwillkommen
īnspērātus et necopīnātus	ganz unerwartet

f) seltener durch Verben (vgl. § 205, 8):

īgnārum (īnscium) esse malōrum	nichts wissen von Ü.
avidum esse	begehren
studiōsum esse	eifrig betreiben

Anmerkung: Bisweilen hat der **Positiv** ähnliche Bedeutung wie der Komparativ ohne zweites Vergleichsglied (s. § 25, 2):

angustōs fīnēs habēre	zu engen Raum haben
longum est	es wäre zu weitläufig
sērō venīre	zu spät kommen

§ 208 B. Das substantivierte Adjektivum

Adjektiva werden wie im Deutschen auch substantivisch gebraucht

1. im Plural

a) zur Bezeichnung von Klassen und Ständen:

omnēs mortālēs	alle Sterblichen
multī mortālium	viele unter den Sterblichen
dīvitēs	die Reichen
multī doctī	viele Gelehrte
doctissimī	die größten Gelehrten

b) das Neutrum Plur. übersetzen wir im Deutschen durch den Singular oder erweiternd:

multa	vieles, viele Dinge
omnia (*Gen.* omnium rērum, *Dat.*, *Abl.* omnibus rēbus)	alles, alle Dinge
futūra	das Zukünftige, die Zukunft, die zukünftige Zeit
praeterita	das Vergangene, die Vergangenheit
ad altiōra tendere	höheren Zielen zustreben
domestica	die häuslichen Verhältnisse
haec tot ēgregia tua	deine vielen Vorzüge

2. im Singular

a) beim Maskulinum:

sapientis est	es ist ein Zeichen von Weisheit
cavēre prūdentis est	Vorsicht ist Sache des Klugen, ist klug, ist ein Zeichen von Klugheit

Im Deutschen ist diese Substantivierung des Adj. häufiger:

homō prūdēns	der Kluge
vir doctus	ein Gelehrter

b) beim Neutrum:

turpe est	es ist eine Schande
decōrum est	es ist eine Ehre
in dubium vocāre	in Zweifel ziehen
in pūblicum prōdīre	vor die Öffentlichkeit treten
in praesēns	für den Augenblick
in perpetuum	für alle Zeit
plērumque noctis	der größte Teil der Nacht
vērum dīcere	die Wahrheit sagen
falsum sentīre	etwas Falsches denken
grātum (grātissimum) facere	einen (großen) Gefallen tun

Über den Gebrauch des Komparativs und Superlativs siehe § 25.

III. Das Pronomen **§ 209**

(Ergänzungen zu §§ 28/37)

1. **Prōnōmen persōnāle und possessīvum** s. § 28f.

2. **Prōnōmina dēmōnstrātīva**

a) **hic** als Pronomen der 1. Person bezeichnet das Nächstliegende, **iste** als Pronomen der 2. Person bezeichnet das Gegenüberstehende, **ille** das weiter Entfernte

haec urbs	unsere Stadt
hic diēs	der heutige Tag
hīs decem annīs	in den letzten 10 Jahren
haec verba	die folgenden (oder eben gesprochenen) Worte
ista urbs	die Stadt, in der du wohnst, deine, eure Stadt
ista vōx	diese deine Äußerung
istud perīculum	die Gefahr für dich

oft bezeichnet iste den Gegner vor Gericht, im Gespräch, in der Politik:

iste der Angeklagte	istī die Gegner

oft auch verächtlich gebraucht: iste homō der Kerl da

ille locus	jener (entfernte) Ort
illī cōnsulēs	die damaligen K.
illa tempora	die vergangenen Zeiten

Oft wird ille nachdrücklich hinweisend gebraucht:

illud cōnstat	so viel steht fest

nachgestellt Sōcratēs ille, Medēa illa der bekannte S., die bekannte M.

Das erweiternd zu übersetzende hoc, illud s. § 31, 2.

Anmerkung 1: **hic** und **iste** nehmen oft des Nachdrucks wegen ein **tam, tantus** zu sich, das im Deutschen überflüssig ist:

hoc tam atrōx, tam singulāre maleficium	diese furchtbare und einzigartige Schandtat

hic tantus dolor	dieser große Schmerz
Quae est ista tanta temeritās?	Was ist das für eine große Unbesonnenheit von dir?

Anmerkung 2: hic dolor der Schmerz darüber, is metus die Furcht davor.

b) **is** wird oft abschwächend „ein, ein solcher" oder erweiternd „ein Mann", im Plural „Leute" übersetzt:

eō locō, quō	an einem Ort, wo
iīs temporibus, quae	in Zeiten, die
nōn potest exercitum is contīnēre imperātor, quī sē ipse nōn potest continēre	**ein** Feldherr, der sich selbst nicht beherrschen kann, . . .

Anmerkung: In der Erzählung wird is, von der Hauptperson gebraucht, von uns gern voller mit dem Namen oder erweiternd übersetzt: dieser Mann, unser Held, der große Dichter (Redner) u. ä.

et is, et is quidem, atque is ist oft zu übersetzen mit „und zwar":

Ūnam causam calamitātis nostrae afferam eamque (et eam quidem) maximam	nur eine Ursache und zwar die wichtigste
Veniet ad nōs idque celeriter	. . . und zwar s.

Anmerkung: Eine Erweiterung verlangt das Deutsche in Sätzen wie:

Terentiī fābulīs plūs dēlector quam Plautī	ich habe größere Freude an den Stücken des Terenz als an denen des Plautus

c) **īdem:** Wenn von derselben Person oder Sache etwas weiteres ausgesagt wird, ist īdem zu übersetzen mit auch, ebenso, gleichfalls, ferner, zugleich, anderseits, dagegen:

Crassus ēloquēns erat īdemque iūris perītus	. . . und ebenso . . .
Cereris fīlia erat Lībera, quam eandem Proserpinam vocant	. . ., die man auch Pr. nennt
Quidquid honestum est, idem est ūtile	alles sittlich Gute ist zugleich auch nützlich

d) Für die Übersetzung von **ipse** siehe §§ 31, 3; 161.

3. Zum **Prōnōmen reflexīvum:**

Mit dem reflexiven Pronomen **inter sē** (inter nōs, inter vōs) wird auch das reziproke Verhältnis **„einander"** ausgedrückt; dieses liegt aber auch in **alter — alter, alius — alius** oder im wiederholt gesetzten Substantiv:

Mīlitēs inter sē hortantur	feuern einander = **sich** gegenseitig an . . .
Duo frātrēs alter alterī subvēnērunt	
Mīlitēs alius alium hortātī sunt	
Mīles mīlitī subsidium ferēbat	
Hominēs hominibus (= inter sē) invident	

4. Prōnōmina indēfīnīta

§ 210

a) **aliquis** vgl. § 35, 1.

Prägnante Bedeutung hat aliqui(s) in Fällen wie:

est aliquid	es ist etwas Bedeutendes, Besonderes
omnēs, quī aliquid poterant iūdicāre	alle, die auch nur etwas (ein wenig) davon verstanden
sī populus Rōmānus alicuius iniūriae sibi cōnscius fuisset	wenn das röm. Volk sich auch nur des geringsten Unrechts bewußt gewesen wäre
aliquid vērī	ein Körnchen Wahrheit

b) **quīdam** (ein gewisser) jemand, ein (dem dt. unbestimmten Artikel entsprechend), Plural einige (§ 35, 4), dient auch zur **Milderung** des Ausdrucks:

cognātiō quaedam	eine Art von Verwandtschaft
ars quaedam	gewissermaßen, sozusagen eine Kunst

oft noch mit quasi verbunden, um einen ungewöhnlichen Ausdruck zu mildern:

Platōnem quasi deum quendam esse putābant philosophōrum	Plato hielt man sozusagen für einen Gott unter den Philosophen

Bei Adjektiven ist es steigernd: ganz, wahrhaft, geradezu:

admīrābilis quaedam virtūs	eine wahrhaft bewundernswerte Tat
incrēdibilī quādam celeritāte	mit geradezu unglaublicher Schnelligkeit
breve quoddam tempus	eine ganz kurze Zeit

IV. Das Verbum

§ 211

1. Im Lateinischen ist das **Passiv** beliebter als im Deutschen; auch intransitive Verben bilden ein Passiv, wir meiden es möglichst und übersetzen es **aktivisch**

a) durch einfache Umwandlung ins Aktiv; wenn die Person nicht angegeben ist, mit Hilfe des Subjektswortes „man":

Gallī ā Caesare victī sunt	Cäsar hat die Gallier besiegt
Helvētiī repentīnō Caesaris adventū commōtī sunt	Cäsars plötzliches Erscheinen beunruhigte die Helvetier
Rōmulus Rōmam condidisse dīcitur (fertur, trāditur)	Man sagt, Romulus habe Rom gegründet
Celeriter eō ventum est	Schnell gelangte man dorthin
Discendum est	Man muß lernen
Discipulīs discendum est	Die Schüler müssen lernen

b) durch reflexive und intransitive Verba:

dēlectārī	sich erfreuen	effundī	sich ergießen, münden
praecipitārī, ferrī	sich stürzen	recreārī	sich erholen, genesen
mūtārī	sich ändern, wechseln	congregārī	sich zusammenscharen
exercērī	sich üben	lavārī	sich waschen, baden
fallī	sich täuschen	movērī	sich bewegen

offerrī	sich bieten	augērī	sich mehren, zunehmen
invenīrī	sich finden	(im)minuī	sich mindern, abnehmen
frangī	zerbrechen	mergī	versinken, untertauchen
appellī	landen	vehī	fahren

c) erweiternd:

cōgī	sich gezwungen sehen	addūcī	sich bewogen fühlen
exōrārī	sich erbitten lassen	terrērī	sich erschrecken lassen

§ 212

2. Einfache lateinische Verben können im Deutschen durch Zusatz von **Hilfsverben** (phraseologischen Verben) eine persönliche, subjektive Färbung bekommen:

spērō	ich darf hoffen	nōn negō	ich will nicht leugnen
nōn spērō	ich will nicht hoffen	mīror	ich muß mich wundern
fateor	ich muß gestehen	hoc fierī (factum) volō	ich will das getan wissen
debeō	ich fühle mich verpflichtet		
cōnsōlor	ich weiß mich zu trösten	iūre poscō	ich kann mit Recht fordern

3. Einfache lateinische Verben werden im Deutschen erweiternd wiedergegeben durch Zerlegung und **Hinzufügung eines Objekts,** das den Hauptbegriff enthält:

dīco	ich stelle die Behauptung auf	quaerō	stelle die Frage
mandō	gebe den Auftrag	vincō	erringe den Sieg
respondeō	gebe (die) Antwort	obiciō	mache den Vorwurf
dēspērō	gebe die Hoffnung auf	audeō	habe den Mut
crēdō	schenke Glauben	castra mūniō	schlage ein festes L. auf
cōnor	mache den Versuch	resistō	leiste Widerstand
morior	finde den Tod	probor	finde Anerkennung

§ 213

4. **Komposita** werden im Deutschen oft durch **adverbialen Zusatz** zum einfachen Verb wiedergegeben:

perdomāre	völlig bezwingen	perferre / perpetī	standhaft ertragen
pervenīre	glücklich ankommen		
conclāmāre	laut schreien	concupīscere	heftig begehren
dēvincere	völlig besiegen	dēfatīgāre	gänzlich ermüden
dēcertāre	entscheidend kämpfen	exaudīre	deutlich hören

Ebenso beigeordnete **sinnverwandte** Verben (vgl. §§ 205c; 207e):

ōrāre et obsecrāre	flehentlich bitten
poscere et flāgitāre	dringend verlangen
fundere et fugāre	völlig schlagen
relinquere et dēserere	treulos verlassen
exstinguere atque dēlēre	gänzlich vernichten
cōnsulere atque prōspicere	angelegentlich sorgen

§ 214

5. **Im Lateinischen überwiegt die verbale, im Deutschen die nominale Ausdrucksweise** (vgl. §§ 155,4 und 199):

a) Infinitiv und A. c. I.

Dulce et decōrum est prō patriā morī	Süß und ehrenvoll ist der Tod fürs Vaterland
Cūriō non aurum habēre praeclārum vidēbatur, sed iīs imperāre, quī habent aurum	Kurius hielt nicht den Besitz von Gold für einen Vorzug, sondern die Herrschaft über die Besitzer von Gold
Gaudeō tē advēnisse	Ich freue mich über deine Ankunft
Spērō tē mox reditūrum esse	Ich rechne mit deiner baldigen Rückkehr

b) Relativ- und abhängige Fragesätze:

Caesar quaerit ex Liscō ea, quae in conventū dīxerat	C. fragte den L. nach seinen Äußerungen in der Versammlung
Iūs est bellī, ut quī vīcērunt, iīs, quōs vīcērunt, quemadmodum volunt, imperent	Es ist Kriegsrecht, daß die Sieger über die Besiegten nach Belieben herrschen
Caesar mīsit, quī cognōscerent, ubi et quantae cōpiae essent et quid parārent	C. schickte Leute, die Standort, Stärke und Vorhaben der Truppen erkunden sollten

c) Partizipium, Gerundivum und Gerundium:

nūntius expūgnātī oppidī	die Kunde von der Einnahme der Stadt
ab urbe conditā	nach, seit Gründung Roms (753 v. Chr.)
ante (post) Chrīstum nātum	vor (nach) Christi Geburt
obsidibus datīs	nach der Stellung von Geiseln
in obsidibus dandis	bei der Stellung von Geiseln
cupiditās dominandī	Herrschsucht
clāmor paventium	Schrei des Entsetzens
vōcēs admīrantium, indignantium	Stimmen der Bewunderung, Empörung
Oriēns pulvis signum appropinquantium hostium fuit	Das Aufsteigen des Staubes war das Z. für das Heranrücken ...
Ab urbe oppūgnandā Poenum absterruēre cōnspecta moenia (vgl. § 122)	Vom Sturm auf die Stadt schreckte den Punier der Anblick der Mauern ab
Angēbant Hamilcarem Sicilia Sardiniaque āmissae	den H. quälte der Gedanke an den Verlust Siziliens und Sardiniens

Auch hier überwiegt gegenüber der konkreten lateinischen Ausdrucksweise im Deutschen die abstrakte!

d) Lateinisches Verbum wird manchmal deutsches Adverbium:

solēre (cōnsuēvisse) — coepisse	gewöhnlich — allmählich
dēsistere, dēsinere	nicht mehr
nōn dēsistere, nōn dēsinere	unaufhörlich
properāre, contendere, mātūrāre	eiligst
nōn dubitāre	unbedenklich
nōn est dubium, quīn	zweifellos
fierī potest, ut	möglicherweise

fierī nōn potest, ut	unmöglich, keinesfalls
fierī nōn potest, quīn	unbedingt, auf jeden Fall
accidit, ut	zufällig
nēsciō quō modō (quō pactō)	unwillkürlich, leider
cōnstat — appāret, perspicuum est	bekanntlich — offenbar
vērīsimile est	wahrscheinlich
spērāre	hoffentlich
mālle	lieber
vidērī	wohl, vielleicht (vgl. §§ 116 und 155)

Hierher gehört auch (vgl. §§ 205c; 207e; 213):

ōrāre atque obsecrāre	inständig bitten
amāre ac dīligere	innig lieben
poscere et flāgitāre	stürmisch fordern
cupere et optāre	herzlich wünschen
dēlēre atque tollere	vollständig vernichten

Vergleiche auch die nominale Verkürzung von Nebensätzen § 199b.

§ 215 V. Zum Gebrauch der Negationen

1. Pecūniam nōn habeō — ich habe kein Geld

nūllam pecūniam / nihil pecūniae } habeō	ich habe gar kein Geld
minimē, nihil	durchaus nicht, gar nicht
nequāquam	keineswegs
nequīquam	vergeblich
nē Rōmānī quidem	auch die R. nicht, nicht einmal die R.
nē tum quidem	auch damals (jetzt) nicht
nōn ita magnus	nicht gerade groß
nōn multum nocēre	wenig schaden
ita nōn, adeō nōn	so wenig
quam nōn timuit mortem!	wie wenig fürchtete er den Tod!
nōn iam, nēmō iam	nicht mehr, niemand mehr (zeitlich)
nēmō Rōmānus, nēmō sapiēns	kein Römer, kein Weiser
nēmō umquam	niemals einer
nihil usquam	nirgends etwas
Negō illud vērum esse	Ich behaupte, daß das nicht wahr ist
sī nōn und nisi § 171, 3.	

2. neque, nec und nicht, auch nicht, und auch nicht:

Id factum nōn est neque futūrum esse crēdō	Das ist nicht geschehen und wird wohl auch nicht geschehen — *aber*:
Hoc ego fēcī, nōn frāter meus	Das habe ich getan und nicht mein Bruder

Verbindungen mit neque:

neque quisquam	und keiner	neque aut — aut	und weder — noch
neque quidquam / neque ūlla rēs }	und nichts	neque enim	denn ... nicht
		neque vērō	aber ... nicht
neque umquam	und nie	neque tamen	und doch ... nicht

3. **Doppelte Verneinung** bewirkt oft eine **starke Bejahung:**

Nōn īgnōrō, nōn sum īgnārus	ich weiß recht wohl
Nōn possum tē nōn vituperāre	ich muß dich unbedingt tadeln

Verstärkte (verdoppelte) Negationen sind im Lat. ein beliebtes Stilmittel: nicht immer ist die Übersetzung in bejahender Form gleichbedeutend.

4. Unterscheide:

nōn nēmō	mancher	nēmō nōn	jedermann
nōn nihil	etwas	nihil nōn	alles
nōn nūllī	einige	nūllī nōn	alle
nōn numquam	bisweilen	numquam nōn	immer

Nēmō alius nisi tū hoc fēcit	Niemand anders als du (außer dir) hat das getan, nur du hast das getan
Tōtō diē nihil aliud ēgī nisi lēgī	Am ganzen Tage habe ich nichts anderes getan als gelesen, habe ich nur gelesen

Übersetzen, Denkschulung und Sprachbildung — Sinn und Wert des Lateinlernens § 216

1. Eine wortgleiche oder satzgleiche Übersetzung ist nur in den seltensten Fällen möglich; auch die „Technik des Übersetzens“ führt zu keiner mechanischen Fertigkeit, die sich rein äußerlich lernen oder anwenden ließe. Überall gilt es, die Situation und die Gedanken genau zu erfassen und dann umzudenken und so umzuformen, wie es der Art und dem Wesen unserer Sprache entspricht. Das scharfe Erfassen des fremden Gedankens und das Umdenken entwickelt, übt und schärft das eigene Denken; im eigenen Nachgestalten aber liegt ein wertvolles Mittel, die muttersprachliche Ausdrucksfähigkeit zu schulen: Denkschulung und Sprachbildung sind eng miteinander verbunden. Nicht mit Unrecht rühmt man an der lateinischen Sprache, daß sie infolge ihrer besonderen Darstellungsmittel hervorragend dazu geeignet ist, auch verwickelten Gedanken eine knappe und doch klare Form zu geben. Die Gedanken aus der lateinischen Form herauszuentwickeln und ihnen mit den Mitteln unserer Sprache eine nicht weniger klare und schöne neue Form zu geben, ist daher eine Aufgabe, die ein Höchstmaß an geistiger und sprachlicher Gewandtheit verlangt.

2. Das dazu erforderliche Eindringen in die besondere Art der lateinischen Sprache erschließt **charakteristische Merkmale der Römer,** wenn auch die Schriftsprache allein nicht das volle Wesen des Römertums vermitteln kann. So verkörpert z.B. der festgefügte lateinische Satz mit dem Subjekt an der Spitze und dem Prädikat am Ende die römische Unterordnung und Disziplin gegenüber der Neigung des Deutschen zur Freiheit und Selbständigkeit, die sich in der Auflösung dieses Gefüges in eine Reihe von selbständigen, locker verbundenen Einzelsätzen zeigt; die Vorliebe des Römers für das Passiv entspricht seinem Streben, alles sachlich (ob-

jektiv) zu sehen, während der Deutsche mehr das Persönliche (den freien Willen, das Subjektive) ins Auge faßt.

3. Der **Einfluß der Sprache Roms** zeigt sich in den zahlreichen Lehn- und Fremdwörtern der modernen Sprachen und gerade auch des Deutschen, ferner in vielen Einzelheiten unserer Satzfügung, wie sich aus §§ 128—180, 190—200 ergibt. Die lateinische Sprache ist zur Sprache der Kirche geworden und ist jahrhundertelang die Sprache der abendländischen Wissenschaft, des Rechts und des internationalen Verkehrs geblieben. Damit wird das Lernen und die Kenntnis der lateinischen Sprache ein Schlüssel auch für das Verständnis der Grundlagen und wesentlicher Bestandteile der abendländischen Kultur, ganz abgesehen davon, daß sie uns den Weg bahnt zu den Quellen der römischen Literatur, aber auch zu den lateinisch geschriebenen Quellen der christlichen und mittelalterlichen Welt.

ANHÄNGE

I. Das Wichtigste aus der Wortbildungslehre **§ 217**

Die Bildung neuer Wörter aus vorhandenen Wurzeln (Stämmen) und Wörtern geschieht, wie im Deutschen, durch **Ableitung** und **Zusammensetzung.**

A. Abgeleitete Wörter (Dērīvāta)

I. **Substantive** werden abgeleitet von Verben (1.—4.), Adjektiven (5.) und Substantiven (6.) mittels folgender Endsilben (Suffixe):

1. **-tor, -sor** und **-trīx** bezeichnen die **handelnde Person:**

vic-tor	der Sieger
vic-trīx	die Siegerin
dēfēn-sor	der Verteidiger
accūsātor	der Ankläger (von Beruf)
audītor	der (regelmäßige) Zuhörer
Brūtus et Cassius, interfectōrēs Caesaris	die (bekannten) Mörder Cäsars
Arminius, līberātor haud dubiē Germāniae	der Befreier Germaniens

2. **-iō, -tiō**[1]**, -siō, -tus, -sus** (*Gen.* -ūs) bezeichnen die **Handlung:**

obsid-iō	Belager-ung	ōrā-tiō	Rede; dēfēn-siō Verteidigung
mō-tus	Beweg-ung	cā-sus	Fall, Untergang

3. **-mentum, -men, -ulum, -bulum, -culum, -clum, -crum, -trum** bezeichnen das **Mittel oder Werkzeug:**

īnstrū-mentum	Hilfsmittel	sōlā-men	Trostmittel, Trost
vinc-ulum (vinc-lum)	Bindemittel, Fessel		
vocā-bulum	Benennung, Wort	pō-culum	Trinkgefäß, Becher
sepul-crum (*aus* *sepul-clum)	Grabmal	arā-trum	Pflug

4. **-or** und **-ium** bezeichnen **Handlungen und Zustände:**

clām-or (clāmāre); tim-or (timēre); stud-ium (studēre)

---

[1]) Die Verbalsubstantive auf **-iō** bezeichnen in der Regel **nur** die **Handlung** (Abstrakta), **nicht** den aus der Handlung hervorgegangenen **Zustand** (Konkreta), während die entsprechenden deutschen Verbalsubstantive auf **-ung beides** ausdrücken:
inventiō die Erfindung (Handlung) — inventu**m** (Ergebnis der Handlung)
institūtiō — institūtum die Einrichtung; prōmissiō — prōmissum das Versprechen
Einzelne haben zugleich konkrete Bedeutung:
possessiō Besitznahme und Besitztum; mūnītiō Schanzarbeit und Schanze.

5. **-ia, -itia, -tās, -tūdō** bezeichnen, als von Adjektiven abgeleitet, **Eigenschaften,** entsprechend den deutschen Wörtern auf **-heit, -keit, -schaft, -tum:**

modest-ia	Bescheiden-heit	iūst-itia	Gerechtig-keit
amīc-itia	Freund-schaft	līber-tās	Frei-heit
forti-tūdō	Tapfer-keit	hūmānitas	(höheres) Menschentum

6. **-ulus, -olus, -ellus, -culus** bezeichnen die **Verkleinerung:**

adulēscent-ulus; rēg-ulus; fīli-olus; lib-ellus; pu-ella; homun-culus; nāvi-cula

II. Adjektive:

1. **-ōsus** bezeichnet die **Fülle:**

glōri-ōsus (ruhmvoll, -reich); perīcul-ōsus

2. **-eus** bezeichnet den **Stoff** oder die **Farbe:**

aur-eus; purpur-eus; ferreus (golden, purpurn, eisern)

3. **-ius, -icus, -īvus, -āris, -ālis, -nus (-ānus, -īnus)** bezeichnen die **Zugehörigkeit:**

rēg-ius, patr-ius; bell-icus, rūst-icus; aest-īvus, tempest-īvus; mīlit-āris; nāv-ālis; pater-nus, urb-ānus, vic-īnus

4. **-idus** bezeichnet die (dauernde) **Eigenschaft:**

cup-idus (= cupiēns) begierig; trep-idus ängstlich; tim-idus furchtsam

5. **-āx** bezeichnet den **Hang** zu einer Tätigkeit:

loqu-āx geschwätzig; aud-āx wagemutig, tollkühn, frech

6. **-ilis** und **-bilis** bezeichnen die **Möglichkeit** (dt. **-bar, -lich**):

ūti-lis brauch-bar, nütz-lich; fac-ilis; mō-bilis

III. Verben:

1. Von Nominalstämmen abgeleitete (meist transitive) Verben auf **-āre** bezeichnen ein „machen“:

firmāre fest machen; līberāre frei machen; sānāre heil machen; sed-āre zum Sitzen bringen

dagegen haben Verben auf **-ēre** oft intransitive Bedeutung:

sed-ēre sitzen

2. Die vom Partizipialstamm abgeleiteten Verben auf **-tāre (-sāre)** und **-itāre** bezeichnen die **Verstärkung** und **Wiederholung** einer Handlung (Verba **intēnsīva** oder **iterātīva**):

exerc-itāre tüchtig üben; clāmitāre laut schreien; cursāre hin- und herlaufen

3. Die Verben auf **-scere** (Verba **incohātīva** von incohāre anfangen) bezeichnen den **Beginn** einer Handlung oder eines Zustandes:

mātūrēscere	reif werden, reifen (von mātūrus reif)
senēscere	alt werden, altern (von senex Greis)

convalēscere (von valēre)	gesund werden, gesunden
proficīscī	sich aufmachen, aufbrechen

Weitere Beispiele § 56, 176 ff.

B. Zusammengesetzte Wörter (Composita)

I. **Substantive und Adjektive:**

1. Nomen + Verbalstamm (col-, dic-, fac-, fer-, can-, cap-):
agri-cola; iū-dicium; arti-fex; signi-fer; tībī-cen: prīn-ceps
Beachte die Lautveränderungen! Vgl. § 3.

2. Nomen + Nomen:
miseri-cordia; magn-animus

3. Partikel + Nomen:
(verstärkend) per-magnus sehr groß, per-paucī; prae-clārus; con-cors;
(verneinend) īn-firmus, īn-fēlīx, im-mortālis, im-pūnis;
dē-decus; sē-cūrus (sorg-los); dis-similis unähnlich, dis-pār;
neg-ōtium; nēmo, neuter, nūllus

II. **Verben:**

Das Grundwort ist immer ein Verb; das Bestimmungswort ist
1. ein Nomen: aedi-ficāre (aedēs und facere); nāvigāre (nāvis und agere); significāre (signum und facere); multi-plicāre (Nominalstamm + Verb)
2. ein Verb: pate-facere; assuē-facere (Verbalstamm + Verb)
3. ein Adverb: satis-facere; bene-dīcere (Adverb + Verb)

Über die Zusammensetzung der Verben mit **Präpositionen** siehe § 52.

II. Das Notwendigste aus der Verslehre § 218

A. Allgemeines

a) Der **Rhythmus,** d.h. der regelmäßige Tonfall des Verses, beruht im Deutschen auf dem regelmäßigen Wechsel **betonter und unbetonter Silben,** im Lateinischen auf dem von **langen und kurzen Silben.** Der deutsche Vers ist **akzentuierend,** der lateinische **quantitierend.**
Vergleiche:
Húrtig, mit Dónnergepólter entróllte der tǘckische Mármor
und
Quídquid id ést, timeố Danaốs et dốna feréntēs

Wort- und **Verston** decken sich im Lateinischen nicht.

Der in Deutschland übliche Vortrag eines Hexameters (§ 219) ruft den musikalischen Rhythmus eines $^3/_4$-Taktes hervor; das im Altertum übliche quantitierende Lesen entsprach jedoch einem $^4/_4$-Takt.

b) Jeder Vers besteht aus mehreren Takten oder Füßen.

Unter **Versfuß** versteht man im Deutschen die enge Verbindung von betonten und unbetonten, im Lateinischen die von langen und kurzen Silben (vgl. § 2). Anders als in der Prosa macht ein **k-**, **p-**, **t-**Laut mit folgendem **r** oder **l** im Verse oft die vorausgehende Silbe lang, z.B. tenē̆brae, volū̆cris:

Ét prīmṓ similís volŭcrí, mox vḗra volŭ́cris.

Die Zeit, die zum Aussprechen einer kurzen Silbe erforderlich ist, heißt mŏra (bezeichnet durch ⏑). Sie ist die kleinste Zeiteinheit. Die Zeitdauer einer langen Silbe (—) entspricht der von zwei kurzen Silben.

c) Die wichtigsten **Versfüße** sind:

1. der **Trochäus**[1]) –́ ⏑ ♩♪: gébet, aulă

   Traúte Heímat meíner Líeben

2. der **Jambus**[2]) ⏑ –́ ♪♩: Gebét, ăbī

   Was Gótt tut, dás ist wóhlgetán

3. der **Daktylus**[3]) –́ ⏑⏑ ♩♪♪: lächerlich, tempŏra

   Háb' ich den Márkt und die Stráßen doch níe so eínsam geséhen!

4. der **Anapäst**[4]) ⏑⏑ –́ ♪♪♩: in den Hóf, ăbĕrās

   Der Vermássene búßt das vermássene Wórt.

1 und 3 haben fallenden, 2 und 4 steigenden Rhythmus.

d) Da zwei Kürzen metrisch den Wert einer Länge haben, können Daktylen und Anapäste durch einen **Spondéus**[5]) (–́ —, — –́) ersetzt werden, doch bildet dieser nie für sich allein Verse. Auch im Jambus und Trochäus werden Kürzen oft durch Längen ersetzt.

e) **Zusammenstoß von Vokalen** am Ende des einen und am Anfang des folgenden Wortes (sog. Hiat) vermeidet man durch **Verschleifung** (auch bei auslautendem **m**[6]) und anlautendem **h**) oder durch **Ausstoßung** (Elision):

Illī inter *lies:* Ill' inter; sata est *aber:* sata'st, itum est: itum'st

Ńātūram‿éxpellás (*lies:* nātūr' éxpellás) furcá, tamen úsque recúrret

Ṓrandúm‿est (*lies:* ṓrandúm 'st), ut sít mēns sána‿in (sán' in) córpore sánō.

---

1) „Läufer", „Schreitvers", auch **chorēus** „Tanzvers"

2) „Werfer" (ausholen ⏑ und abwerfen –́)

3) „Finger"

4) „aufprallend" (Anlauf zum Angriff ⏑⏑ und Aufprall –́)

5) „zum Trankopfer gehörig", daher gemessen und feierlich

6) Vgl. animadvertere aus animum advertere § 56, Nr. 200

B. Die wichtigsten Verse **§ 219**

1. Der Hexameter

Der daktylische Hexameter (der Vers des Epos) ist ein aus sechs Daktylen bestehender Vers. Die vier ersten können beliebig durch Spondeen ersetzt werden, der fünfte ist regelmäßig ein Daktylus, nur ausnahmsweise ein Spondeus; dann heißt der Vers versus **spondiacus.** Der sechste Fuß ist unvollständig, die letzte Kürze fehlt. Die letzte Silbe ist, wie bei jedem Vers, anceps, d.h. sie kann lang oder kurz sein (⏓). Der regelmäßige Hexameter ist demnach so gebaut:

1 2 3 4 5 6
−́ ⏑⏑ | −́ ⏑⏑ | −́ ⏑⏑ | −́ ⏑⏑ | −́ ⏑⏑ | −́ ⏓

Príncipibús placuísse virís nōn última láus est.
Víctrīx cáusa diís placuít, sed vícta Catṓnī.
Út dēsínt vīrḗs, tamen ést laudánda volúntās.

Zusatz:

Zur Vermeidung der Eintönigkeit wird der Hexameter, wie alle längeren Verse, an bestimmten Stellen durch **Einschnitte** (**Zäsuren,** von caedere) gegliedert, die durch das Ende eines Wortes innerhalb des Versfußes gekennzeichnet werden.

Die wichtigsten Zäsuren sind folgende:

a) nach der betonten Länge des 3. Fußes (Hauptzäsur):
Príncipiís obstá || sērṓ medicína parā́tur

b) nach der betonten Länge des 4. Fußes, meist in Verbindung mit einem Einschnitt nach der des 2. Fußes:
Príncipibús | placuísse virís || nōn última láus est.

Man halte jedoch beim Lesen nur da, wo wirklich der **Sinn** eine Pause verlangt. Viele Daktylen geben dem Verse einen raschen, hüpfenden, viele Spondeen einen ernsten, wuchtigen Charakter.

So malt der lateinische Vers

Quádrupedánte putrém || sonitū́ quatit úngula cámpum
den Hufschlag eines galoppierenden Pferdes;

dagegen

Íllī‿intér sēsḗ || magná vī brácchia tóllunt
das schwerfällige Heben der Arme der Cyklopen.

Vergleiche:

„Hurtig mit Donnergepolter entrollte der tückische Marmor"

und

„Sisyphus wälzt bergan den Stein, der immer herabrollt".

§ 220 2. Der Pentameter

besteht aus zwei daktylischen Trimetern, deren letzter Fuß unvollständig ist. Die fehlenden Senkungen werden durch eine Pause ersetzt. Er ist also eigentlich ein Hexameter, wurde aber von den alten Metrikern fälschlich Pentameter genannt, weil sie die beiden Hälften des Verses als 2½ + 2½ = 5 Daktylen ansahen. Der Spondeus kommt nur in der ersten Hälfte vor. Also:

1 2 3 4 5 6
— ∪∪ | —́ ∪∪ | —́ ‖ —́ ∪∪ | —́ ∪∪ | ∪́

Der Pentameter wird nur in Verbindung mit dem Hexameter gebraucht und bildet mit ihm das **Distichon** (Zweireiher), das Versmaß für Epigramm und Elegie:

Díc, hospés, Spartáe ‖ nōs tē hīc vīdísse iacéntēs,
Dúm sanctís patriáe ‖ lḗgibus óbsequimúr.
Dṓnec erís fēlíx, ‖ multṓs numerábis amícōs:
Témpora sí fuerínt ‖ nū́bila, sṓlus erís.

Schiller sucht das Wesen des Distichons in folgenden Versen zu erfassen:

„Im Hexameter steigt des Springquells flüssige Säule;
im Pentameter drauf fällt sie melodisch herab.“

Ein ganzes Gedicht in Distichen nennt man eine **Elegie.**

§ 221 3. Der jambische Senar

besteht aus sechs (sēnī) Jamben: ∪ —́ | ∪ —́ | ∪ —́ | ∪ —́ | ∪ —́ | ∪ —́

Beā́tus ílle, quí procúl negṓtiīs
patérna rū́ra bṓbus éxercét suís.

Im Drama (in der szenischen Dichtung) und in der Fabel ist der Vers sehr mannigfach gestaltet, da in allen Füßen außer dem letzten die Kürzen durch Längen ersetzt und diese wieder in Kürzen aufgelöst werden können:

∪ —́ — —́ — —́ — ∪́∪ — —́ ∪ —́
Homō sum, hūmānī nīl ā mē aliēnum putō.

§ 222 III. Vom römischen Kalender

1. Das **Jahr** bezeichneten die Römer nach den beiden Konsuln:

Mārcō Cicerōne Gāiō Antōniō cōnsulibus (63 v. Chr.);

a. u. c. = ab urbe conditā verweist auf das angebliche Gründungsjahr der Stadt Rom (754 oder 753 vor Christus).

2. Die römischen **Monatsnamen** sind Adjektive:

Iānuārius, Februārius, Mārtius, Aprīlis, Māius, Iūnius, Quīntīlis, Sextīlis, September, Octōber, November, December.

Der Januar hatte seinen Namen von dem doppelköpfigen Gotte Iānus, der März von dem Kriegsgott Mārs, der Mai von der Göttin Māia, der Mutter des Merkur, der Juni von der Gemahlin Jupiters Iūnō, während der Februar nach dem Reinigungsfest Februa benannt war.

Die von den Zahlen entnommenen Benennungen von Quīntīlis bis December erklären sich daraus, daß in älterer Zeit das Jahr mit dem März begann. Erst mit der Kalenderreform Cäsars, der an Stelle des bis dahin gültigen Mondjahrs das Sonnenjahr einführte, wurde der Jahresbeginn auf den 1. Januar festgesetzt. Seit Cäsar heißt der Quīntīlis **Iūlius** (Juli), seit Augustus der Sextīlis **Augustus** (August).

3. Der erste Tag jedes Monats hieß **Kalendae**; der **13.** (im März, Mai, Juli, Oktober der **15.**) hieß **Īdūs**, uum; der **5.** (in den genannten 4 Monaten der **7.**) hieß **Nōnae** (eigentlich der **9.** vor den Īdūs). Also

Kalendae Iānuāriae (Kal. Iān.) der **1.** Januar;
Īdibus Mārtiīs (Īd. Mārt.) am 15. März;
ad Nōnās Novembrēs (Nōn. Nov.) zum 5. November.

4. Von diesen drei Bestimmungstagen aus wurden die übrigen Tage **rückwärts gezählt,** und zwar so, daß der **Anfangs-** und der **Endtermin mitgerechnet** wurde, so daß **also immer ein Tag mehr** sich ergibt, als nach unserer Art zu zählen:

Īdūs Mārtiae der **15.** März, also
diēs tertius ante Īdūs Mārtiās der **13.** März;
diēs quīntus ante Kalendās Aprīlēs der 28. März;
diēs quārtus ante Nōnās Decembrēs der 2. Dezember.
Der Tag vor den Bestimmungstagen wurde mit **prīdiē** (Nōnās Māiās, Kal. Dec. usw.) bezeichnet.

5. Gewohnheitsmäßig aber drückte man das **Datum** so aus:

Statt diē tertiō ante Īdūs Mārtiās sagte man:

ante diem tertium Īdūs Mārtiās und schrieb: a. d. III. Īd. Mārt.,
ebenso a. d. V. Kal. Apr. und a. d. IV. Nōn. Dec.

Alle diese Datumsbestimmungen aber flossen so zu einem Begriff zusammen, daß sie als Substantive behandelt und mit Präpositionen verbunden wurden, z.B. Profectiō Helvētiōrum cōnstitūta est **in** ante d. VIII. Īd. Oct. auf den 8. Oktober.

IV. Die wichtigsten Maße, Gewichte und Münzen **§ 223**

A. 1. **Längenmaße:** 1 pēs (Fuß) = 0,30 m;
5 pedēs = 1,5 m = 1 passus (Doppelschritt);
mīlle passūs = 1,5 km = 1 römische Meile.

2. **Flächenmaß:** 1 iūgerum (das Tagewerk von 1 Joch Ochsen, 1 Morgen) = ¼ ha (25 ar)

B. **Gewichte und Münzen:**

Die ursprüngliche Gewichts- und Münzeinheit war der ās (assis) = 1 **Pfund** (pondō, lībra = ⅓ kg) **Kupfer.** Der zwölfte Teil des As hieß uncia (Unze).
Mit der Einführung der Silberwährung (268 v. Chr.) wurde der alte Kupfer-As zur Scheidemünze im Werte von 6—7 Pfg. Als Münzeinheit (nummus) galt fortan der **sēstertius** (= sēmis tertius „halb der Dritte") = $2^1/_2$ As (abgekürzt IIS = HS) = 17½ Pfg.; 4 Sesterzen = 1 **dēnārius** (urspr. 10, später 16 As) = 70 Pfg. (Ꝥ).
Gerechnet wurde nach Sesterzen in folgender Weise:

HSC = centum sēstertiī
HSM = mīlle sēstertii
HSMM = duo mīlia sēstert**ium** (statt sēstert**iōrum**), vgl. § 11, 4

Der Genetiv sēstert**ium** wurde später als Nominativ des Neutrums aufgefaßt und diente zur Bezeichnung von **1000 Sesterzen,** wobei man über die Zahl einen Strich setzte:

HS$\overline{\text{VI}}$ = sex sēstertia = sex mīlia sēstertium = 6000 Sesterzen
HS$\overline{\text{C}}$ = centum sēstertia = centēna mīlia sēstertium = 100000 Sesterzen
HS|$\overline{\text{X}}$| = deciēs (centēna mīlia) **sēstertium** = 1000000 Sesterzen
HS|$\overline{\text{XX}}$| = vīciēs **sēstertium** = 2000000 Sesterzen

Mit dem Beginn der Kaiserzeit trat an die Stelle der Silberwährung die Goldwährung: 1 **aureus** (nummus) = 25 Denare = 100 Sesterzen = 17,50 M.; seit Konstantin der um ⅓ leichtere **solidus** (vgl. Sold, Soldat, franz. sou, ital. soldo).
Von den Griechen übernommen wurde das **talentum** = etwa 4800 M.

§ 224 V. Der unabhängige Konjunktiv in Urteils- und Begehrssätzen

(Die Zahlen weisen auf die Paragraphen hin)

Beispiele	**Bedeutung**	**Art des Konj.**
	1. Praesens	
1. Dīcat quis	Vielleicht könnte einer sagen (Mancher mag sagen) (Möglichkeit)	Potentiālis der Gegenwart
Hoc nēmō dīcat	Das wird wohl niemand behaupten (gemilderte Behauptung)	140, 3
2. Eāmus! Perīculum nē timeāmus!	Gehen wir (Laßt uns geh.)! Wir wollen d. Gefahr nicht fürchten!	Hortātīvus 143a
Audiātur et altera pars!	Man höre ... (Aufforderung)	
3. Prūdenter agās!	Handle mit Bedacht (= man handle) (Gebot)	Iussīvus 143b
4. Utinam (Velim) pater convalēscat!	Wenn doch der V. wieder gesund würde! (Erfüllb. Wunsch)	Optātīvus 144

Beispiel	Bedeutung	Art des Konj.
5. Sit hoc vērum!	Dies mag immerhin wahr sein (Einräumung)	Concessīvus 145
6. Quid faciam? Fugiam?	Was soll ich tun? Soll ich fliehen? (Überlegende Frage)	Dēlīberātīvus 146
	2. Imperfekt	
1. Sī hoc dīcerēs, errārēs	Du würdest irren, wenn du ... (Irreale Behauptung)	Irreālis der Gegenwart 140, 2
2. Crēderēs	Man hätte glauben sollen (können) (Möglichkeit, gemilderte Behauptung)	Potentiālis der Vergangenheit 140, Zus.
3. Utinam (Vellem) pater revīvīsceret!	Möchte doch der Vater wieder lebendig werden! (Unerfüllbarer Wunsch der Gegenwart)	Optātīvus 144
4. Quid facerem? Fugerem?	(Was sollte ich tun?) Was hätte ich tun sollen? Hätte ich fl. sollen? (Überlegende Frage)	Dēlīberātīvus 146
	3. Perfekt	
1. Dīxerit aliquis	Vielleicht könnte (mag) einer sagen	Potentiālis der Gegenwart
Quis dubitāverit?	Wer möchte (könnte, wollte) das bezweifeln?	140, 3
2. Nē mentītus sīs!	Lüge nicht! (Verbot)	Iussīvus (Prohibitīvus) 143c
3. Fuerit sānē vērum!	Mag es immerhin wahr gewesen sein! (Einräumung)	Concessīvus 145
	4. Plusquamperfekt	
1. Sī hoc dīxissēs, errāssēs	Du hättest geirrt, wenn du ... (Irreale Behauptung)	Irreālis der Vergangenheit 140, 2
2. Utinam (nē) tibi pāruissem!	Hätte ich doch (nicht) auf dich gehört! (Unerfüllbarer Wunsch der Vergangenheit)	Optātīvus 144

§ 225 VI. Zusammenstellung der mehrdeutigen Konjunktionen

(Die Zahlen weisen auf die Paragraphen hin)

Beispiel	Bedeutung	Art des Nbs.
	1. cum	
	a) beim Indikativ	
1. Cum Caesar in Galliam vēnit, ibi duae factiōnēs erant	**damals als;** zu d. Zeit, wo;	Zeit § 166 (relātīvum)
Cum poterō, veniam	**(dann) wenn**	
2. Cum hostēs flūmen trānsierant, pūgnābātur	**so oft,** (jedesmal) wenn	(iterātīvum)
3. Iam vēr appetēbat, cum Hannibal castra mōvit	**als = da** (mit Hauptsatz)	(inversīvum)
4. Cum tacent, clāmant	**indem;** dadurch, daß; wenn	(coincidēns)
	b) beim Konjunktiv	
5. Caesar, cum Rubicōnem trānsīsset, hostis iūdicātus est	**als**	Zeit u. oft Grund (nārrātīvum)
6. Haeduī, cum sē ab Helvētiīs dēfendere nōn possent, lēgātōs ad Caesarem mittunt	**da**	Grund 165 (causāle)
7. Rōmānī castrīs sē tenēbant, cum hostēs cottīdiē pūgnandī potestātem facerent	**da doch, obgleich,** obwohl	Einräumung 172 (concessīvum)
8. Homō est particeps rationis, cum cētera animālia sint expertia	**während**	Gegenüberstellg. (adversātīvum)
	2. quod	
1. Quod victor victīs pepercit, magnum est	(die Tatsache), **daß**	Äußerl. abhäng. Urteil 158
2. Quod mē valēre putās, errās	(was das anbetrifft) **daß; wenn**	a) Tatsache
Hōc ūnō maxime bēstiīs praestāmus, quod loquī possumus	**dadurch, daß**	
	daß = weil	b) Tatsache und Grund
3. Gaudeō, quod valēs		
Laudō tē, quod vēnistī		
4. Gallī ā Caesare auxilium petēbant, quod ā Suēbīs premēbantur (bedrängt wurden) — premerentur (b. würden)	**weil**	c) Grund 165 (tatsächlich) (angeblich)

Beispiel	Bedeutung	Art des Nbs.
	3. dum	
1. Dum haec geruntur (geschah), Saguntum iam oppūgnābātur	**während, solange**	Zeitangabe 167
2. Dum anima est, spēs esse dīcitur	**solange (als)**	
3. Exspectāvimus, dum vēnit	**bis; bis daß**	
Domī manēbimus, dum redeat	(Absicht)	
4. Ōderint, dum metuant	**wenn nur**	Begehren 167, Zus.
	4. ut	
	a) beim Indikativ	
1. Ut sēmentem fēceris, ita metēs	**wie — (so)**	Vergleich 173
2. Ut errāre potuistī, ita (sīc) dēcipī nōn potuistī	**zwar — aber**	Vergleichsatz 198
3. Caesar, ut (prīmum) Brundisium vēnit, nāvēs solvit	sowie, **sobald als**	Zeitangabe 169
	b) beim Konjunktiv	
1. Docēbat Caesar, ut Haeduī tōtīus Galliae prīncipātum tenuissent	**wie**	Abh. Frgea 156 (selten)
2. Moneō vōs, ut hoc memoriā teneātis	**daß** (Inf. mit zu)	Begehren 152
3. Timeō, ut in tempore veniat	daß nicht	,, 154 (selten)
4. Hoc repetō, ut memoriā teneātis (nē oblīvīscāminī)	auf daß, **damit**	Zweck 163 (final)
5. Ita vīxī, **ut nōn** frūstrā mē nātum esse exīstimem	**so daß**	Folge 164 (konsekutiv)
6. Ut dēsint vīrēs, tamen est laudanda voluntās	**gesetzt daß,** wie, wenn auch	Einräumung 172 (konzessiv, selten)
	5. quīn	
1. Nōn dubium est, quīn hoc vērum sit	**daß** (wie nicht? warum nicht?)	urspr. Fragesatz: Abh. Urteil 157,1
2. Nōn recūsō, quīn tibi oboediam	daß bzw. **Inf. m. zu**	Begehren 157,2
3. Nēmō tam fortis erat, quīn animō perturbārētur	**daß nicht**	Folge 164, 2
4. Nūllum diem praetermittō, quīn litterās ad tē dem	**ohne daß,** ohne zu	Folge
5. Nēmō est, quīn (quī nōn) sciat	**der (das) nicht**	Relativsatz 176,1

§ 226 VII. Musterbeispiele zur Satzlehre

(Die Zahlen weisen auf die Paragraphen hin)

Prädikatsnomen

1. Marius septiēs cōnsul creātus (ēlēctus, factus) est	Marius wurde siebenmal zum Konsul gewählt 71
Catilīna hostis iūdicātus est	Katilina wurde für einen Staatsfeind, für vogelfrei erklärt
2. Senātus Catilīnam hostem iūdicāvit	Der Senat erklärte Katilina für einen Staatsfeind, für vogelfrei 72
Praestā (praebē) tē virum!	Zeige dich als Mann!
Praestāte vōs dignōs maiōribus!	Zeigt euch eurer Ahnen würdig!
3. Putō tē amīcum	Ich halte dich für meinen Freund
Habeō tē amīcum	Ich habe dich zum Freunde
Habeō tē { prō amīcō / amīcī locō	Ich betrachte dich als meinen Freund

Attribut

4. Cicerō cōnsul	der Konsul Cicero (Stellung!) 74
pūgna Cannēnsis	die Schlacht bei Kannä
Sōcratēs Athēniēnsis	Sokrates aus Athen
5. bellum Gallicum bellum Gallōrum bellum cum Gallīs gestum bellum, quod cum Gallīs gestum est	der Krieg mit den Galliern, der gallische Krieg
6. Corinthus, urbs opulentissima	das reiche Korinth
Sōcratēs ille sapientissimus	der weise Sokrates

Prädikativum

7. Catō senex litterās Graecās didicit	Kato lernte noch als alter Mann, im hohen Alter Griechisch 75
8. Mīlitēs laetī in patriam revertērunt	Die Soldaten kehrten froh (frohgestimmt) in die Heimat zurück; *aber*
Mīlitēs fortiter pūgnāvērunt	Die Soldaten kämpften tapfer (Adv.)
9. summus mōns	der höchste Berg (attributiv) der Gipfel des Berges (prädikativ)
10. Gallī Veringetorīge ūsī sunt duce	Die Gallier hatten Vercingetorix zum Führer 77

Gallī Vercingetorīge duce sēditiōnem fēcērunt	Die Gallier machten unter V. als ihrem Führer, unter Führung des V. einen Aufstand 125, 5
11. Invītus hoc fēcī	Widerwillig (Wider meinen Willen) habe ich das getan 75
Patre invītō hoc fēcī	Gegen den Willen des Vaters habe ich das getan 125, 2

Akkusativ

12. Fortēs fortūna adiuvat Fortēs fortūnā iuvantur	Den Mutigen hilft das Glück 79
13. Vīrēs mē dēficiunt	Die Kräfte verlassen mich, gehen mir aus
Nōlī animō dēficere!	Laß den Mut nicht sinken!
Sociī ā Rōmānīs dēfēcērunt	Die Verbündeten fielen von Rom ab
14. Utrumque tibi assentior	In beidem stimme ich dir zu 80
Germānī maximam partem lacte et pecore vīvunt	Die Germanen leben größtenteils von Milch und Fleisch 82, 3
15. Rōmam (in urbem, eō) nūntiātum est	In Rom (in der Stadt, dort) wurde gemeldet 82, 1

Dativ

16. Victor victīs parcere dēbet	Der Sieger muß die Besiegten schonen
Caesaris potentiae multī invidēbant (ā multīs invidēbātur)	Viele beneideten den Cäsar um seine Macht 83
17. Nerviī omnibus Belgīs virtūte praestābant	Die Nervier übertrafen alle Belgier an Tapferkeit
18. Nōn scholae, sed vītae discimus	Nicht für die Schule, sondern für das Leben lernt man 84
19. Nūllus erat mercātōribus aditus ad Nerviōs	Händler hatten keinen Zutritt zu den Nerviern 85
20. Caesar duās legiōnēs castrīs praesidiō relīquit	C. ließ 2 Legionen zum Schutze für das Lager (des Lagers) zurück 86

Genetiv

21. Hortus est patris — meus	Der Garten gehört dem Vater — mir
22. Cōnsulis est reī pūblicae cōnsulere	Es ist Pflicht, Aufgabe des Konsuls, für den Staat zu sorgen 87
23. Catō erat (habēbātur) eximiae auctōritātis (eximiā auctōritāte)	Kato war (galt als) ein sehr angesehener Mann 88 (101)

24. Classis ducentārum nāvium erat	Die Flotte zählte 200 Schiffe
25. Parvī sunt forīs arma, nisi est cōnsilium domī	Wenig wert sind im Felde die Waffen, wenn in der Heimat die kluge Führung fehlt 89
26. Dulce est nōmen patriae, acerbum exiliī	Süß ist das Wort Heimat, bitter das Wort Verbannung („Elend") 90
27. Satis, parum, nimis temporis	Genug, zu wenig, zu viel Zeit 91
28. Caesar prō veteribus Helvētiōrum iniūriīs populī Rōmānī ab hīs poenās bellō repetiit	Für die alten Rechtsverletzungen der Helvetier gegen das römische Volk bestrafte Cäsar diese durch einen Krieg 93
29. Hoc vōs admoneō, ut iniūriārum (iniūriās) oblīvīscāminī	Dazu ermahne ich euch, die Beleidigungen zu vergessen 94
30. Athēniēnsēs Sōcratem capitis damnāvērunt	Die Ath. verurteilten Sokrates zum Tode 94, 2

Ablativ

a) Separativ:

31. Catilīna nōbilī genere ortus (nātus) erat	Katilina stammte aus vornehmer Familie 96
32. Germānī īgnāvōs ex arboribus suspendēbant	Die Germanen hängten Feiglinge an Bäumen auf
33. Patriā nihil nōbīs cārius est	Nichts ist uns lieber als das Vaterland 97
34. Caesar omnium spē (exspectātiōne, opīniōne) celerius rediit	C. kehrte wider alles Erwarten (unerwartet) schnell zurück 97
35. Plūs trecentī cecidērunt	Mehr als 300 fielen
36. Magnōs hominēs virtūte, nōn fortūnā mētīmur	Große Männer mißt (beurteilt) man nach ihrer Leistung, nicht nach ihrem Glück 98

b) Soziativ (Instrumentalis):

37. Dīviciācus multīs cum lacrimīs Caesarem implōrāvit	Diviciacus flehte C. unter heißen Tränen an 99
38. Cum dignitāte morī melius est quam cum īgnōminiā vīvere	Ein Tod in Ehren ist besser als ein Leben in Schande 100a
39. Aequō animō rēs adversās ferre sapientis est	Das Unglück mit Gleichmut ertragen ist weise 100c, 2
40. Cicerō erat (vir) eximiā ēloquentiā	C. war ein ganz hervorragender Redner 101 (vgl. 88)

41. **Tē** amīcō ūtor	Ich habe dich zum Freunde 104
42. Homine līberō indignum est	Es ist eines freien Mannes unwürdig 104, 2
43. **Mihi** pecūniā opus est	Ich habe Geld nötig, brauche Geld 104, 3
44. **Quō** (Quantō) plūra habēmus, **eō** (tantō) plūra cupimus	Je mehr man hat, desto mehr will man haben 106
45. Orgetorīx rēgnī cupiditāte inductus (commōtus) coniūrātiōnem fecit	Orgetorix zettelte aus Herrschsucht eine Verschwörung an 107

c) Lokativ:

46. Rōmānī praesidia in oppidīs cōnstitu**ērunt**	Die Römer legten Besatzungen in die Städte 109
47. Oppidānī in mūrō cōnstit**ērunt**	Die Städter stellten sich auf die Mauer (auf der Mauer auf)

Infinitiv und Nom. m. Inf. (N.c.I.)

48. Praestat morī cum dignitāte quam vīvere cum īgnōminiā	Es ist besser, daß (wenn) man in Ehren stirbt als in Schande lebt; ein Tod in Ehren ist besser als ein Leben in Schande 114
49. Oblītī (esse) vidēminī	Ihr scheint vergessen zu haben; es scheint, als hättet ihr vergessen; wie es scheint, anscheinend, allem Anschein nach habt ihr vergessen; ihr habt wohl vergessen 116
50. Rōmulus urbem Rōmam condidisse dīcitur (nārrātur, trāditur, fertur)	R. soll Rom gegründet haben; es heißt, R. habe Rom gegründet; wie es heißt, der Sage (Überlieferung) nach, angeblich hat R. Rom gegründet 116

Supinum

51. Gallī lēgātōs ad Caesarem mīsērunt pācem petītum	Die Gallier schickten Gesandte zu C., um ihn um Frieden zu bitten 117
52. Putō vōs laudātum īrī	Ich glaube, daß man euch loben wird
53. Omnēs hoc facile factū esse putābant	Alle hielten diesen Plan für leicht ausführbar 117

Gerundivum und Gerundium

54. Epistula scrībenda est	Der Brief muß geschrieben werden, ist zu schreiben 118
Epistula nōn est mittenda	Der Brief darf nicht abgeschickt werden
55. Occāsiōne ūtendum est	Man muß die Gelegenheit benutzen
56. Discipulīs occāsiōne discendī ūtendum est	Die Schüler müssen die Gelegenheit zum Lernen ausnutzen 118
57. Caesar pontem in flūmine faciendum cūrāvit	C. ließ eine Brücke über den Fluß schlagen 119
58. Urbs mīlitibus dīrīpienda concessa est	Die Stadt wurde den Soldaten zum Plündern überlassen 119
59. Ars administrandī rem pūblicam (reī pūblicae administrandae) difficilis est	Die Kunst, den Staat zu lenken (der Staatsführung) ist schwer 121
60. Gallī mōbilēs sunt in cōnsiliīs capiendīs	Die Gallier sind wankelmütig in ihren Entschlüssen
61. Scīpiō ad Āfricam domandam (Āfricae domandae causā) missus est	Scipio wurde zur Unterwerfung Afrikas abgeschickt (Zweck) 122
Scīpiō propter Āfricam domitam Āfricānus appellātus est	Scipio erhielt wegen der (erfolgten) Unterwerfung Afrikas den Beinamen Afrikanus (Grund)

Partizipium

62. Persae Athēnīs appropinquantēs dēditiōnem urbis postulāvērunt	a) Die Perser, sich Ath. nähernd, verlangten die Übergabe 126
	b) Die P., die sich A. näherten, ...
	c) Als die P. sich A. näherten, verlangten sie die Übergabe
(Part. coniūnctum)	d) Beim Herannahen verlangten ...
	e) Die P. näherten sich A. und verlangten ...
63. Athēnīs captīs Persae Salamīnem nāvigāvērunt	a) Als die P. Athen eingenommen hatten, fuhren sie nach Sal. 126
(Abl. absolūtus)	b) Nach der Einnahme Athens fuhren die P. nach Salamis
	c) Die P. hatten Ath. eingenommen; darauf fuhren sie nach Sal.

64. Itinere nōn intermissō Persae ē Graeciā recessērunt	Ohne den Marsch zu unterbrechen, wichen die Perser aus Griechenland zurück 126
65. Ab urbe oppūgnandā Poenum absterruēre cōnspecta moenia	Vom Sturm auf die Stadt schreckte den Punier der Anblick der Mauern ab
66. Videō puerum currentem	Ich sehe den Jungen laufen 127

Modi

67. Themistoclēs noctū ambulābat, quod somnum capere nōn poterat — posset	Th. ging nachts spazieren, weil er nicht schlafen konnte—könne 128
68. Quaerō ex tē, ubi fueris	Ich frage dich, wo du gewesen bist 129
69. Athēniēnsēs Sōcratem capitis damnāvērunt, quod fīliōs suōs corrumperet	Die Athener verurteilten Sokrates zum Tode, weil er ihre Söhne verderbe 130
70. Perfuga Fabriciō prōmīsit, sī sibi praemium darētur, sē in Pyrrhī castra reditūrum et eum venēnō necātūrum esse	Ein Überläufer versprach dem Fab., wenn man ihm eine Belohnung gebe, wolle er in das Lager des P. zurückgehen und ihn vergiften 130

Tempora

71. Crās Rōmam proficīscar	Morgen reise ich nach Rom 132
72. Classis ōrnāta est	Die Flotte liegt jetzt gerüstet 133
Tum classis ōrnāta est	Darauf wurde eine Fl. gerüstet
Iam ā Phoenīcibus magnae classēs ōrnātae sunt	Schon von den Ph. sind große Flotten ausgerüstet worden 134a
73. Rōmae quotannīs bīnī cōnsulēs creābantur	In Rom pflegte man jährlich zwei Konsuln zu wählen 134
74. Gallī flūmen trānsībant	Die Gallier überschritten gerade den Fluß — versuchten, den Fluß zu überschreiten 134
75. Cottīdiē Caesar Haeduōs frūmentum flāgitāre	Täglich forderte C. von den Häduern das Getreide 135
76. Cum cecidī, surgō Cum ceciderō, surgam }	Wenn ich falle, stehe ich wieder auf 136
77. Ut sēmentem fēceris, ita metēs	Wie man sät, so erntet man 136

78. Caesar in spem veniēbat fore, ut Ariovistus pertināciā dēsisteret	C. gewann die Hoffnung, Ariovist werde von seinem Starrsinn ablassen 137
79. Interrogāvī amīcum, quid faceret, fēcisset, factūrus esset	Ich fragte den Freund, was er tue, getan habe, tun wolle 138
80. Nesciō, quae causa fuerit, cūr nōn adesset	Ich kenne den Grund seines Fernbleibens nicht 138, 4

Urteilssätze

81. Multa exempla afferre possum	Ich könnte viele Beispiele anführen
82. Ad mortem tē, Catilīna, dūcī iam prīdem oportēbat	Schon längst hättest du zur Hinrichtung geführt werden müssen
83. Longum est omnia ēnumerāre	Es wäre zu weitläufig, alles aufzuzählen 141
84. Paene cecidī	Beinahe wäre ich gefallen 141, 3

Begehrssätze

siehe Anhang V, § 224 **Der unabhängige Konjunktiv**

Fragesätze

85. Fuistīne in scholā?	Bist du in der Schule gewesen? 147
Nōnne in scholā fuistī?	Bist du nicht in der Sch. gewesen?
Num in scholā fuistī?	Bist du etwa in der Sch. gewesen?
86. Utrum hoc vērum an falsum est? Vērumne hoc an falsum est? Vērum hoc an falsum est?	Ist das wahr oder falsch? 147
87. Quīn tacēs?	Warum schweigst du nicht? Schweig doch! 148

Abhängige Urteils-, Begehrs- und Fragesätze

88. Frāter mihi scrīpsit	Mein Bruder schrieb mir,
patrem aegrōtum esse	der Vater sei krank
, (ut) domum venīrem	ich solle nach Hause kommen
, cur tam diū morārer	warum ich so lange säume 150
89. Appāret tē oblītum esse	Es ist klar, daß du vergessen hast — offenbar hat du vergessen 151
Sepēō mē ventūrum esse	Ich hoffe zu kommen
90. Vercingetorīx Gallīs persuāsit facile esse Rōmānōs expellere	V. überzeugte die G., daß es leicht sei, die R. zu vertreiben 152

Vercingetorīx Gallīs persuāsit, ut Rōmānōs expellerent	V. überredete die Gallier, die Römer zu vertreiben
91. Caesar mīlitēs pontem rescindere iussit (vetuit)	C. befahl (verbot) den Soldaten, die Brücke abzubrechen 153
Caesar pontem rescindī iussit (vetuit)	C. befahl (verbot), die Brücke abzubrechen
92. Timeō, nē sērō veniat	Ich fürchte, daß er zu spät kommt 154
Timeō, nē nōn (ut) in tempore veniat	Ich fürchte, er kommt nicht zur rechten Zeit
93. Impediō, nē id fīat	Ich verhindere, daß dies geschieht
94. Ariovistus, nē ad colloquium venīret, recūsāvit	Ariovist weigerte sich, zu einer Besprechung zu kommen
95. Arminius ōrāvit, ut sibi cum frātre colloquī licēret	Armin bat um die Erlaubnis zu einer Unterredung mit seinem Bruder 155
96. Dīc mihi, (utrum) hoc vērum sit necne	Sage mir, ob das wahr ist oder nicht 156
97. Dubitō (nesciō, haud sciō), an hoc vērum sit	Vielleicht ist das wahr
Haud sciō, an hoc vērum nōn sit	Das ist schwerlich wahr 156
98. Nōn dubitō, quīn hoc vērum sit	Ich zweifle nicht, daß dies wahr ist = Das ist zweifellos wahr 157
Nōn recūsō, quīn tibi oboediam	Ich weigere mich nicht, dir zu gehorchen
Impediō, quōminus id faciās	Ich hindere dich, dies zu tun
99. Fierī nōn potest, ut fallar	Ich irre mich unmöglich
Fierī nōn potest, quīn fallāris	Du irrst dich unbedingt 157

Subjekt- und Objektsätze mit quod = daß

100. Quod mē valēre putās, errās	Wenn du meinst, es gehe mir gut, so bist du im Irrtum 158, 1
101. Quod victor victīs pepercit, magnum est	Daß der Sieger die Besiegten geschont hat, ist etwas Großes
102. Quod lēgātī in castra vēnērunt, Caesarī opportūnē accidit	Daß Gesandte ins Lager kamen, kam Cäsar gelegen 158, 2
103. Gaudeō, quod valēs	Ich freue mich (es freut mich), daß es dir gut geht 158, 3
104. Laudō tē, quod in tempore vēnistī	Ich lobe dich, daß du rechtzeitig gekommen bist 158, 4

Adverbiale Nebensätze

a) Absicht:

105. Hoc repetō, **ut** memoriā teneātis **nē** oblīvīscāminī	Ich wiederhole das, damit ihr es im Kopf behaltet damit ihr es nicht vergeßt 163
106. Lēgem brevem esse oportet, quō facilius teneātur	Ein Gesetz muß kurz sein, damit man es desto leichter behält

b) Folge:

107. Nēmō tam prūdēns est, ut omnia sciat	Niemand ist so klug, daß er alles weiß, wüßte 164, 1
108. Maius erat imperium Rōmānum, quam ut externīs vīribus opprimī posset	Das röm. Reich war zu groß, als daß es durch äußere Mächte hätte vernichtet werden können
109. Nēmō tam fortis erat, quīn animō perturbārētur	Niemand war so tapfer, daß er nicht die Fassung verloren hätte 164, 2
110. Nūllum diem praetermittō, quīn litterās ad tē dem	Ich lasse keinen Tag vergehen, ohne dir zu schreiben

c) Grund:

111. Gallī ā Caesare auxilium petēbant, quod ā Suēbīs premēbantur (premerentur)	Die Gallier baten C. um Hilfe, weil sie von den Sueben bedrängt wurden (würden) 165a
112. Haeduī, cum sē ab Helvētiīs dēfendere nōn possent, lēgātōs ad Caesarem mittunt	Da die Häduer sich vor den Helv. nicht schützen konnten, schickten sie... Die H., die sich nicht schützen konnten, ... 165b

d) Zeit:

Die Nebensätze mit **cum, ut** und **dum** siehe Anhang VI, § 225.

113. Suēbī fugere nōn dēstitērunt, priusquam ad flūmen pervēnērunt	Die Sweben hörten nicht eher auf zu fliehen, als bis sie an den Fluß gelangten 168
Caesar Suēbōs, priusquam ad fl. pervenīrent, aggressus est	Bevor die Sweben an den Fluß gelangen konnten, griff sie Cäsar an
114. Hostēs, postquam (ubi) flūmen trānsiērunt, iterum restitērunt	Nachdem (als) die Feinde den Fluß überschritten hatten, stellten sie sich wieder zum Kampf 169
115. Ubi hostēs flūmen trānsierant, proelium committēbātur	Wenn (sooft) die Feinde den Fluß überschritten, kam es jedesmal zum Kampf 169

e) Bedingung:

116. Sī hoc dīcis, errās	Behauptest du das, so irrst du 170
Sī hoc dīcerēs, errārēs	Wenn du das sagtest, würdest du irren
Sī hoc dicās (dīxeris), errēs (errāveris)	Solltest du das etwa behaupten, so würdest du wohl irren
117. Putō tē, sī hoc dīcerēs, errātūrum fuisse	Du würdest, glaube ich, irren, wenn du das sagtest
Nōn dubitō, quīn, sī hoc dīxissēs, errātūrus fueris	Du hättest zweifellos geirrt, wenn du das gesagt hättest 170
118. Ēdūc, Catilīna, omnēs tuōs; sī minus, quam plūrimōs!	Nimm alle deine Spießgesellen mit, Katilina; wo nicht, möglichst viele!
119. Sī nōn bonam, at aliquam spem habeō	Wenn nicht große, so habe ich doch einige Hoffnung 171
120. Nisi inter bonōs amīcitia esse nōn potest	Freundschaft kann nur unter guten Menschen bestehen 171, 3
121. Sīve vērum est sīve falsum	Mag es wahr oder falsch sein 171, 4
122. Helvētiī noctū sī perrumpere possent, cōnātī sunt	Die Helvetier versuchten, ob sie nachts durchbrechen könnten 171, 5

f) Einräumung:

123. Ut dēsint vīrēs, tamen est laudanda voluntās	Gesetzt auch, daß die Kräfte fehlen, so ist doch der Wille zu loben 172
124. Quamvīs dīves sit, beātus nōn est	Mag er noch so reich sein, glücklich ist er doch nicht 172
125. Rōmānī castrīs sē tenēbant, cum hostēs cottīdiē pūgnandī potestātem facerent	Die Römer hielten sich im Lager, obgleich (während) die Feinde täglich eine Schlacht anboten 172

g) Vergleich:

126. Quid ego testibus ūtor, quasi rēs dubia sit?	Wozu brauche ich Zeugen, als ob meine Sache zweifelhaft wäre? 173
127. Quō quis est doctior, eō modestior est	Je gebildeter einer ist, desto bescheidener ist er 173
128. Omnia aliter ēvēnērunt ac putāveram	Alles kam anders, als ich gedacht hatte 173
129. Labiēnus quam celerrimē (potuit) profectus est	Labienus brach so schnell wie möglich auf 174
130. Fabius nōn tam fortis quam cautus fuit	Fabius war weniger tapfer als vorsichtig 174

131. Fabius senex bella gerēbat ut adulēscēns	Fabius führte noch als alter Mann Kriege wie ein Jüngling 174
132. Cato ut vir vērē Rōmānus doctrīnam Graecam neglegēbat	Kato kümmerte sich als echter Römer nicht um die griechische Bildung 174
133. Scīpiō ut homō Rōmānus doctrīnam Graecam dīligēbat	Scipio liebte für einen Römer die griechische Bildung sehr 174

Relativsätze

134. Flūmen lātius quam altius est	Der Fluß ist mehr breit als tief 174
135. Nēmō est, quīn sciat	Es gibt niemand, der nicht wüßte 176
136. Est, quod tibi īrāscar	Ich habe Grund, dir zu zürnen
137. Indignus es, cui fidem habeāmus	Du verdienst nicht, daß man dir Glauben schenkt 176, 2
138. Quidquid agis, prūdenter agās et respice fīnem!	Was du auch tun magst, tue es mit Umsicht und bedenke das Ende! 176,3
139. Quem dī dīligunt, adulēscēns moritur	Wen die Götter lieben, der stirbt jung 177, 1
140. Quam quisque nōrit artem, in hāc sē exerceat!	Jeder übe sich in der Kunst, die er gelernt hat! 177, 2
141. Themistoclēs dē servīs suīs, quem habuit fidēlissimum, ad Xerxem mīsit	Themistokles schickte von seinen Sklaven den treuesten, den er hatte, zu Xerxes 177, 2
142. Erant omnīnō itinera duo, quibus itineribus Helvētiī domō exīre possent	Es gab im ganzen zwei Wege, auf denen die H. ihre Heimat verlassen konnten 177, 3
143. Patriam, quā nihil nōbīs cārius est, dēfendere dēbēmus	Das Vaterland, das Teuerste, was wir haben, . . . 179
144. Patriam, quā nihil nōbīs cārius esse exīstimāmus, dēfendere dēbēmus	Das Vaterland, das Teuerste, was wir nach unserer Überzeugung haben, müssen wir verteidigen 179, 2

WORT- UND SACHVERZEICHNIS

(Die Zahlen weisen auf die Paragraphen hin)

IANUA LINGUAE LATINAE

Von Otto Wecker und Horst Holtermann:

Ausgabe A in zwei Bänden für den siebenjährigen Lateinunterricht
Band I: Lese- und Übungsbuch für den Lateinunterricht der 7. Klasse (1. Lateinjahr)
Band II: Lese- und Übungsbuch für den Lateinunterricht der 8. Klasse (2. Lateinjahr). Unter Mitarbeit von Heinz Papenhoff

Ausgabe B in einem Bande für die Kurzformen des Lateinunterrichts (Kl. 7—11 oder 9—13).

Ausgabe C in einem Bande für den wahlfreien Lateinunterricht und für Universitätskurse (Kurzausgabe der Ausgabe B)

Ausgabe D Übungsbuch für den grundständigen Lateinunterricht
Von Helmut Schlüter
Band I (Sexta) — Band II (Quinta) — Band III (Quarta)

IANUA NOVA von Horst Holtermann und Joachim Molsen

Ausgabe A Lehrgang für Latein als zweite Fremdsprache
Teil I für Klasse 7 / Quarta und 8 / Untertertia von Helmut Schlüter und Kurt Steinicke
Teil II für Klasse 9 / Obertertia von Heinz Papenhoff und Hans Gappa. Textband und Beiheft
Begleitgrammatik zu Teil I und II erarbeitet von Rudolf Seebass und Heinz Seidel

EXERCITATIONES GRAMMATICAE
Übungen zur Satzlehre und zur Technik des Übersetzens. Von Otto Wecker

EXERCITATIONES NOVAE. Übungsbuch für den lateinischen Grammatikunterricht neben der Lektüre. Von Heinz Papenhoff und Hans Gappa

LATEINISCHE WORTKUNDE. Von Karl Friz und Walter Schmid

LATEINISCHE SPRACHLEHRE. Von Heinrich Schmidt, Otto Wecker und Gerhard Röttger

PROGRAMMIERTE LATEINISCHE GRAMMATIK (PLG)
Von R. Eikeboom und H. Holtermann

PLG in Einzelheften

ATRIUM LINGUAE LATINAE. Ein Lesebuch zur Einführung in die lateinische Lektüre. Von Otto Wecker unter Mitarbeit anderer. **Heft 1:** Fabeln, Sagen, bunte Geschichten aus der alten Welt. **Heft 2:** Bilder und Gestalten aus der römischen Sage und Geschichte. **Heft 3:** Auswahl aus Nepos, Caesar, Ovid. **Heft 4:** Das Fortleben der lateinischen Sprache. Texte aus der Vulgata, altchristliche Lieder und Hymnen, aus dem lateinischen Schrifttum des Mittelalters. **Heft 5:** Cicero und Caesar zwischen Republik und Diktatur. Texte beider Autoren, ausgewählt und erläutert von Gerhard Röttger **Heft 6:** Imperium Romanum. Texte von Cato Censorius bis Tacitus. **Heft 7:** Cicero Consul. Reden des Konsulatjahres.

VANDENHOECK & RUPRECHT IN GÖTTINGEN UND ZÜRICH